U0142054

清 史 論 集
(六)

莊 吉 發 著

文 史 哲 學 集 成
文史哲出版社印行

國家圖書館出版品預行編目資料

清史論集 / 莊吉發著. -- 初版. -- 臺北市：
　文史哲，民86 -
　　冊　；公分. --（文史哲學集成；388-）
　含參考書目
　ISBN 957-549-110-6(第一冊：平裝) .-- ISBN
　957-549-111-4(第二冊：平裝) . --ISBN957-549
　-166-1(第三冊：平裝) . -- ISBN957-549-271-4
　(第四冊：平裝) .-- ISBN957-549-272-2(第五冊
　：平裝) ISBN957-549-325-7(第六冊：平裝) .--
　ISBN957-549-326-5(第七冊：平裝)

1. 中國-歷史-清（1644-1912）-論文，講詞等

627.007　　　　　　　　　　86015915

文史哲學集成 ⑷₃₅

清 史 論 集（六）

著　　者：莊　　　吉　　　發
出 版 者：文　史　哲　出　版　社
登記證字號：行政院新聞局版臺業字五三三七號
發 行 人：彭　　　正　　　雄
發 行 所：文　史　哲　出　版　社
印 刷 者：文　史　哲　出　版　社
　　　　　臺北市羅斯福路一段七十二巷四號
　　　　　郵政劃撥帳號：一六一八〇一七五
　　　　　電話 886-2-23511028 · 傳眞 886-2-23965656

實價新臺幣四五〇元

中 華 民 國 八 十 九 年 十 月 初 版

清史論集
㈥
目　次

清史論集

出版說明

　　我國歷代以來，就是一個多民族的國家，各民族的社會、經濟及文化等方面，雖然存在著多樣性及差異性的特徵，但各兄弟民族對我國歷史文化的締造，都有直接或間接的貢獻。滿族以邊疆部族入主中原，建立清朝，一方面接受儒家傳統的政治理念，一方面又具有滿族特有的統治方式，在多民族統一國家發展過程中有其重要地位。在清朝長期的統治下，邊疆與內地逐漸打成一片，文治武功之盛，不僅堪與漢唐相比，同時在我國傳統社會、政治、經濟、文化的發展過程中亦處於承先啓後的發展階段。蕭一山先生著《清代通史》敘例中已指出原書所述，爲清代社會的變遷，而非愛新一朝的興亡。換言之，所述爲清國史，亦即清代的中國史，而非清室史。同書導言分析清朝享國長久的原因時，歸納爲二方面：一方面是君主多賢明；一方面是政策獲成功。《清史稿》十二朝本紀論贊，尤多溢美之辭。清朝政權被推翻以後，政治上的禁忌，雖然已經解除，但是反滿的情緒，仍然十分高昂，應否爲清人修史，成爲爭論的焦點。清朝政府的功過及是非論斷，人言嘖嘖。然而一朝掌故，文獻足徵，可爲後世殷鑒，筆則筆，削則削，不可從闕，亦即孔子作《春秋》之意。孟森先生著《清代史》指出，「近日淺學之士，承革命時期之態度，對清或作仇敵之詞，既認爲仇敵，即無代爲修史之任務。若已認爲應代修史，即認爲現代所繼承之前代。尊重現代，必並不厭薄於所繼承之前

代，而後覺承統之有自。清一代武功文治、幅員人材，皆有可觀。明初代元，以胡俗爲厭，天下既定，即表章元世祖之治，惜其子孫不能遵守。後代於前代，評量政治之得失以爲法戒，乃所以爲史學。革命時之鼓煽種族以作敵愾之氣，乃軍旅之事，非學問之事也。故史學上之清史，自當占中國累朝史中較盛之一朝，不應故爲貶抑，自失學者態度。」錢穆先生著《國史大綱》亦稱，我國爲世界上歷史體裁最完備的國家，悠久、無間斷、詳密，就是我國歷史的三大特點。我國歷史所包地域最廣大，所含民族分子最複雜。因此，益形成其繁富。有清一代，能統一國土，能治理人民，能行使政權，能綿歷年歲，其文治武功，幅員人材，既有可觀，清代歷史確實有其地位，貶抑清代史，無異自形縮短中國歷史。《清史稿》的既修而復禁，反映清代史是非論定的紛歧。

　　歷史學並非單純史料的堆砌，也不僅是史事的整理。史學研究者和檔案工作者，都應當儘可能重視理論研究，但不能以論代史，無視原始檔案資料的存在，不尊重客觀的歷史事實。治古史之難，難於在會通，主要原因就是由於文獻不足；治清史之難，難於在審辨，主要原因就是由於史料氾濫。有清一代，史料浩如烟海，私家收藏，固不待論，即官方歷史檔案，可謂汗牛充棟。近人討論纂修清代史，曾鑒於清史範圍既廣，其材料尤夥，若用紀、志、表、傳舊體裁，則卷帙必多，重見牴牾之病，勢必難免，而事蹟反不能備載，於是主張採用通史體裁，以期達到文省事增之目的。但是一方面由於海峽兩岸現藏清代滿漢文檔案資料，數量龐大，整理公佈，尚需時日；一方面由於清史專題研究，在質量上仍不夠深入。因此，纂修大型清代通史的條件，還不十分具備。近年以來，因出席國際學術研討會，所發表的論文，多涉及清代的歷史人物、文獻檔案、滿洲語文、宗教信仰、族群關係、

人口流動、地方吏治等範圍，俱屬專題研究，題爲《清史論集》。雖然只是清史的片羽鱗爪，缺乏系統，不能成一家之言。然而每篇都充分利用原始資料，尊重客觀的歷史事實，認眞撰寫，不作空論。所愧的是學養不足，研究仍不夠深入，錯謬疏漏，在所難免，尚祈讀者不吝教正。

二〇〇〇年九月　莊吉發

南懷仁與清初曆法的改革

一、前　言

　　近代中西文化的交流，是開始於十六世紀新航路發現以後，絡繹東來的西洋人，固然有不少是覓取財富的冒險家，但是也有許多是爲了傳播福音的宗教家，明清之際就是西洋天主教徒東來活動最顯著的時期。近代西方科學家發明了精巧的渾天儀、地球儀、望遠鏡等儀器，可以精確地測出中國的經緯度，並觀測天體的運行，所以他們所推算的曆法，較爲精確，西洋曆法就是農本主義的中國社會所絕對需要的。來華傳播福音的耶穌會士多爲聰明特達不求利祿的宗教家，博通西洋天文、地理、曆算等科學，雅善推步，不僅富於殉道精神，其學問道德，均足以爲人表率，隨著耶穌會士的東來，同時也帶來了西方進步的天文曆法知識。他們藉西學爲傳道媒介，以博取中國士大夫的合作，明清君主亦多嚮往西學，善遇西士。

　　明清時期，西學的輸入，對中國所產生的影響，是以天文曆算學最爲顯著。明代萬曆、崇禎年間是介紹時期，清初則爲融匯時期。從清初曆法的發展加以觀察，大致可以看出西洋新法與傳統舊法的沿革，從順治元年至康熙二年（1644至1663）是採用西洋新法的時期；從康熙三年至七年（1664至1668）是採用傳統舊法的時期；從康熙八年（1669）以後恢復採用西洋新法，是西洋曆法的融匯時期。在清初順治元年至康熙二年採用西洋新法的時期，貢獻最大的西士是湯若望（Joannes Adam Schall von Bell），他譯纂曆書，製造天文儀器，修訂曆法，孜孜不倦，因此見重於朝廷。但由於清廷政局變化，守舊士大夫既存華夷之見，更抱名教觀念，反教排外，傳統曆法攻訐西洋新法，以致因新舊曆法爭議，而釀成冤獄，湯若望身繫囹圄，天主教徒李祖白等被殺害，造成教難，其結果不僅耶穌會士的傳教事業受到重大的波折，國人對西學的接受更遭受嚴重地阻礙。從康熙三年至七年清廷採用傳統舊法期間，欽天監推算七政曆，與天象不合，監正楊光先不諳曆法，觀象臺儀器損毀，亟待修整。康熙皇帝親政以後，對西學頗有認識，深悉西洋新法的精密正確，信任西士南懷仁（Ferdinandus Verbiest），屢經測驗，證實新法的推算，都與天象相合，於是命南懷仁治理曆法，授欽天監監副，清廷恢復採用新法，終於平反舊案，洗清冤獄，有利於傳教事業的發展，有助於中西文化的交流，南懷仁的貢獻，功不可沒。本文撰寫的旨趣，即在就國立故宮博物院現藏清代國史館纂修《大清國史時憲志》、起居注館纂修滿漢文本《起居注冊》、欽天監譯纂《新法曆書》等資料探討南懷仁與清初曆法的改革經過。

二、南懷仁入京前西洋曆法的基礎

從漢武帝太初元年（西元前104）鄧平、洛下閎等造太初曆以來，歷代造曆法者，不下七十餘家，其間因革損益，代有異同。《明史》指出歷代曆法的修改，漢代共四次，自魏晉至隋代共十五次，唐迄五代共十五次，宋代共十七次①。元代初年，郭守敬造授時曆，明初太史院使劉基所上大統曆，就是因襲郭守敬的授時曆，增損不多。明太祖在位期間，頗留心天文曆算，洪武元年（1368），改太史院爲司天監，別置回回司天監，旁採回曆推算法。三年（1370），改司天監爲欽天監，分設天文、漏刻、

大統曆、回回曆四科。十五年（1382）九月，命翰林李翀、吳伯宗譯回回曆書，以取長補短。三十一年（1398），罷除回回欽天監，仍保留回回曆科。

　　大統曆因歲久漸差，日月交食，已多失推，廷臣多主張改革曆法。《明史》稱：

> 明之大統曆，實即元之授時，承用二百七十餘年，未嘗改憲。成化以後，交食往往不驗，議改曆者紛紛。如俞正己、冷守中不知妄作者無論已，而華湘、周濂、李之藻、邢雲路之倫頗有所見。鄭世子載堉撰《律曆融通》，進《聖壽萬年曆》，其說本之南都御史何瑭，深得授時之意，而能補其不逮。臺官泥於舊聞，當事憚於改作，並格而不行②。

俞正己是眞定教諭，成化十七年（1481），俞正己進呈《改曆議》，尚書周洪謨等以俞正己輕率狂妄，遂下俞正己詔獄。十九年（1483），天文生張陞又疏請改曆，欽天監卻稱祖制不可變，其議遂寢。弘治、正德年間，連推日、月食起復，皆與天象不合。崇禎二年（1629）五月初一乙酉朔日食，回回曆、大統曆所推皆不合天象，五官正戈豐年等指出大統曆歲久差錯的原因，其言略謂：

> 大統乃國初所定，實即郭守敬授時曆也，二百六十年毫未增損。自至元十八年造曆，越十八年爲大德三年八月，已當食不食，六年六月又食而失推。是時守敬方知院事，亦付之無可奈何，況斤斤守法者哉？今若循舊，向後不能無差③。

王萍教授著《西方曆算學之輸入》一書分析明代曆法失誤已久迄未修訂的原因後歸納爲三端：一爲泥於成法。中國事事尙古，總以爲今不及昔，新不如舊，此種觀念，自宋以後，愈爲牢不可破；

二為監官無知。監官學淺識陋，缺乏研究精神；三為制度之敝。大明律令嚴禁民間私習天文，監官因不能勝任修曆工作，遂求之於民間，考試錄用後，仍囿於所知，管窺有限，終不能糾正曆法舛誤④。大統曆既歲久差錯，改革曆法，已是勢在必行，於是禮部疏請開局修改，以大學士徐光啓督修曆法，奉命以西洋新法釐正舊法。崇禎二年（1629）九月，在北京宣武門內天主堂東側設立曆局，即所謂西局。徐光啓舉李之藻及西士龍華民（Nicolaus Longobardi）、鄧玉函（Joannes Terrenz）入局譯書演算，這是中國曆法發展史上重要的里程碑。

湯若望（Joannes Adam Schall von Bell），出身德國世家，一五九一年生，一六一一年十月二十一日，正式加入耶穌會。明熹宗天啓二年（1622），以學習中國語文為主要目的而來到中國⑤。湯若望來華後，佈教於陝西，曾預測月食三次，每次皆驗。鄧玉函奉召入京協助修曆後，於編譯新法曆書，貢獻頗多。崇禎三年（1630）四月，鄧玉函去世，徐光啓旋舉湯若望及羅雅谷（Jacobus Rho）入局，參預改革曆法的工作。曆局在徐光啓督修下，舉凡製器、測驗、演算制曆及翻譯等項工作，進行順利。崇禎四年（1631）正月，進呈曆書二十四卷，同年四月，進呈曆書二十一卷，五年（1632），進呈曆書三十卷。七年（1634），李天經續進曆書六十一卷，合計共進呈曆書一百三十六卷⑥，後來總稱之為《崇禎曆書》。湯若望連年參加改革曆法的工作，並且製造了渾天儀、望遠鏡等天文儀器，以更新欽天監的設備。

滿城布衣魏文魁，曾著《曆元》、《曆測》二書。當徐光啓督領曆局時，魏文魁令其子魏象乾進呈所著《曆元》一書於朝，經通政司送交曆局考驗，徐光啓著論駁斥。魏文魁反覆論難，於是引發新舊曆法的爭論，崇禎六年（1633）十月，徐光啓病逝

後，以山東參政李天經接掌曆務。崇禎七年（1634），魏文魁上書稱曆局所推交食節氣皆錯誤，旋命魏文魁入京測驗，並主東局，於是明代曆法共有四局，除大統、回回、西局外，又有東局，各傳所學，聚訟紛紜。李天經據西洋新法預推五星凌犯會合行度及木星退行、順行，兩經鬼宿，其度分晷刻皆驗，而魏文魁但據臆算，未經實測，俱不合天象⑦。西洋新法的精密正確，實非傳統舊法所能望其項背，然而終明之世，竟未能付諸實行，一則由於保守派的勢力甚大，極力反對新法；二則由於當時秉政諸大臣如周延儒等因循苟安，對於改革曆法，並不積極。崇禎皇帝雖然深知新法精確，但未幾明朝政權已覆亡⑧。

明代政權覆亡後，中國曆法的改革工作，並未中斷。從清初曆法的發展過程，大致可以看出新法與舊法的沿革，約略而言，從順治元年（1644）至康熙二年（1663），是採用西洋新法的時期；從康熙三年（1664）至康熙七年（1668），是採用傳統舊法的時期；從康熙八年（1669）以後，是恢復採用西洋新法的時期⑨。順治元年（1644），湯若望疏請攝政王多爾袞保護修曆儀器及已刻書板⑩，並進呈渾天儀星球一座，地平日晷及望遠鏡各一具。

歷代以「日食既有常度，則災而非異」，惟每食而必書，其意在「示後世遇災而懼也。」⑪因此，後世作史者莫不書日食，亦猶《春秋》遺意。順治元年（1644）六月，新舊法同時推算是年八月初一日丙辰朔日食分秒時刻及起復方位。欽天監依大統曆推算：日食五分七十一秒，初虧，巳正一刻，西南；食甚，午初二刻，正南；復圓，未初初刻，東南，食甚日躔黃道張宿一十六度二十三分九十秒。回回科依回回曆推算，日食四分二十一秒，初虧，午正一刻，西南；食甚，未初一刻，正南；復圓，未正初

新舊曆法推算日食分秒時刻圖如下：

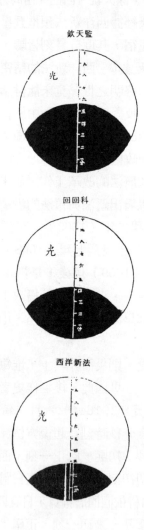

刻，東南，食甚日躔黃道巳宮九度九分三秒。湯若望依西洋新法
推算京師順天府所見食限分秒，日食三分弱，初虧，午初初刻半
弱，西南；食甚，午正一刻強；正南，復圓，未初二刻，東南，
計食限內凡九刻十分，食甚日躔黃道尾宮九度四分爲張宿八度一
十八分⑫。

　　欽天監大統曆、回回科、西洋新法推算日食分秒，出入頗大。
攝政王多爾袞遣內院大學士馮銓等同往測驗，順治元年八月初一
日早，馮銓率制勅房中書李正茂詣觀象臺督監局官生測驗，欽天
監監正戈承科、回回曆官吳明烜等俱到齊，湯若望用望遠鏡、黃
赤全儀等新法儀器觀測，候至午初初刻半弱日果如新法推算，從
西南食起，午正一刻強，果食三分，馮銓令中書李正茂從紙扇孔
內仰觀，其食處在正南稍西。馮銓隨取家藏紫色眼鏡再觀，已稍
轉東，可見食甚在正南，未初二刻轉東南復圓，日食二分四十八
秒，一如新法所算，並無差謬⑬。同日，內院大學士批云：

> 中堂公同用儀器測驗，大統曆差有一半，回回曆差有一個
> 時辰，惟西洋新法分秒時刻纖忽不差，以明朝二十年來未
> 及行之新法，大清朝以數日間行之，一試驗而合若符節，
> 可謂奇矣，著用心精造新曆，以爲萬年法傳⑭。

攝政王多爾袞以新法既密合天行，遂命欽天監肆習遵守。因新法
密合天象，而定爲時憲曆。順治元年七月，清廷頒順治二年《時
憲書》，其面頁開載「欽天監『依西洋西法』印造時憲曆日頒行
天下」字樣。順治元年十一月，命湯若望爲欽天監監正，掌管印
信，自此以後新法得以實行，順治九年（1652）七月，賜湯若
望朝衣朝帽。十年（1653）三月，賜湯若望通玄教師。旋賜御
製天主堂匾額一方曰「通玄佳境」⑮。

　　順治元年（1644）七月間，湯若望在進呈攝政王多爾袞的

文書中更明白地指出大統、回回曆的重大缺失，其原啓云：

> 謹按敬授民時，全以節氣交宮，與太陽出入，晝夜時刻爲
> 重，若節氣之時日不眞，則太陽出入，晝夜刻分俱繆矣。
> 歷稽大統、回回舊曆，所用節氣，止泥一方，且北直之節
> 氣，春分秋分，前後俱差一二日，況諸方乎？薄海內外，
> 盡知紕繆，安可謂敬授民時之信曆也。新法之推太陽出入
> 地平環也，則有此晝而彼夜，此入而彼出之理。若舊法以
> 一處而概諸方，不明經緯之奧，故日月多應食而不食，當
> 食而失推，五星當疾而反遲，應伏而反見，種種差訛，難
> 以枚舉。今以臣局新法所有諸方節氣，及太陽出入，晝夜
> 時刻，俱照道里遠近推算，共增數葉，加於曆首，以協民
> 時，以前民用⑯。

攝政王多爾袞以西洋新曆節氣交脫，與太陽出入，晝夜時刻，按
道里遠近推算，諸方各有不同，果爲精確。

　　欽天監原任回回科欽秋官正吳明烜，其祖馬沙亦黑等一十八
姓，本係西域人，抱其學東來，授職日官，專管星宿，行度吉凶，
每年推算太陰五星凌犯，天象占驗，明代因大統曆歲久漸差，所
以兼用回回曆，以備參考。惟因回回曆年久誤謬，推算不驗，順
治元年（1644）十月內奉有回回科不許再報交食以亂新法之旨。
三年（1646）五月內奉旨所有日月交食，太陰五星凌犯，天象
占驗，回回科俱不必奏進。九年（1652）五月內傳旨回回科不
必再報夏季天象，從此以後回回科人員在欽天監虛縻廩祿，已無
職司。十一年（1654）三月，吳明烜私自回籍，經禮部題參，
奉旨革職。十三年（1656），吳明烜再度入京，希圖復職，並
報交食，推測天象，妄指湯若望所推七政、水星二八月皆伏不見，
是年水星二月二十九日仍見東方，又八月二十四日夕見，與天象

不合⑰。到了八月二十四日當天，禮部遣內大臣愛星噶等公同測驗，並同時傳湯若望、吳明烜至觀象臺，按照吳明烜所稱水星出現方向時刻，自酉至戌，詳細測驗，未見水星，可見吳明烜所奏虛妄不實⑱，紊亂新法，遂將吳明烜拏送刑部治罪。

　　在清初來華西洋耶穌會士受到清廷優遇的，除了湯若望等人外，還有南懷仁（Ferdinandus Verbiest），四百年來，中國天主教萬餘傳教士中身後獨享賜諡的殊榮者，只有南懷仁⑲。南懷仁於一六二三年十月十九日生於比利時，一六四一年九月二十九日，加入耶穌會。南懷仁具備近代西方曆算等科學知識，因渴望使異教徒改變信仰，而與衛匡國（Martin Martini）同時被派遣來華。順治十五年（1658），南懷仁抵澳門，次年，至西安傳教⑳。爲了幫助年紀老邁的湯若望，南懷仁於順治十七年（1660）五月奉召入京㉑。在南懷仁入京以前，西洋曆法已奠定良好的基礎，國人對西學已有認識。據南懷仁稱：

　　　夫新法者，傳自西洋，諸國曆家，互相考訂，法纂備矣，
　　　歷數千年，經數百年，非憑一人一時之臆見，貿貿爲之者。
　　　明末曆法，歲久漸差，詳稽修改，亦非湯若望一人一歲之
　　　力。自萬曆利瑪竇暨熊三拔、陽瑪諾、艾儒略、高一志、
　　　鄧玉函、羅雅各諸君，後先訂正，累繼而及湯若望，人閱
　　　有八，歲閱八十有三㉒。

中國曆法有極大的差異，西洋曆法主要是在於曆日的安排，中國傳統曆法除了曆日的安排，還有日月食推算、五星凌犯、各節氣晷景長短等內容，實即所謂天文年曆㉓。自從利瑪竇來華後，乃開啓西洋曆算輸入的新紀元，中經西士的先後修訂，西洋新法最能解決天文年曆的問題，在南懷仁入京以前，西洋曆法已有良好的基礎。

三、楊光先叩閽與新舊曆法的爭議

順治十八年（1661）正月初七日，清世祖順治皇帝崩殂，正月初九日，其第三子玄燁，年方八歲，奉遺詔即位，以異姓大臣索尼、蘇克薩哈、遏必隆、鰲拜四人為輔政大臣。索尼，赫舍里氏，是滿洲正黃旗人；蘇克薩哈，納喇氏，是滿洲正白旗人；遏必隆，鈕祜祿氏，是滿洲鑲黃旗人；鰲拜，瓜爾佳氏，是滿洲鑲黃旗人。在輔政四大臣當中，索尼年老多病，鰲拜意氣凌轢，專恣獨斷，遏必隆等知其跋扈，不敢立異。輔政大臣鰲拜總攬朝政，專恣威福。康熙元年（1662）十一月，朝鮮陳奏使鄭太和等人從北京返國後，已指出清廷輔政大臣專管國政，「一不稟達於兒皇帝。」㉔。

康熙皇帝沖齡踐祚，輔政大臣鰲拜等不喜西士，對天主教極端仇視。江南徽州府新安衛官生楊光先既仇教，尤惡西學，他甚至說：「西洋之學，左道之學也。」㉕日本間野潛龍先生著《康熙帝》一書指出楊光先是回教徒㉖，因此當楊光先再次指控湯若望時，就得到回回曆算家及輔政大臣的支持。此外，禮部尚書恩格德於順治十五年（1658）十月因葬榮親王事件被革職，對湯若望心懷怨望。易言之，楊光先是代表清廷一般反對西洋曆法、天主教以及湯若望個人的力量㉗。

康熙三年（1664），楊光先叩閽，進呈所著《摘謬論》、《選擇議》各一篇，指摘湯若望新法十謬及誤用洪範五行。康熙四年（1665）三月，朝審時，經議政等逐款鞫問，楊光先、湯若望各說各話，自以為是。楊光先聲稱：「以百刻推算，係中國之法，以九十六刻推算，係西洋之法，若將此九十六刻曆日頒行，國祚短了；如用南懷仁，不利子孫。」㉘當議政王等問及測驗春

分時刻，南懷仁對以欲知新舊二法孰是孰非，須兩法自定，或春
分本日，或春分前後，不拘某日時刻，某表影，應長短幾尺寸分，
臨測孰合，一見便知。楊光先不敢測驗，只混說：「新法錯了，
請以候氣爲憑。」㉙議政王等因曆法深微，難以分別得失，但憑
舊法以攻擊湯若望新法之失，略謂歷代舊法，每日十二時，分爲
一百刻，湯若望新法改爲九十六刻；康熙三年立春日候氣，先期
起管，湯若望謊奏，候氣已應；二十八宿次序，分定已久，湯若
望私將參觜二宿，改調前後；私將四餘中刪去紫炁；清朝國祚久
暫，不可預知，湯若望只進二百年曆，暗示國祚年限，觸犯政治
忌諱。榮親王是順治皇帝第四子，爲寵妃董鄂氏所生，出生後二
歲，尚未命名，即已薨逝，追封榮親王。湯若望選擇榮親王殯葬
時刻，不用正五行，反用洪範五行，山向年月，大不吉利，以致
累及父母。輔政大臣鰲拜以事犯重大，將湯若望及欽天監曆科李
祖白、漏科杜如預等三十餘員，分別擬斬立決㉚，利類思、安文
思、南懷仁等亦被拏問治罪，各省教士由地方官拘禁候處。湯若
望被提審二次，定罪凌遲，幸好經太皇太后代爲求免，以湯若望
年老，且曾効力，而免除死刑，但欽天監官員李祖白、宋可成、
宋發、朱光顯、劉有泰五位天主教徒，俱奉旨處斬。湯若望雖然
免除死刑，惟已七十三歲，身繫囹圄，猝患痿痺，口舌結塞，病
情惡化，翌年卒於北京㉛。

　　楊光先叩閽所造成的冤獄，一方面可以說是「由於在上者缺
乏曆算知識」㉜，另一方面卻「和當時的政治情勢有相當關係」
㉝。《清史稿》已指出康熙初年四輔臣執政，右袒楊光先，議政
王盡用楊光先之說而定讞㉞。從楊光先所稱「寧可使中國無好曆
法，不可使中國有西洋人」的態度㉟，可以了解清初新舊曆法之
爭不能在客觀的基礎上互相切磋。易言之，楊光先叩閽案所造成

的冤獄，不僅湯若望等身受其害，中國曆算學的發展，亦蒙受極大的挫折。

　　清廷因曆法爭議而造成冤獄後，由於天象示警，頗引起君臣的恐懼，京師於異星出現後又有地震，康熙四年（1665）二月二十九日，康熙皇帝以星象示警，即傳諭各衙門力圖修省。此後仍然災異頻見，京師地震，天氣亢暘，禱雨不應，風霾日作，禾苗枯槁。康熙七年（1668）五月十八日上諭中指出刑部督捕等衙門，獄訟牽連，日久不結，令無辜沉冤獄底，而擬罪引律，偏用重條，嚴刑酷罰，以苛察爲明，深求爲能，積怨既深，上干天和，垂示災異，宜加修省㊱。

　　西洋曆法既因楊光先攻訐而被廢，清廷乃恢復使用大統曆，並以楊光先爲欽天監監正，擔任推算，楊光先又引回裔吳明烜爲欽天監監副。但大統曆自元代郭守敬至清初康熙年間已歷三百餘年，並未修訂，其黃道之差已有五度，因大統曆不夠精密，後來又改用回回法，然而遠不及西洋新法。楊光先雖然充任欽天監監正之職，但他本人對曆算所知極爲有限，他唾棄西洋曆法，可是他對中國舊法也是一知半解，所以歷年推算天象，屢與天行不合㊲。

　　康熙五年（1666）五月十五日月食，六月初一日日食，楊光先的推算均有重大錯誤。欽天監官員對楊光先並不心服，不肯合作，也是推算曆法錯誤的重要原因。

　　康熙五年（1666）二月，楊光先以飛灰候氣法失傳已久，十二月中氣不應，疏請延訪博學有心計者，共同製器測候，並請飭禮部採集宜陽金門山竹管，上黨羊頭山秬黍，河內葭莩備用㊳。立春之際，楊光先親至春場候氣堂久候數日不效，心猶不服，反請工部錢糧，在私宅前特修候氣堂一所，屢次親自測驗，又不見效

驗。禮部雖將所需律管、葭莩、秬黍送到欽天監，楊光先也照尺寸方位候過二年，至康熙七年（1668），仍然未見效驗，楊光先從此不敢復言候氣。奉旨切責後覆稱，律管尺寸，雖載在司馬遷《史記》，而用法失傳，能候氣之人，尚在未得，於是以「臣身染風疾，不能管理」為辭，推諉職責㊴。南懷仁將飛灰候氣法不能測驗節氣的原因，列舉四項加以說明：

　㈠春分之日，太陽正交赤道之日也，萬國同是此日，故萬國同日皆可以測驗。飛灰候氣，全係地氣，地氣有冷熱乾濕之不同，萬國有不同之地氣，無不一之春分也。

　㈡每年太陽一交赤道，便為春分，則春分萬年如一，永不改變，若地氣至春分時，各國每年改變不同，設欲以地氣測春分，則年年不同矣。

　㈢春分只有一日，春分前後幾日，地氣乾濕冷熱，大概相同，難以分別，況春分等節氣，只在本日一刻之間，本日自朝至暮，地氣亦大概如一，又難以分別，何可就地氣以測定春分在某日某時刻乎？

　㈣地氣依乎地勢，或傍山，或近江湖，常有變換，又有風雨雲霧，皆能變易地氣。春分之日，全憑太陽赤道度，距地甚遠，與地何涉，豈可以多變之地氣，測驗不變之春分也㊵。

楊光先補授欽天監監正後，因恢復舊法，所以推算曆法，屢與天象不合。康熙七年（1668）六月，欽天監監副吳明烜已指出改用古曆，不無差謬，例如五官正戈繼文等所進曆書及回回科七政曆三本，互有不同。推算曆法，原以黃道為驗，黃道則以渾天儀為準，但京師觀象臺渾天儀損壞已久，亟待修整㊶。康熙皇帝以曆法精微緊要，如何使其大備，永遠可行，命禮部確議以聞。

同年八月，禮部議覆，略謂五官正戈繼文等人所算七政曆，金水二星，差錯太甚。主簿陳聿新所算七政曆，未經測驗，亦有差錯。據禮部稱，欽天監監測吳明烜所算七政曆，與天象相近，於是康熙皇帝命吳明烜將康熙八年曆日、七政曆日推算呈覽，並令欽天監堂官公同天文、漏刻、回回及曆科四科官員，每日晝測晷影，以定節氣；夜測月五星，以定行度，修正曆書，以期合天。康熙七年（1668）十一月，南懷仁奏稱，現今所頒各法，大不合天。康熙皇帝即傳南懷仁、利類思、安文思及欽天監堂官馬祐、楊光先、吳明烜等至東華門，由大學士李霨傳諭，略謂「天文最爲精微，關係國家要務，爾等勿懷宿仇，各執己見，以己爲是，以彼爲非，互相爭競，是者，即當遵行，非者，即當更改，務期歸於至善。」㊷十一月二十六日，康熙皇帝將欽天監監副吳明烜所造曆書發交南懷仁查對差錯。同年十二月，南懷仁劾奏吳明烜所造康熙八年七政、時憲書舛錯，其原疏略謂：

> 本年十一月二十六日，蒙皇上發下欽天監監副吳明烜所造康熙八年民政、民曆二本，著臣查對差錯。切念臣遠方孤旅，荷蒙皇上特知之隆，敢不竭力殫心，以求無負皇上憲天授時之至意。今以臣所推曆法，查對本曆所載，相去甚遠，如本曆載有康熙八年閏十二月，應是九年正月者；有一年節氣或先天或後天一、二日有餘者；有一年兩春分、兩秋分者；有每月晝夜長短概不合於日出入時刻者；有五星伏見日失天至三十日有餘者，如此等錯誤，俱已條詳冊內，即使本曆所定無差，亦只爲直隸一方之曆，而不可通用之天下各省，況爲一方且錯誤種種乎？蓋一年晝夜長短，日出入時刻，與節氣時刻，隨地不同，並交食時刻，食分多寡，無不如之，故據本曆有外省日日失天至十五度有餘

者矣㊸。

欽天監監副吳明烜與南懷仁所算曆法，頗有出入，康熙皇帝命議
政王、貝勒、大臣、九卿、科、道會議。和碩康親王傑書等覆奏，
以曆法精微，遽難定議。請差大臣會同南懷仁、吳明烜等測驗。
康熙皇帝隨遣大學士圖海等二十員赴觀象臺測驗。白晉著《康熙
帝傳》記述康熙皇帝命廷臣赴觀象臺會看吳明烜、楊光先測驗經
過頗詳，其書略謂：

> 當皇帝只有十六、七歲的時候，一次各部大臣全體會議，
> 催促他作出一個關於中國天文學的決議；當時他還年輕，
> 但他要親自使這一事實眞相明朗化：爲了封住那些確有錯
> 誤的人的嘴，他把南懷仁神父和楊光先召集到會上，問他
> 們是否能作出一個明顯的試驗，以便人們當面用肉眼來鑑
> 定，究竟這兩種天文學那一種最正確。楊光先什麼也沒回
> 答；南懷仁神父卻建議皇帝陛下，給他們一根日晷針，針
> 的高度可由皇帝隨意決定，然後再由南懷仁本人和楊光先
> 各自推算出第二天正午針的影子的精確位置。皇帝感到這
> 個建議有理，就採納了。在確定了日晷針之後，南懷仁神
> 父計算了針的影子，並指出了這針的影於第二天正午達到
> 的精確地點。計算完全跟事實相符，而楊光先呢？他既不
> 會計算，又不能作出任何使人看到他的學說的試驗。這樣，
> 皇帝就宣布他贊成歐洲的天文學㊹。

楊光先不能計算日晷，不諳曆法。阮元撰《疇人傳》亦謂：「是
時，吳明烜、楊光先等以舊法點竄遞更，強天從人，儀器倒用，
以致天道勿協。康熙七年十二月，命大臣召懷仁與監官質辯，越
明年正月丁酉，諸大臣同赴觀象臺測驗立春、雨水、太陰、火星、
木星，懷仁預推度數，與所測皆符，明烜所指不實，大臣等請將

康熙九年時憲書，交南懷仁推算，從之。」㊺楊光先、吳明烜不能推算，曆日差錯，與天象不合，但楊光先仍以堯舜以來曆法每日百刻，西洋新法只九十六刻不可用力爭。方豪先生著《中西交通史》引康熙皇帝與楊光先對話如下：

> 楊光先等曰：「我等不知推算。」帝曰：「先問爾等，既稱能測日影，今怎說不知？」楊光先大言曰：「臣監之曆法，乃堯舜相傳之法；皇上所正之位，乃堯舜相傳之位也；皇上所承之統，乃堯舜相傳之統；皇上頒行之曆，應用堯舜之曆，皇上事事皆法堯舜，豈獨於曆有不然哉？今南懷仁天主教之人，焉有法堯舜之聖君，而法天主教之法也？南懷仁欲毀堯舜相傳之儀器，以改西洋之儀器，使堯舜之儀器可毀，則堯舜以來之詩、書、禮、樂、文章、制度皆可毀矣㊻！」

堯舜時代即使有曆法，亦不及近世西洋新法的精密，楊光先因黔驢技窮而抬出堯舜以爲掩飾。康熙八年（1669）二月，議政王等會議後指出舊法百刻曆日，雖然歷代行之已久，但不合天象，南懷仁推算九十六刻新法，既合天象，自康熙九年（1670）始，應將九十六刻曆法推行。楊光先職司監正，曆日差錯，不能修理，左祖吳明烜，妄以九十六刻推爲西洋新法，必不可用，混淆視聽。康熙八年（1669）二月初七日，將楊光先革職。同年二月十七日，授南懷仁爲欽天監監副㊼。

　　康熙八年（1669）八月，南懷仁、李光宏等呈告楊光先依附鰲拜，捏詞陷人，將歷代所用《洪範五行》妄稱爲《滅蠻經》，以致李祖白等各官被正法。楊光先對於推曆候氣，茫然不知，解送儀器，虛糜錢糧，輕改神名，顛倒吉凶，妄生事端，殃及無辜，援引吳明烜，謊奏授官，捏造無影之事，誣告湯若望謀叛。經和

碩康親王傑書等議覆，以楊光先情罪重大，應擬斬，妻子流徙寧古塔。湯若望恢復通玄教師名號，照原品賜卹，還給建堂基地，李祖白等照原官恩卹，李光宏等原降革之職，仍行給還。康熙皇帝以楊光先理應論死，但念年老，姑從寬免，妻子亦免流徙。據《正教奉褒》記載楊光先出京回籍，途經山東德州地方，病發背死⑱。康熙八年八月二十六日，追賜原任掌欽天監事通政使湯若望祭葬如例，康熙皇帝親政以前的冤獄，至此平反。自此以後，大統、回回二法俱停止使用，專用西洋新法，一如順治初年舊制。

　　西洋曆法的勝利，引起康熙皇帝對南懷仁的重視，康熙皇帝禮遇西士，崇其所學，南懷仁常以曆算方法講授宮中。從康熙九年（1670）起，康熙皇帝從南懷仁學習天算測量等西方科學⑲。宮廷之地，竟成為討論西學的場所，廷臣中精通曆算的大臣，亦多為康熙皇帝所嘉納。康熙皇帝不僅親身接受西學，而且也是推動西學最有力的人物⑳。在欽天監任職的官員，更須具備最新的曆算知識，嗣後欽天監天文生的來源範圍，也擴充到八旗官學生身上㉑。康熙十五年（1676）八月，康熙皇帝諭欽天監云：「欽天監衙門專司天文曆法，任是職者必當習學精熟。向者新法、舊法是非爭論，今既深知新法為是，爾衙門習學天文曆法滿洲官員，務令精勤習學。此後習學精熟之人方准陞用，其未經習學者，不准陞用。」㉒足見當時對曆法的重視。

四、楊燝南進呈曆書與新法的勝利

　　楊燝南編造《真曆言》一書，康熙十一年（1672），遂有楊燝南譏刺欽天監曆法一案，《清史稿‧南懷仁傳》不載此案。據楊燝南稱，欽天監所頒曆書開載康熙八年立春、立秋、閏月俱錯，而南懷仁則指楊燝南為「奸民」，蓄意譏刺欽天監曆書。此

案經禮部等衙門具題後，康熙皇帝於同年八月初十日命大學士圖海、李霨、杜立德，學士哈占、達都、郭廷祚、宋德宜、傅達禮、熊賜履及九卿、科、道等官會同測驗53。八月十二日，清晨，康熙皇帝御乾清門聽政，聽各部院衙門官員面奏政事。上午七時，康熙皇帝御弘德殿，由講官熊賜履等進講《論語》「子曰溫故而知新」一章。上午九時，康熙皇帝詣太皇太后宮請安。下午一時，因蒙古王公大臣進貢，康熙皇帝於乾清門賜宴。宴畢，康熙皇帝召見兵部尚書明珠、都察院左都御史多諾、學士熊賜履等人，就南懷仁、楊燝南互相參告一事，面諭諸臣交換意見，《清聖祖仁皇帝實錄》、《東華錄》，記載簡略，《起居注冊》對此案內容則記載頗爲詳細。記載帝王言動的檔冊，稱爲《起居注冊》。康熙十年（1671）八月，正式設置起居注官，同年九月，起居注官開始記載皇帝的言動。國立故宮博物院現藏康熙朝《起居注冊》，滿文本多於漢文本，現存滿文本《起居注冊》，始自康熙十年，九、十兩月合爲一冊，十一月起每月一冊，漢文本《起居注冊》始自康熙二十九年（1690），康熙十年九月起至康熙二十八年的漢文本《起居注冊》，仍存於北京中國第一歷史檔案館，近年來已經該館整理出版。康熙十一年八月十二日《起居注冊》記載康熙帝召見明珠等人的情形及討論楊燝南譏刺欽天監曆書的內容，頗爲詳盡，有助於了解新法與舊法的差異。爲便於比較，特將《起居注冊》滿文原文影印於下，並譯出羅馬拼音，然後照錄漢文於下：

滿文計五頁

ᠮᠠᠨᠵᡠ ᡥᡝᡵᢤᡝᠨ᠈

ᠴᡳᠨ ᡥᡝᡩᡠᠨ ᠠᠯᡳᡥᠠᠩᡤᡝ ᠵᡳᠯᡤᠠᠨ᠂ ᠠᠮᠪᠠᠯᡳᡥᠠᡳ ᠠᠳᠠᠯᡳᡥᠠᠨ ᠠᠮᠪᠠ ᠵᡳᠯᡤᠠᠨ ᠣᠮᠪᠣ ᡳᠴᡝ᠂

ᠠᠮᠪᠠ ᠵᡳᠯᡤᠠᠨ᠂ ᠪᡳᠴᡳᠪᡝ ᠂ ᠠᡳᡳᠰᡳ ᠣ ᠵᠠᠯᠠᠨ ᡝᡶᡳᠨᡩᡝ ᠠᡳᠰᡳᠯᠠᠮᡝ ᠂ ᠠᡝᠨᡤᠵᡳ ᠮᠠ᠂ ᠠᡳᠨ ᠵᡝᠴᡝᠨ ᠵᡝᠴᡝᠨ ᠣ᠂

ᠠᡳᠨ ᡤᡳᠰᡠᠩᡤᡝᠨᡳ᠂ ᠪᠠᡠᡩᡝ ᠪᠠᡳᠰᡳᠮᡝ ᠵᠠᠯᠠᠨ ᡩᡝ ᠪᠠᡠᡩᡝ ᠮᠠ ᠣᠨ᠂ ᠵᡝᠴᡝᠮᡝ᠂ ᠠᡳᡤᡝᠨ ᡩᡝᠨ᠂

ᠪᡝᡳᡤᡝᠨᡳ ᡩᡝᠯᡝᠩᡤᡝ᠂ ᠪᡝᡩᡳᡵᠠᠩᡤᡝ᠂ ᠣᠩ ᡝ ᠣᠨᠨ ᠣ ᠵᡳᠯᠠᠨ ᠪᡝ ᠵᠠᠯᠠ ᡳᠨᡥᡝ ᠮᠠ ᠵᡝ ᠣᠨ᠂

ᠪᠠᠨᡳ᠂ ᠪᠠᠩᡝᡳᠩᡤᡝ ᠣᠨ᠂ ᠪᡝᡳᡤᡝᠨ ᡳ ᠰᡝᡳᡥᡝ ᠣ ᠪᠠᡠᡴᡳᠰᡝᠩᡤᡝ ᠪᠠᡳᠰᡳᠩᡤᡝ ᠣᠮᠪᡠᠨ᠂

ᠪᠠᠮᠰᠣ ᡝᠪᡝᠨ ᠣᠨ᠂ ᠪᡝᡳᠨᡝ᠂ ᠪᡝᡳᠵᡳ ᠮᠠ ᠮᠠ

᠁ ᠮᠠ ᠣᠨ᠂

ᠰᡝᡳᠵᡝᠨᡳ᠂ ᠪᠠᡳᠨ᠂ ᠠᡝᡥᡝᠨ᠂ ᠠᡝᠣᡥᡝᠨ ᠪᠠᡳᠨ ᠰᡝᠣᠨ ᠮᠠ᠂ ᠪᡝᡝᡳᠨ ᠂ ᠮᠠᡥᡠᠨ ᠣ ᠵᠠᡳᠨᡝᠩᡤᡝᠨᠨ᠂

ᠮᡝᠨᡳ ᠨᡳᠶᠠᠯᠮᠠ ᠂ ᡤᡝᠯᡳ ᠶᠠᠶᠠ ᠶᠠᠶᠠ᠈᠈ ᠪᠠᠨᠵᡳᠨ ᠮᡝ ᠪᠠᠮᡝ ᡤᡳᠰᡠᠷᡝᠨ

ᠪᠠᠨᠵᡳᠨ ᠂ ᠮᡝᠨᡳ ᠪᡝ ᡨᡝᡥᡝᡵᡝᠮᠪᡳ ᠂ ᠮᡝᠨᡳ ᠂ ᠮᡝᠨᡳ ᠪᡝ ᡨᡝᡥᡝᡵᡝᠮᠪᡳ ᠂ ᠮᡝᠨᡳ ᠶᠠᠨ ᠮᡝᠨᡳ

ᠶᠠᡵᡳ ᠪᠠᠨᡴᡵᡳᠨ ᠨᠨ ᠶᠠᠨᠨ ᠨᠨ ᠪᠠᡵᡤᡳᡨᠠᡥᠠ ᠮᡝᠨᡳ ᠶᠠᡵ ᠮᡝ ᠶᠠᠨᠷᡠ ᠪᠠᠨᠨᡝᠷ ᠨ ᠪᠠᠨᡥᡳᠨ ᡤᡝᠯᡳ

ᠶᠠᠨ ᠮᡝ ᠶᠠᠨᡥᡳ ᠪᠠᠨᡥᡳᠨ ᠂ ᠮᡝᠨᡳ ᠮᡝᠨᡳ ᠶᠠᠨ ᠮᡝᠨᡳ ᠮᡝᠨᡳ ᠮᡝᠨᡳ ᠶᠠᠨ ᡴᡝᠨᡥᡳᡵᡝᠨ

ᡤᡝᠷᡳ᠂ ᠶᠠᠨ ᡨᡝᠷᡥᡳᠨ ᡵᠠᠨᡥᡳᠨ ᠮᡝᠨᡳ ᠶᠠᠨ ᠨ ᠮᡝ ᠶᠠᠨ ᠮᡝᠨᡳ ᠮᡝᠨᡳ ᠂

ᠮᡝᠨᡳ ᠶᠠᠨ ᠶᠠᠨᡥᡳᠨ ᡥᠠᠨᡥᡳᠨ ᠂ ᠶᠠᠨ ᠶᠠᠨᠨ ᠶᠠᠨᡥᡳ ᠮᡝᠨᡳ᠈᠈ ᠪᡝᠨᡥᡳᠨ ᠮᡝᠨᡳ ᠶᠠᠨᠨ ᠪᠠᠨᡥᡳᠨ

ᠪᠠᠨᡵ᠈ ᠮᡝᠨᡥᡳᠨ ᠶᠠᠨᠨ ᡥᠠ ᠨ ᠨ ᠨ ᠶᠠᠨᡥᡳ ᠶᠠᠨᡥᡳᠨ᠈᠈ ᠮᡝᠨᡥᡳᠨ ᠮᡝᠨᡥᡳᠨ ᠨᠨ ᠮᡝᠨᡥᡳᠨ

ᠶᠠᡥᡳᠷᡝᠨ ᠂ ᡤᡝᠷ ᠨ ᠶᠠᠨᠨ ᠨᡥᡳ ᠶᠠᠨᠨ ᠮᡝᠨ ᠶᠠᠨᡥᡳ ᠨ ᠮᡝᠨᡥᡳᠨ ᠮᡝᠨᡥᡳᠨ

dele, coohai jurgan i aliha amban mingju, uheri be baicara
yamun i hashū ergi alifi baicara amban dono be hanci hūlafi,
hese wasimbuhangge, hūwangli fa serengge gurun booi
oyonggo baita holbobuhangge weihuken akū, suwembe nan
hūwai zin, yang ging nan i ishunde habšaha baita be acafi
gisure seme hese wasimbuha, bi, manju, nikan, dorgi tulergi
be emu adali tuwara be dahame, suwe urunakū mini gūnin de
acabume, emhun saha babe ume memerere, we uru, we waka
be kumdu i tondoi tuwa, urunakū enteheme yabubume jaka
akū obu, jai fulenggi dekdebume, sukdun be tuwara fa be
ulahakū goidaha be dahame akdarengge mangga, suwe erebe
saci acambi sehe manggi. mingju, dono i wesimbuhengge
amban be, sonjoho hese be alifi, geli dere de hese wasimbuha
be dahame, damu tondo ginggun be akūmbume kimcime
tuwafi, enduringge gūnin de acabuki sehe. geli ashan i bithei
da hiong sy li be moo kin diyan de gamafi hese wasimbu-
hangge, simbe daci hūwangli fa be sambi seme donjifi, tuttu
simbe uyun king, k'o, doo i jergi hafasai emgi nan hūwai zin,
yang gin nan sei tuwaha babe acafi tuwakini seme tucibuhe.
hūwangli arafi erin be getukelerengge gurun boo i oyonggo
baita ginggule sehe. hiong sy li wesimbume, hūwangli i doro
narhūn somishūn, hūwangli i ton largin facuhūn, ilan jalan ci
ebsi hūwangli arahangge nadanju funcere boo ci eberi akū,
abkai yabun de acanaha, jaka akū seme maktahangge be
kimcici, tang gurun i da yan, yuwan i gurun i šeo ši hūwangli
ci tulgiyen gūwa be asuru sahakū, amban bi afaha fiyelen be

taciha buya bithei niyalma, ai jaka be hafure tacin be sithūme ofi, tuttu aname bodoro, erin be tuwara hacin be inu kemuni terei giyan be baime giyangnaha bihe, tuttu seme amba muru be muwašame sara gojime, terei narhūn somishūn be hafu ulgime muteraku, te enduringge hese be alifi ai gelgun akn mujilen be akūmbume tuwafi sonjoho hese de acaburakū. dele, hendume ice fa, fe fa seme der seme habšandumbi. terei jurcenjehe encu oho ba adarame, jabume, erei dorgi hacin meyen umesi ambula, emke emken i tucibuci mangga, te bicibe aniyai jurcen be fe fa de šun i bederere ton obufi, gung be halara gojime, oron be halarakū, šun i gung be halara gojime, ging usiha i gung be halarakū, ice fa de ging usiha i dosire ton obufi, oron be halambime, geli gung be halambi. ging usiha i gung be halara gojime, šun i giung be halarakū. tuttu fe fa de udu aniyai jurcen bicibe gung oron be aššaburakū. ice fa de inenggi be isabume biya be iktambume ofi, gung oron be acinggiyambi. damu gung oron be acinggiyara turgunde, tuttu daci jihe, yaya hacin i aname bodoro erin be tuwara, in yang, sunja feten, banjire anara, eberere yendere leolen, gemu acanarakū ohobi. ere inu habšan banjinaha emu hacin, jai aniyai yargiyan jurcenjere, aniyai jurcen šurdere, ton sukdun halanjara, dz, šen usiha forgošobure ba, hacin hacin i adali akū cingkai encu ojoro jakade, tuttu der seme sume gisuremdumbi. ⑭

上召兵部尚書明珠、都察院左都御史多諾面諭曰：「曆法
乃國家要務，關係匪輕，已有旨命爾等會議南懷仁、楊燝

南互相參告之事。朕於滿漢內外總無異視，爾等務體朕心，勿執偏見，孰是孰非，虛公看驗，務期永行無弊。至飛灰候氣法，久不傳，難以憑信，爾等其知之。」明珠、多諾對曰：「臣等既蒙簡命，又承面諭，惟有矢公矢慎，加意看驗，以副聖懷。」上又召學士熊賜履至懋勤殿，諭之曰：「聞爾素通曆法，故命爾同九卿、科、道等官，會看南懷仁、楊燝南等測驗。治曆明時，國家重務，尚其欽哉。」賜履對曰：「曆理精微，曆數繁賾。三代而後，作曆者不下七十餘家，求其合於天行，號稱無弊者，唐之《大衍》，元之《授時》而外，未之概見。臣章句小儒，從事於格物之學，故如步算占候之類亦嘗講求其理，然不過粗知梗概，未能洞悉精微。今既承聖諭，敢不盡心看驗，以副簡命。」上曰：「新法、舊法紛紛眾訟，其差異處安在？」對曰：「就中款項甚多，難以枚舉。即如歲差，舊法是太陽退數，換宮不換宿，換太陽宮，不換經星宮；新法是經星進數，換宿兼換宮，換經星宮，不換太陽宮。所以舊法雖有歲差，宮宿不動，新法日積月累，宮宿那移。惟其宮宿那移，是以向來一切推算占候，陰陽五行，生剋衰旺之說，都難以取合，此亦聚訟之一端也。至於歲實參差，歲差環轉，節氣遊移，觜參顛倒，種種不同，大相逕庭，是以紛紛辯論⑤。」

由前引康熙皇帝與明珠、多諾等君臣對話，可知康熙皇帝對曆法的重視，南懷仁與楊燝南互相參告，康熙皇帝並未偏袒一方，為求公正，特命廷臣會看南懷仁與楊燝南等人的測驗。學士熊賜履因從事於格物之學，所以素通曆法。熊賜履指出新法與舊法的主要差異，是歲差的推算不同，舊法是太陽退數，換宮不換宿，換

太陽宮，不換經星宮；新法是經星進數，換宿兼換宮，換經星宮，不換太陽宮，以致歲差有無，宮宿動止，新法與舊法，彼此不同。大學士圖海等遵奉諭旨會看南懷仁與楊燝南測驗，八月十三日，圖海等以楊燝南不諳飛灰候氣法，無從測驗覆奏，康熙皇帝降旨將楊燝南交刑部議罪㊶。刑部以楊燝南並非文生，竟私習天文，任意造刻《眞曆言》一書，妄稱曆日舛錯，呈請通政司代題，故引「凡不係本職而條陳時務，詐妄不以實者杖一百，徒三年律」，將楊燝南杖一百，折責四十板，徒三年，於同年九月奉旨「依議」㊷。

五、南懷仁改革曆法與新法的推行

康熙七年（1668）十二月，南懷仁具奏時曾指出欽天監監副吳明烜依照舊法所算康熙八年（1669）閏十二月當在次年正月，其後南懷仁又推算出雨水是正月中氣，康熙九年（1670）正月二十九日值雨水，不應置閏，置閏當在同年二月㊸。據南懷仁稱，「若仍留八年閏十二月，則九年之曆無從推算，若停止九年閏二月，則九年曆日不能合天象㊿。康熙八年三月初十日，經禮部題准按照南懷仁九十六刻新法將康熙八年閏十二月停止，將閏月移置康熙九年二月，所有節氣占候按照南懷仁的推算辦理㊱。」

七政曆分析節氣極爲詳細，但民間所用都是便覽通書，欽天監雖頒發七政曆，民間未必使用，但朝廷仍照例辦理㊲。明初以來，紫炁照例造寫七政曆內，南懷仁以羅睺、計都、月孛星皆指太陰行度，是推算曆日所必用，故當開載於七政曆內，惟紫炁一項，無理可考，無數可推，於天象毫無憑據，於曆法毫無干涉，推算曆日，並無用處。順治年間，七政曆內並未造寫紫炁，因此，南懷仁奏請將紫炁一項，不必開載於七政曆內，康熙八年（1669）八月二十七日，經和碩康親王傑書等題准，將一應曆日

俱交由南懷仁推算，紫炁不必造寫七政曆內㉒。

　改革曆法，必須採納西洋曆理及新式儀器，舊法推步不合的原因，主要是對於天地運行的道理及儀器的更新製作，未嘗積極講求。康熙七年（1668）六月，欽天監監副吳明烜具摺時，已指出觀象臺渾天儀損壞，亟宜修整。但康熙皇帝不贊成整修破損的舊有儀器，同年八月初一日，論禮部「這觀象臺不必開展建造，舊有簡儀、渾儀，仍著收存，毋致損壞，其新製儀器作何安設，禮部詳看議奏。」南懷仁亦曾以舊製儀器有差，而建議更造新儀，得到康熙皇帝的同意後，開始製作新式儀器。禮部大臣詢問南懷仁新造儀器共幾件，大小式樣若何？據南懷仁覆稱，觀象臺上應安裝新儀器共六件，東南角爲黃道經緯儀；西南角爲地平經儀；正北星球，每一件儀器約高一丈，圈經約六尺㉓，經禮部題准俱照南懷仁所指式樣速造。康熙十三年（1674）二月，新造儀象告成，阮元著《疇人傳》對南懷仁新造儀器的介紹頗爲詳盡。其中黃道經緯儀，有四個儀圈，每圈各分四象限，每限象各九十度；赤道經緯儀，有三圈，外大圈爲天元子午規；地平經儀，只用一圈，即地平圈；地平緯儀，即象限，是取全圈四分之一以測高度的儀器，所以又名象限儀；紀限儀，是全圓的六分之一，其弧面爲六十度，可以左右旋轉高低斜側，所以又稱爲百遊儀；天體儀是直徑六尺的圓球，球面有經緯度分，及宮次星宿羅列，宛如穹象。《古今圖書集成》刊印了觀象臺圖。

　李約瑟教授著《中國之科學與文明》指出南懷仁所造六種儀器的裝設位置，其中黃道經緯儀裝在觀象臺四龍頭之上；赤道經緯儀裝在龍背上，天體儀裝在有四基座的地平支架內；地平經儀裝在四基座的底盤上，指示方向的針或管懸於上方，可向四方迴轉，地平緯儀裝在可以上下方向移動的機軸上，紀限儀又名六分

儀，裝在臺柱上⑭。在觀象臺圖內下方右側爲黃道經緯儀圖，下方居中爲天體儀，下方左側爲赤道經緯儀，其上爲地平經儀，上方左側爲地平緯儀，上方居中爲紀限儀。南懷仁對以上六種儀器繪圖立說，清晰詳盡。清代國史館纂修《大清國史天文志》已指出「聖祖仁皇帝奉若天道，研極理數，嘗用監臣南懷仁言，改造六儀，輯靈臺儀象志，所司奉以測驗，其用法簡當，如定周天度數爲三百六十，周日刻數爲九十有六，分黃赤道，以備儀制，減地平環，以清儀象，創制精密，尤有非前代所及者。」⑯康熙十三年（1674）二月，南懷仁進呈新製《靈臺儀象誌》，計十六卷，康熙皇帝加南懷仁太常寺卿銜，仍治理曆法⑯。

　　日食和月蝕的時刻，或見或否，或淺或深，隨地而異。月食時刻分爲食甚、初虧、食既、生光、復圓五限，《大清國史時憲志》對五限時刻說明如下：

> 五限者，一食甚，乃月入影最深之候也；一初虧，月將入影，兩周初切也；一食既，月全入影，其光初盡也，是二者在食甚前；一生光，月將出影，其光初吐也；一復圓，月全出影，兩周方離也，是二者在食甚後。月食十分以上者有五限，十分以下者只三限，其食之多寡，則由於入影之淺深，過影之遲速也⑰。

日食只有初虧、食甚、復圓三限時刻，與月食不同。南懷仁推算日、月食的資料，後世頗多流傳，例如康熙十年（1671）二月的月食，據南懷仁推算是在二月十五日丁酉，南懷仁繪圖說明，後來刊刻月食圖說，以廣流傳，原刻圖說文字含滿漢二體，後來流傳於西歐，是珍貴的天文曆資料，茲將原圖影印於下：

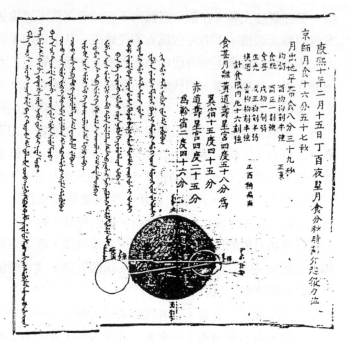

康熙十年二月十五日丁酉月蝕圖

上圖左起爲滿文，右起爲漢文，爲了便於比較，先將滿文譯出羅馬拼音，然後附錄漢文如下：

elhe taifin i juwanci aniya, juwe biyai tofohon de, ful-
ahūn coko inenggi dobori biya be jetere fun miyoo erin
ke jai deribure de an i ojoro ergi oron, ging hecen de,
biya be jeterengge, juwan ninggun fun, susai nadan
miyoo. biya na ci tucirede jeterengge jakūn fun, gūsin
uyun miyoo. coko erin i ujui uju ke emu dulin funceme-
liyan de, tob dergici ekiyeme deribumbi, coko erin i tob

emu ke funcemeliyan de wacihiyame jembi. indahūn
erin i ujui emu ke isirakūliyan de labdu jembi. indahūn
erin i tob ujui ke emu dulin isirakūliyan de elden tuc-
imbi, ulgiyan erin i ujui uju ke emu dulin funcemeliyan
de, tob wargici majige julesiken dahūme muheliyen
ombi, biya be jeterengge uheri juwan ninggun ke fun-
cemeliyan ombi. labdu jeterede biya, suwayan juhūn i
muduri gung ni duici du i susai jakūci fun, i usihai
tofohoci du i dehi sunjaci fun. fulgiyan juhūn i muduri
gung ni duici i orin sunjaci fun, jen usihai jai du i dehi
ningguci fun de yabumbi.

康熙十年二月十五日丁酉夜望月食分秒時刻並起復方位，
京師月食十六分五十七秒，月出地平帶食八分三十九秒。
初虧，酉初初刻半強，正東；食既，酉正一刻強；食甚，
戌初一刻弱；生光，戌正初刻半弱；復圓，亥初初刻半強，
正西稍偏南，計食限內凡十六刻強。食甚，月離黃道壽星
宮四度五十八分，為翼宿十五度四十五分；赤道壽星宮四
度二十五分，為軫宿二度四十六分⑱。

由以上月食圖說譯成滿文，滿漢合璧為例，可知康熙皇帝的重視
曆法，頗便於八旗天文生的學習曆法，易言之，由於曆書的譯成
滿文，不僅保存天主教東傳的重要文獻，而且也是研究滿族文化
極珍貴的語文資料。

康熙皇帝雖然採行新法，但並未揚棄舊法。康熙十四年（
1675）二月，傳諭欽天監監副安泰，以古法不可盡廢，而命安
泰從何君錫學習古法。惟傳統舊法的精確程度遠不及西洋新法，
以致推算結果，屢與天象不合。康熙十五年（1676）二月，欽

天監監副安泰按照舊法推算五月朔日食，應食五分六十秒。南懷仁按照西洋新法推算，只應食二十微，即三分之一秒。到了五月初一日朔，安泰、南懷仁等登台測驗，酉下一刻食起，將及一分，戌初初刻復圓，舊法所推分秒相差甚遠。新法推算精確，但也不完全相合，南懷仁指出新法並未差錯，是由於受到清蒙氣的影響，蒙氣能映小為大。《大清國史時憲志》對清蒙氣差說明頗詳，原文云：

> 清蒙氣差，西人第谷發之，謂地中遊氣，時時上騰，其質輕微，不能隔礙人目，卻能映小為大，升卑為高，故日月在地平上，比於中天則大，星座在地平上，比於中天則廣，此映小為大也，定望時日月無兩見之理，而恆得兩見，或日未西沒而已見日食於東，日已東出而尚見月食於西，此升卑為高也。又其氣有厚薄，有高下，而升象之高下亦因之，所以然者，地勢殊也，第谷言其國北極出地五十五度奇，測得地平上最大之差三十四分，自地平以上，其差漸少，至四十五度，其差五秒，更高則無差矣⑥。

地中遊氣上昇後形成蒙氣，雖未阻礙視線，卻能映小為大，觀測日食遂有出入，並非推算差錯。康熙十五年（1676）七月，康熙皇帝復傳諭欽天監云：「向者新法、舊法是非爭論，今既知新法為是，爾衙門學習天文曆法，滿洲官員務令稍勤肄習，嗣後習熟之人，方准陞用，未經習學者不准陞用。」⑦自明季以來中西新舊曆法的長期爭論，至此是非已明，康熙皇帝已確信新法是精確的，這是中國曆法發展史上的重要里程碑。由此可知康熙皇帝對西學認識的正確，以及接受西學的決心，此即守舊勢力不能搖撼新法的主要原因。

《七政交食表》是湯若望未竟之書，南懷仁繼續推算完成，

康熙十七年（1678）八月，南懷仁進呈《七政交食表》，凡三十二卷，題爲《康熙永年表》[71]。據南懷仁稱，各省北極高度並不相同，其交食時刻食分俱不相等，全憑各省九十度表推算，向來不知盛京北極高度，即用京師九十度表推算，故欠精確。康熙二十一年（1682）八月，南懷仁奉命至盛京測量北極高度。經南懷仁測得盛京北極高度，比京師高二度，所以另作推算日月交食表；康熙二十二年（1683）十月，南懷仁所作推算盛京九十度表告成，由欽天監進呈九十度表，南懷仁奏請依其高度推算九十度表，如此盛京交食時刻必能密合天象，奉旨「永遠遵守」[72]。南懷仁指出曆法的道理云：

> 曆之爲學也，其理其法，必有先後之序，漸以及焉，故由易可以及難，由淺可以入深，未有略形器而可驟語夫精微之理者也，如幾何原本諸書，爲曆學萬理之所從出，然其初要自一點一線一平面之解，及其至也，窮高極遠，而天地莫能久焉[73]。

在我國傳統的學術領域裡，算學的地位較低，南懷仁卻指出算學的重要，《幾何原本》等書，就是曆學萬理所從出，曆學以算學爲基礎，然後方能由淺入深，由易及難。易言之，欲窮高極遠，必先從解一點一線一平面開始。

康熙二十六年十二月二十六日（1688年1月28日），南懷仁病逝於北京，享年六十五歲[74]。康熙二十七年（1688）二月，頒賜謐號勤敏。中國天主教教士身後得蒙賜謐者，在歷史上只有南懷仁。欽天監以西法治曆，在南懷仁供職內廷期間奠定了穩固的基礎，同時更堅定了康熙皇帝採行西法的主張。歷代以來，持籌觀象是一種家傳世業，所以監中習業的生徒幾乎全是疇人後代，康熙皇帝洞悉西洋曆算的奧秘以後，明令加選官學生與欽天監的

天文生一同學習，打破了傳統習慣，可算是一種大膽改革。嗣後
耶穌會相繼派遣擅長曆算的教士來華，同時由於康熙皇帝的重視
西洋曆算，欽天監及民間的曆算研究都大放異彩⑦，南懷仁的貢
獻是可以肯定的。

六、結　論

　　中國傳統的曆算學，歷史悠久，由於政治上與生活上的需要，
其產生及發展，與西方曆算學有極大的差異⑩。頒發曆書固爲君
權的象徵，日月交食等天象變化，也被視爲上蒼儆戒君主的一種
方式。曆法更是制定年月日時序的法則，爲社會生活所不可或缺。
中國傳統曆法的變遷，與西方改曆的趨向，在觀念上並不相同，
歷代改曆在求合天，即所謂「順天以求合」，而西方的曆法，經
羅馬儒略凱撒（Julius　Caesar）及教宗格勒哥里第十三（Pope
Gregory　ⅩⅢ）二次改曆，則但求取便政令，幾與天象脫離關
係，因此經過二次改曆以後即不須多改。中國傳統曆法的推算，
既求合乎天象，則節氣朔望固爲曆法的關鍵，日月交食，五星凌
犯，亦往往作爲考驗的實例，所以歷代改曆者七十餘家，愈改愈
繁，西方天文則早已脫離曆法而自闢途徑⑰。易言之，中國傳統
曆法，並不像西方曆法那樣僅僅包括曆日的安排，它還有天體的
運行，日月食推算，五大行星出沒，各節氣晷景長短及每月南中
天星象等內容，實際上傳統曆法，就是一種天文年曆，修訂曆法，
就必須具備天文學各方面的研究基礎⑱。

　　治曆明時，歷代皆極重視曆法的改革，但就明清時期而言，
天文與曆法，並不同科，曆法僅限於敬授人時，並未禁止私習，
而卻有明禁私習天文的律令，主要是以天文占候，輒妄言禍福，
惑世誣人，所以世多不習，即使有人私習，亦不肯示人⑲。因天

文學基礎的薄弱，天文人才的缺乏，天文儀器的簡陋，而直接影響傳統曆法的改進。曆法奧妙，造曆需時，僧一行造大衍曆，歷時七年而僅成草稿，郭守敬造授時曆，十年而始進書籍。傳統天文學的發展，到了元代，可算達到了它的高峰，郭守敬在實測基礎上造授時曆，是中國傳統曆法中的最高峰，在傳統曆法中，授時曆是使用最長的一種曆法，明代二百多年的天文學工作，亦未超過元代的建樹⑳。明代雖將授時曆改名爲大統曆，但增損不多，所以大統曆與授時曆，名異實同。南懷仁曾引勅書語云：

> 明代雖改元授時爲大統之名，而積分之術，實仍其舊，然則新法之可貴者，不徒改曆之名，正在改曆之法，今我皇清之曆，不但改大統爲時憲之名，特用西洋新法，改革舊法諸差，即自古聖君賢相，握機衡以齊七政之盛治弘麻，無逾斯時⑳。

自從十六世紀西方天文曆算學輸入中國後，經過耶穌會士先後訂正，到了湯若望供職內廷期間，西洋新法已奠定良好的基礎。新法測驗日月食時刻，分秒方位，皆密合天行，盡善盡美，這就是清初因新舊曆法爭議釀成冤獄後南懷仁所以能夠平反舊案改革曆法成功的主要原因。

　　歷代改革曆法，主要爲歲首的改革，周正建子，殷正建丑，夏正建寅，此外亦改平朔爲定朔。傳統曆法是將一年的時間分爲中氣或節氣，此等分法的中節氣稱爲恆氣，自清初採用西洋新法後，狃於太陽行度不均之說，乃依太陽在黃道上實行以定中節氣，稱爲定氣。月爲分時的尺度，有一定的長度，此平均而一定的長度，曆法家稱它爲平朔，倘用日月實行合朔的時距，則稱爲定朔。南懷仁入京協助湯若望修訂曆法，繼湯若望之後，完成曆法的改革，不但將大統曆恢復爲時憲曆，同時採用新西洋法，改革舊法

諸差。傳統曆法使用恆氣，每節間的時距有一定，朔望只據平行推算，稱爲平朔，在唐代以前皆用平朔及恆氣，唐代武德年間改用定朔而仍存恆氣，到了清初，歷經一千年之久始改用定朔及定氣⑧。爲了觀測天象，南懷仁又製造多種精巧的天文儀器，除舊佈新。南懷仁精通滿文，除了將徐光啓、利瑪竇合譯《幾何原本》前六卷譯成滿文外，又將日月食推算分秒時刻多繪圖譯出滿文，有助於八旗天文生的學習，南懷仁改革中國曆法的成功，有助於中國文化的發展，南懷仁的貢獻是可以肯定的。

【註　釋】

① 《明史》（台北，鼎文書局，民國六十四年六月），卷三一，曆志一，頁515。

② 同前書，卷三一，頁516。

③ 同前書，卷三一，頁529。

④ 王萍著《西方曆算之輸入》（台北，中央研究院近代史研究所，民國五十五年八月），頁46。

⑤ 憑作民譯著《清康乾兩帝與天主教傳教史》（台北，民國五十九年七月），頁50。

⑥ 《明史》，卷三一，頁531。

⑦ 同前書，卷三一，頁527。

⑧ 張維華著《明清之際中西關係簡史》（山東，齊魯書社，1987年2月），頁171。

⑨ 《大清國史時憲志》（台北，國立故宮博物院），黃綾本，時憲志五。

⑩ 《中國天主教史人物傳清代篇》（台北，明文書局，民國七十四年五月），頁6。

⑪　《大清國史時憲志》，黃綾本，時憲志五。

⑫　《奏疏》（台北，國立故宮博物院），卷一，頁26。

⑬　《奏疏》，卷一，頁28。順治元年八月初二日，大學士馮銓啓。

⑭　《奏疏》，卷一，頁27。

⑮　《中國天主教史人物傳清代篇》，頁11。

⑯　《清世祖皇帝實錄》（台北，華聯出版社，民國五十三年一月），
卷六，頁14。順治元年七月甲辰，湯若望啓。

⑰　《大清時憲志》，黃綾本，時憲志一。

⑱　《奏疏》，卷三，頁37。順治十四年八月二十七日，據禮部題。

⑲　《中國天主教史人物傳清代篇》，頁162。

⑳　顧保鵠著《天主教史大事年表》（台中，光啓出版社，民國五十九
年二月），頁28。

㉑　後滕末雄譯《康熙帝傳》（東京，平凡社，昭和四十五年一月），
頁29。

㉒　《天主教東傳文獻》（台北，學生書局，民國五十四年十一月），
頁345。

㉓　《中國天文史話》（台北，明文書局，民國七十二年七月），前言，
頁1。

㉔　《顯宗大王改修實錄》（韓國漢城，國史編纂委員會，1973年8月），
卷八，頁3。顯宗三年十一月癸巳。

㉕　南懷仁著《不得已辯》，見《天主教東傳文獻》（台北，學生書局，
民國五十四年十一月），頁360。

㉖　間野潛龍著《康熙帝》（東京，人物往來社，昭和四十二年十一月），頁
218。

㉗　梁庚堯撰〈清初曆法的爭議〉，《天主教學術研究所學報》，第7
期（台北，中華學術院，民國六十四年九月），頁170。

㉘　《天主教東傳文獻》，頁79。康熙八年二月初五日，禮部題。

㉙　《天主教東傳文獻》，頁356。

㉚　《清聖祖仁皇帝實錄》（台北，華聯出版社，民國五十三年九月），卷一四，頁27。康熙四年三月壬寅，諭旨。

㉛　方豪著《中西交通史》（台北，中華大典編印會，民國五十七年七月），第四冊，頁26。

㉜　王萍撰〈清初的曆算研究與教育〉，《中央研究院近代史研究所集刊》，第3期（台北，中央研究所近代史研究所，民國六十一年十二月），下冊，頁365。

㉝　〈清初曆法的爭議〉，《天主教學術研究所學報》，第7期，頁170。

㉞　《清史稿》，列傳五十九，楊光先傳，頁3。

㉟　《中西交通史》，第4冊，頁28。

㊱　《清聖祖仁皇帝實錄》，卷二六，頁4。康熙七年五月乙卯上諭。

㊲　〈清初的曆算研究與教育〉，《中央研究院近代史研究所集刊》，第三期，下冊，頁373。

㊳　《清聖祖仁皇帝實錄》，卷一八，頁9。康熙五年二月丁巳，據楊光先奏。

㊴　《清聖祖仁皇帝實錄》，卷二七，頁18。康熙七年十一月丙辰，據楊光先奏。

㊵　《不得已辯》，《天主教東傳文獻》，頁368。

㊶　《清聖祖仁皇帝實錄》，卷二六，頁16。康熙七年六月壬子，據吳明烜奏。

㊷　《大清國史時憲志》，（台北，國立故宮博物院），黃綾本，卷一。

㊸　南懷仁著《熙朝定案》，見《天主教東傳文獻》，頁71。

㊹　白晉著《康熙帝傳》，馬緒祥譯本，《清史資料》，第一輯（北京，中華書局，1980年），頁220。

㊺　阮元著《疇人傳》（台北，臺灣商務印書館，民國五十四年十一月），卷四五，〈南懷仁傳〉，頁590。

㊻　《中西交通史》，第四冊，頁27。

㊼　《清聖祖仁皇帝實錄》，卷二八，頁15。康熙八年三月庚戌，諭旨。

㊽　《天主教東傳文獻續編》，第三冊（台北，學生書局，民國六十一年一月），頁1320。

㊾　〈清初的曆算研究與教育〉，《中央研究院近代史研究集刊》，第三期，下冊，頁373。

㊿　張維華著《明清之際中西關係簡史》，頁182。

51　〈清初的曆算研究與教育〉，《中央研究院近代史研究集刊》，第三期，下冊，頁3730。

52　《起居注冊》，第一冊，頁268。康熙十五年八月初十日，諭旨。

53　《清聖祖仁皇帝實錄》，卷三九，頁25。康熙十一年八月壬子，據禮部等衙門題。

54　《起居注冊》，滿文本（台北，國立故宮博物院）。康熙十一年八月十二日。

55　《起居注冊》，漢文本（北京，中華書局，1984年8月），頁51。康熙十一年八月十二日。

56　《清聖祖仁皇帝實錄》，卷三九，頁26。康熙十山年八月乙卯，據圖海奏。

57　《天主教東傳文獻》，頁199。康熙十一年九月，據刑部題。

58　《大清國史時憲志》，國史館黃綾本，卷一。

59　〈熙朝定案〉，《天主教東傳文獻》，頁98。康熙八年三月初十日，據禮部題。

60　《清史稿》，列傳五十九，南懷仁傳，頁4。

61　《起居注冊》，第一冊，頁482。康熙十九年正月十二日。

62　《天主教東傳文獻》，頁106。康熙八年八月二十七日，和碩康親王傑淑題。

63　《天主教東傳文獻》，頁102。康熙八年八月二十四日，禮部具題。

㉔ 李約瑟著，陳立夫譯《中國之科學與文明》，第五冊（台北，臺灣商務印書館），頁452。

㉕ 《大清國史天文志》，黃綾本，卷二。

㉖ 《清聖祖仁皇帝實錄》，卷六四，頁92。康熙十三年二月丁酉，諭旨。

㉗ 《大清國史時憲志》，卷三，黃綾本，「月食五限時刻」。

㉘ W.simow and H. G. H. Nelsow, "Mancha Books In London", The British Museam Publications Ltd., London.

㉙ 《大清國史時憲志》，黃綾本，卷二，「清蒙氣差」。

㉚ 康熙皇帝傳諭欽天監，《大清國史時憲志》卷一繫於康熙十五年七月，《東華錄》卷四，繫於是年八月庚申。

㉛ 《東華錄》，卷五，頁41。康熙十七年八月乙未，諭旨。

㉜ 《大清國史時憲志》，黃綾本，卷一。

㉝ 《疇人傳》，卷四五，頁594。

㉞ 後藤末雄譯《康熙帝傳》（日本，平凡社，昭和四十五年一月），頁29。

㉟ 〈清初的曆算研究與教育〉，《中央研究院近代史研究所集刊》，第三期，下冊，頁365。

㊱ 王萍著《西方曆算學之輸入》，頁1。

㊲ 高平子著《學曆散論》（台北，中央研究院數學研究所，民國五十八年），頁225。

㊳ 《中國天文史話》（台北，明文書局，民國七十二年七月），前言，頁1。

㊴ 《治曆緣起》（台北，國立故宮博物院），卷一，頁13。

㊵ 《中國天文史話》，前言，頁6。

㊶ 《天主教東傳文獻》，頁350。

㊷ 高子平著《學曆散論》，頁188。

從數目名字的演變
看清代滿族的漢化

一、前言

　　在傳統漢人社會裡，向來非常重視新生嬰兒的命名，相信名字的好壞，將會轉變一個人的命運，左右一生的成敗禍福，正是所謂「命好名不好運壞最難保，名好命不好一生可溫飽」。

　　我國邊疆少數民族的命名方式，是富於變化的，彼此不同，各有特色。許多少數民族的命名，常隨著一個人的生活階段、年齡增長，社會地位的變化，而經過多次命名。例如雲南傈僳族的男女，一生中有兩次命名，第一次命名是出生後的乳名，長大後多不使用。第二次命名是在訂婚或結婚時，由媒人取名，叫做婚名。怒族男子要經過三次命名，包括第一次的乳名，第二次的青年名，第三次的婚後名。傣族男子一生中要經過四次命名，包括乳名、僧名、還俗名和父母名。

　　北亞草原族群的命名習俗，也有他們的特色。金代女眞族的姓氏，或以部為氏，或以地為氏，例如瓜爾佳，原來是地名，後來成了部族名，女眞瓜爾佳氏，就是以部為氏。滿族是金代女眞人的後裔，其姓氏多以地為氏，或以部為氏。在氏族社會裡，日常接觸的人，大都是相同姓氏的成員，不須以姓氏作為土地占有或繼承的標誌，這種現象表現在姓名方面，便是用名，不用姓，大家見面時，不冠姓氏，只稱呼對方的名字，並非原無姓氏。滿

族在氏族社會中固然只用本名，即使在官方文書中，亦多僅用其本名，而將姓氏省略不書，以致後世往往認爲滿族父子不同姓①。

　　王可賓先生著《女眞國俗》一書指出，女眞人的本名和漢名，都是在某種情況下，據一定意義所起的。他們或以山、川、住地而命名，或以人體器官、動植物、日常器皿、自然景象而命名，或以長幼之序、父祖之年、本人生理及性格而命名，或比擬某人及以儒家尊崇的信條而命名，或以幸福、長壽、太平等願望的字樣而命名，都是女眞人命名的重要特徵②。滿族的命名特徵，與金代女眞人相似，大多出自其父祖或其他長者的喜愛，有些名字與出生順序有關，例如：費揚古（fiyanggū），意即老么；有些名字與動物有關，例如：伊斯哈（isha），意即松鴉；有些名字則與植物有關，例如：阿密達（amida）意即小葉楊；有些名字與山川有關，例如：阿霖（alin），意即山；有些名字與器物有關，例如：尼楚和（nicuhe），意即珍珠；有些名字則與數目有關，例如：那丹珠（nadanju），意即七十，本文僅就其中數目名字的由來及變化探討滿族漢化的情形。

二、滿族數目名字的由來

　　女眞人以數目命名的習俗，起源甚早，《金史》中多處記載數目名字，例如卷七十三記載景祖後裔上京司屬司人宗道本名八十；卷七十五記載臨潢長泰人毛子廉本名八十；卷八十二記載曷懶路星顯水人烏延胡里改於大定十年（1170）移鎮顯德，卒官，年六十九。十九年（1179），詔授其子五十六武功將軍；卷八十四記載烏林答贊謀於天德二年（1150）被害，大定十二年（1172）復其官爵，章宗即位，其女五十九乞改葬③。《金史》中的數目名字，就是女眞人或漢人以父祖年齡爲其子孫命名的習俗。

　　徐夢莘撰《三朝北盟會編》引《神麓記》謂「烏舍與國同姓完顏氏，母妊三十個月生，名烏舍，乃三十也。④」句中「三十」，女眞語讀如「gūsin」，漢文音譯又作「谷神」。王可賓先生指出谷神是歡都長子完顏希尹的本名，然人無妊三十個月而生者，其解純屬望文生義神化之詞，谷神當來自以長輩年庚命名的習俗。《金史・歡都傳》記載歡都於康宗十一年（1113）二月得疾，避疾於米里每水，年六十三。由此推算，歡都三十歲，就是遼道宗大康六年（1080）。人生三十始得子，不能不甚喜，故取名「谷神」以志之⑤。烏舍就是以父親歡都的年庚而命名的。

　　在滿族社會裡，以祖父或父親的年齡爲新生嬰兒命名的習俗，也是很普遍。李林先生主編《滿族家譜選編》記載了許多數目名字，例如《福陵覺爾察氏譜書》記載覺爾察氏十世祖左克什有三子：長七十，次五十，三吉安⑥。或許長子出生時，其祖父七十歲，即以祖父的年齡爲長子命名；次子出生時，或因祖父已身故，而其父五十歲，即以其父親的年齡爲次子命名。十二世祖明保有三子：長八十五，次八十六，三馬五色。長子的年齡大於次子，而他的名字卻小於次子，就是因爲長子出生時，其祖父的年齡是八十五歲，所以長子叫做八十五，第二年次子出生時，其祖父已經八十六歲了，所以次子叫做八十六。《永陵喜塔臘氏譜書》記載十五世祖達杭阿有子六人，分別叫做六十八、六十九、七十、七十一、七十二、七十三⑦，似乎都是以祖父的年齡爲六子命名，從六十八歲起，每年抱一個孫子，連續生了六個孫子。《滿洲薩喇嘛氏族譜》記載三支六世祖達哈束，有子三人，長子叫做九十，次子叫做九十二，三子叫做九十八⑧，這些數目名字，可能是以曾祖父的年齡，或以父母年齡的總和爲新生的嬰兒命名。

　　在北亞草原族群的社會裡，以父祖年齡命名的習俗，並不限

於女眞人或滿族，在我國境內的回民社會裡，也是司空見慣的。
例如回教首領馬化龍的孫子馬近西，他的乳名就叫做五十九。據
《陝甘劫餘錄》的作者單化普說：「五十九是馬近西的乳名，因
在其祖父五十九歲那年誕生，紀念其祖父之意，現在甘肅人叫這
乳名的還很多。⑨」滿族社會的數目名字，其初也多半是乳名，
後來仍在各種場合中通用，無論文職大員或武職將領，以父親或
祖父年齡命名者，實在不乏其例，並未隨其生活階段或年齡的增
長而改變，就是因爲數目名字原來含有紀念的性質，是孝道觀念
的具體表現，與漢族取名「念祖」、「念慈」等例子，方式不同，
意義則相同。滿族社會裡，這種表現孝道觀念的乳名，並未隨著
生活階段的不同而改變，就是滿族文化的一種特色。

　　現存清代檔案文獻中，可以找到許多數目名字，舉凡《起居
注冊》、宮中檔硃批奏摺、國史館傳包傳稿等所載數目名字，實
不勝枚舉。例如康熙五十年（1711）十月二十六日，《起居注
冊》記載是日辰時，康熙皇帝御暢春園內澹寧居聽政。大學士溫
達等覆奏刑部等衙門所題審擬案件，略謂：「審得鑲藍旗七十佐
領下小校滿常等控告本佐領七十在烏欄布通之役，將伊白頭文書
所賣多兒謊報陣亡，領身價銀七十兩，又將多兒披步甲食錢糧米
十餘年之處，係系情眞，相應將七十照律擬斬監候處決。⑩」引
文中佐領七十，就是以數目命名的例子。雍正二年（1724）十
月初六日，領侍衛內大臣刑部尙書阿爾松阿等會同戶部鑲白旗滿
洲都統議政大臣世子洪昇等題參特屯佐領下原當披甲五十八之妻
隱瞞女兒不行補看一案，具奏請旨。硃批奏摺記載五十八之妻的
供詞，略謂：「我女兒今年十九歲了，原是舊年七月內許聘與四
十九。今年正月內選女兒時，到了景山，我女兒忽然患病，將名
掣回，不曾進去。我聽得在屯里的並有病的女兒俱不看。因此，

六月內聘與本旗江柱佐領下披甲人四十九爲妻是實，除此女之外，並無隱瞞別的女兒等語。⑪」引文中五十八、四十九都是數目名字，五十八之妻將女兒許配給四十九爲妻，五十八和四十九聯姻，建立了丈人和女婿的關係。

三、《起居注冊》所載數目名字

《起居注冊》雖然以記載皇帝的言行起居爲主，但就其內容而言，卻包羅很廣，舉凡文武職任免，罪犯審擬題奏，八旗世職承襲等等多見於《起居注冊》。台北故宮博物院現存滿漢文《起居注冊》雖非全貌，但爲數仍相當可觀，從現存《起居注冊》的記載，可以找到頗多的數目名字。爲了便於了解清代數目名字的特殊意義及其變化，先將雍正後期、乾隆前期《起居注冊》所載數目名字列出簡表於下。

雍正朝現存《起居注冊》數目名字簡表

年、月、日			漢　名	滿文拼音	職　衛　身　份
8.	7.	29	四十九	syšigio	福陵防禦
8.	10.	14	七十三	cišisan	陵寢關防筆帖式
8.	10.	16	四十五	syšiu	江寧佐領
8.	11.	26	六十五	liošiu	拜他喇布勒哈番
8.	11.	28	五十一	ušii	拜他喇布勒哈番
8.	12.	1	八十五	bašiu	署鑲紅旗蒙古副參領
8.	12.	3	五十六	ušilio	理藩院主事
8.	12.	3	五十六	ušilio	鑲藍旗蒙古佐領
8.	12.	9	七十五	cišiu	察哈爾主事
8.	12.	9	七十五	cišiu	游牧員外郎
8.	12.	9	七十	ciši	武備院頭等侍衛佐領
9.	2.	12	六十五	liošiu	銅山營游擊

年、月、日	漢　名	滿文拼音	職　衝　身　份
9. 3. 13	七十	cisi	杭州佐領
9. 3. 15	七十六	cisilio	鑲白旗副佐領
9. 3. 15	六十	liosi	鑲白旗副佐領
9. 3. 15	八十	basi	鑲白旗副佐領
9. 3. 16	吳什巴	usiba	委署參領
9. 3. 25	五十九	usigio	正紅旗滿洲副佐領
9. 3. 29	七十	cisi	鑲白旗滿洲副佐領
9. 3. 29	八十四	basisy	步軍校
9. 4. 2	六十六	liosilio	
9. 4. 20	五十	usi	正黃旗蒙古副佐領
9. 4. 30	五十八	usiba	正白旗蒙古副佐領
9. 5. 15	八十五	basiu	署鑲紅旗蒙古參領
9. 5. 16	七十	cisi	熱河佐領
9. 6. 18	四十三	sysisau	總管
9. 7. 16	五十四	usisy	總理阿爾泰兵台總管
9. 7. 25	養什	cisi	
9. 7. 25	巴什	basi	
9. 8. 1	五十	usi	鄭家莊防禦
9. 9. 6	五十六	usilio	參領署副都統
9. 9. 16	五十六	usilio	歸化城副都統
9. 11. 11	巴什	basi	國子監助教
9. 11. 16	七十三	cisisan	
9. 11. 28	六十四	liosisy	青州協領
9. 12. 4	七十九	cisigio	拜他喇布勒哈番
9. 12. 5	五十七	usici	步軍校
9. 12. 5	五十一	usii	
9. 12. 7	八十一	basii	

年、月、日	漢　名	滿文拼音	職　衛　身　份
9. 12. 7	七十一	cišii	佐領
9. 12. 12	八十	baši	步軍校
9. 12. 12	八十	baši	（案犯）
9. 12. 12	六十七	liošici	（案犯）
10. 2. 6	五什巴	ušiba	（管兵將弁）
10. 2. 16	七十五	cišiu	三姓副都統
10. 2. 17	七十五	cišiu	侍衛
10. 2. 27	七十一	cišii	（言官）
10. 3. 22	五十八	ušiba	成都佐領
10. 4. 3	七十六	cišilio	正藍旗蒙古副佐領
10. 4. 4	五十一	ušii	署衛軍參領
10. 4. 4	八十	baši	協辦鑲白旗護軍參領
10. 4. 5	四十六	sušilio	鑲藍旗護軍參領
10. 5. 2	巴什	baši	正紅旗滿洲副佐領
10. 5. 11	七什	ciši	太常寺寺丞
10. 5. 13	八十五	bašiu	烏林達
10. 5. 14	八十	baši	記名理事同知通判
10. 5. 19	巴什	baši	右翼監督稅務
10. 5. 20	七十八	cišiba	
10. 5. 20	八十	baši	
10. 5. 20	吳什巴	ušiba	
10. 5. 20	六十八	liošiba	
10. 5. 20	巴世久	bašigio	
10. 5. 20	六十六	liošilio	
10. 閏5. 8	七十	ciši	鑲藍旗滿洲副佐領
10. 閏5. 10	七十	ciši	
10. 閏5. 10	七十八	cišiba	

年、月、日	漢 名	滿文拼音	職 銜 身 份
10. 閏 5. 12	四十六	syšilio	鑲藍旗滿洲佐領
10. 7. 1	六十六	liošilio	蒙古旗分協辦
10. 7. 5	八十六	bašilio	三等護衛
10. 7. 6	四十八	syšiba	冠軍使
10. 7. 6	七十三	cišisan	治儀正
10. 8. 6	五十七	ušici	刑部筆帖式
10. 8. 11	七十五	cišiu	筆帖式
10. 8. 11	五十九	ušigio	守備
10. 8. 26	七十	ciši	署步軍校
10. 8. 26	六十	lioši	署步軍校
10. 9. 6	六十九	liošigio	筆帖式
10. 9. 25	五十六	ušilio	歸化城右翼副都統
10. 9. 26	五十四	ušisy	
10. 9. 26	八十	baši	
10. 9. 27	六十八	liošiba	
10. 9. 27	九十	gioši	
10. 11. 9	六十	lioši	筆帖式
10. 12. 8	七十	ciši	佐領
10. 12. 8	九十	gioši	
10. 12. 8	七十	ciši	
10. 12. 10	六十一	liošii	佐領
10. 12. 10	四十八	syšiba	
10. 12. 10	七十八	cišiba	
10. 12. 11	七什一	cišii	禮部主事
10. 12. 12	六十四	liošisy	
10. 12. 13	八十九	bašigio	
10. 12. 13	五十九	ušigio	

年、月、日	漢　名	滿文拼音	職　衛　身　份
10. 12. 14	七十二	cišiel	
10. 12. 14	五十一	ušii	
10. 12. 16	六十三	lio ši san	
10. 12. 18	六十	lioši	
10. 12. 18	六十	lioši	杭州佐領
11. 1. 20	五十	uši	
11. 4. 15	七什一	cišii	
11. 4. 19	八十	baši	署鑲白旗蒙古都統
11. 6. 5	四十八	syšiba	步軍校
11. 6. 23	五十九	u ši gio	守備
11. 6. 27	八什	baši	熱河理事同知
11. 7. 14	六十三	liošisan	
11. 7. 14	六十	lioši	
11. 7. 14	七什八	cišiba	
11. 7. 14	巴什四	bašisy	
11. 7. 14	巴什九	bašigio	
11. 7. 14	五十九	ušigio	
11. 9. 19	那丹珠	nadanju	贊禮郎
11. 9. 20	八十六	bašilio	佐領
11. 9. 25	七什	ciši	禮部員外郎
11. 9. 25	四十一	syšii	正白旗滿洲副佐領
11. 10. 10	六十六	liošilio	正紅旗滿洲副佐領
11. 10. 10	巴什	baši	正白旗前鋒侍衛
11. 10. 11	六十三	liošisan	署鑲紅旗前鋒參領
11. 10. 11	七十三	cišisan	署鑲紅白旗蒙古副參領
11. 10. 13	六十三	liošisan	鑲紅旗護軍參領
11. 10. 25	七十	ciši	副驍騎校

年、月、日	漢　名	滿文拼音	職　銜　身　份
11. 10. 27	伍十	uši	藍翎侍衛
11. 10. 28	六十一	liošii	副護軍校
11. 10. 28	七十八	cišiba	副護軍校
11. 10. 28	六十一	liošii	副護軍校
11. 11. 2	四十五	syšiu	副驍騎校
11. 11. 11	七十三	cišisan	
11. 11. 11	六十九	liošigio	
11. 11. 18	四十九	syšigio	戶部員外郎
11. 11. 21	六十九	liošigio	荊州佐領
11. 12. 2	六十九	liošigio	翰林院筆帖式
11. 12. 9	七十	ciši	正藍旗蒙古副參領
11. 12. 14	七十六	cišilio	佐領
11. 12. 17	四十七	syšici	正白旗蒙古副參領
11. 12. 20	四十九	syšigio	員外郎
11. 12. 21	八十六	bašilio	佐領
11. 12. 21	六十四	liošisy	驍騎校
11. 12. 21	五十八	ušiba	佐領
12. 2. 1	八十七	bašici	守備
12. 2. 30	六十	lioši	主事
12. 3. 3	四十七	syšici	正白旗蒙古佐領
12. 3. 7	七十六	cišilio	協辦正藍旗蒙古參領
12. 3. 17	五十三	ušisan	正白旗滿洲副佐領
12. 4. 14	七十六	cišilio	鑲藍旗蒙古佐領
12. 4. 12	八十七	bašici	親軍
12. 5. 18	八十一	bašii	黑龍江參領
12. 8. 23	八十	baši	道員
12. 9. 10	七十	ciši	參領

年、月、日	漢　名	滿文拼音	職　衛　身　份
12. 9. 14	四十七	syšici	稽查鑲黃旗事務
12. 9. 29	六十六	liošilio	步軍校
12. 10. 11	八十一	bašii	鑲紅旗滿洲副佐領
12. 11. 3	六十五	lio ši u	游擊
12. 11. 7	五十四	ušisy	辦理軍台事務
12. 11. 20	五十九	ušigio	（斬犯）
12. 11. 29	七十一	cišii	佐領
12. 12. 14	五十四	ušisy	管理台站事務
12. 12. 4	六十	lioši	
12. 12. 4	伍什	uši	驍騎校
12. 12. 10	五十九	ušigio	鑲藍旗滿洲副佐領
12. 12. 11	伍什巴	ušiba	正藍旗防禦
12. 12. 15	六十一	liošii	
12. 12. 15	五十四	ušisy	
13. 1. 30	六十五	liošiu	領催
13. 3. 12	六十八	liošiba	鑲藍旗滿洲驍騎校
13. 4. 6	七十五	cišiu	郎中
13. 4. 6	七十六	cišilio	正藍旗蒙古參領
13. 4. 13	七十一	cišii	信炮章京
13. 4. 16	四十九	syšigio	戶部員外郎
13. 4. 26	七十六	cišilio	火器營參領
13.閏4. 4	七十三	cišisan	署正紅旗蒙古佐領
13.閏4. 11	七十四	cišisy	內閣中書
13.閏4. 19	八十三	bašisan	鑲黃旗滿洲副佐領
13.閏4. 30	九什	jioši	兵部堂旗員
13. 5. 6	七十六	cišilio	護軍
13. 5. 6	五十一	ušii	親軍

年、月、日	漢 名	滿文拼音	職 衛 身 份
13. 5. 6	七十五	cišiu	帶領護軍
13. 5. 12	四十八	syšiba	帶領護軍
13. 5. 12	六十一	liošii	帶領護軍
13. 5. 12	八十一	bašii	帶領護軍
13. 5. 21	七十	ciši	帶領馬甲
13. 7. 23	八什	baši	理事同知
13. 12. 1	五十四	ušisy	台站總管
13. 12. 5	巴什	baši	步軍校
13. 12. 5	六十	lioši	步軍校
13. 12. 12	七十	ciši	頭等護衛
13. 12. 12	五十八	ušiba	頭等護衛
13. 12. 12	巴什	baši	頭等護衛
13. 12. 12	七十六	cišilio	
13. 12. 12	巴什	baši	四品典儀
13. 12. 12	六十五	liošiu	四品典儀
13. 12. 12	六十四	liošisy	四品典儀
13. 12. 12	六十七	liošci	四品典儀
13. 12. 12	五十四	ušisy	三等護衛
13. 12. 12	七十六	cišilio	三等護衛
13. 12. 12	五十九	ušigio	三等護衛
13. 12. 12	七十六	cišilio	三等護衛
13. 12. 12	八十三	bašisan	三等護衛
13. 12. 12	六十九	liošigio	三等護衛
13. 12. 12	五十一	ušii	三等護衛
13. 12. 18	八十三	bašisan	署鑲紅旗護軍參領
13. 12. 26	七十	ciši	佐領
13. 12. 27	八十	baši	佐領
13. 12. 77	八十一	bašii	副驍騎校

資料來源：台北，故宮博物院藏雍正朝《起居注冊》。

乾隆朝前期現存《起居住冊》數目名字簡表

年、月、日	漢　名	滿文拼音	職　銜　身　份
1. 2. 27	八十五	bašiu	杭州副都統
1. 3. 4	四十九	syšigio	戶部員外郎
1. 3. 16	八十三	bašisan	護軍參領
1. 3. 20	七十一	cišii	右衛佐領
1. 3. 20	八十	baši	右衛防禦
1. 3. 22	六十一	liošii	太僕寺主簿
1. 3. 27	五十六	ušilio	辛者庫
1. 3. 28	六十一	liošii	
1. 4. 19	六十五	liošiu	
1. 4. 19	五十	uši	
1. 4. 20	七十六	cišilio	
1. 4. 20	六十五	liošiu	
1. 4. 20	四什義	syšii	
1. 4. 21	八十九	bašigio	
1. 4. 21	八十	baši	
1. 4. 21	四十九	syšigio	
1. 5. 8	七十三	cišisan	副參領
1. 5. 16	七十六	cišilio	西安防禦
1. 5. 16	五十六	ušilio	西安防禦
1. 5. 23	九十	gioši	步軍校
1. 5. 28	六十五	liošiu	福建督標中營都司
1. 8. 5	巴什一	bašii	涼州防禦
1. 8. 24	八十一	bašii	黑龍江參領
1. 8. 25	八十兒	bašiel	右衛防禦
1. 8. 26	七十	ciši	泰陵防禦
1. 9. 2	四十六	syšilio	墨爾根城倉官

年、月、日	漢　名	滿文拼音	職　　衛　　身　　份
1. 9. 7	六十	lioši	驍騎校
1. 9. 7	七十八	cišiba	驍騎校
1. 9. 15	五十七	ušici	杭州防禦
1. 9. 21	六十一	liošii	佐領
1. 12. 7	六十五	liošiu	國子監助教
1. 12. 7	巴士裔	bašii	八旗義學教習
1. 12. 17	五十七	ušici	兵部郎中
1. 12. 24	七十六	cišilio	
1. 12. 26	七十三	cišisan	
1. 12. 27	八十六	bašilio	
2. 3. 13	七十一	cišii	隨旗行走
2. 3. 18	七十六	cišilio	荊州防禦
2. 3. 18	七十	ciši	黑龍江防禦
2. 4. 2	齊什	ciši	禮部漢字堂主事
2. 4. 2	七十一	cišii	戶部堂主事
2. 4. 2	七十四	cišisy	國子監監正
2. 5. 16	五十四	ušisy	右衛防禦
2. 5. 16	八十一	bašii	雲騎尉衛
2. 6. 16	五十三	ušisan	三等護衛
2. 6. 22	五十八	ušiba	正紅旗蒙古佐領
2. 6. 23	八什	baši	
2. 7. 2	五十七	ušici	侍衛
2. 7. 27	八十一	bašii	步軍校
2. 7. 27	五十四	ušisy	佐領
2. 8. 9	五十七	ušici	侍衛
2. 8. 19	五十一	ušii	正黃旗蒙古佐領
2. 8. 19	四九	šigio	喜峰口防禦

年、月、日	漢　名	滿文拼音	職　衡　身　份
2. 9. 4	八十	baši	歸化城防禦
2. 9. 16	五十八	ušiba	步軍校
2. 9. 26	六十四	liošisy	協領
2. 9. 30	七十三	cišisan	雲麾使
2. 閏9. 16	四十六	syšilio	歸化城左翼副都統
2. 10. 21	五十七	ušici	廣州防禦
2. 10. 21	伍什八	ušiba	成都佐領
2. 10. 21	巴什伍	bašiu	步軍校
2. 12. 7	五十	uši	雲騎尉
2. 12. 7	七十	ciši	正陽門城門尉
2. 12. 7	九十八	giošiba	河南防禦
2. 12. 7	四十八	syšiba	山海關總管
2. 12. 7	七十一	cišii	雲騎尉
2. 12. 7	四十八	syšiba	泰陵妃園寢防禦
2. 12. 25	五什巴	ušiba	雲騎尉
2. 12. 25	七十	ciši	騎都尉
3. 2. 5	六十七	liošici	收掌試卷
3. 2. 7	五十七	uišci	熱河防禦
3. 2. 27	伍什三	ušisan	熱河防禦
3. 3. 26	七十	ciši	寧古塔防禦
3. 4. 7	五十七	ušici	杭州佐領
3. 4. 10	伍什巴	ušiba	獨石口防禦
3. 4. 26	七十五	cišiu	寧古塔將軍
3. 4. 29	六十六	liošilio	熱河佐領
3. 5. 1	八十	baši	委署道府
3. 5. 21	八十五	bašiu	
3. 5. 24	七十四	cišisy	

年、月、日	漢 名	滿文拼音	職　衛　身　份
3. 5. 30	六十七	liošici	
3. 6. 8	五十三	ušisan	
3. 6. 10	五十六	ušilio	戶部主事
3. 6. 10	六十	lioši	旗人
3. 7. 12	七十六	cišilio	
3. 7. 26	五十六	ušilio	光祿寺署正
3. 7. 26	七十一	cišii	協辦理事同知
3. 9. 14	八十一	bašii	涼州佐領
3. 11. 2	七十六	cišilio	
3. 12. 17	七十九	cišigio	黑龍江管水手四品官
3. 12. 17	八十七	bašici	守備
3. 12. 25	六十烏	liošiu	三等子
4. 4. 20	七十	ciši	署理佐領
4. 4. 21	七十三	cišisan	右衛防禦
4. 5. 6	五十四	ušisy	雲騎尉
4. 5. 21	四十六	syšilio	右衛防禦
4. 5. 23	六十三	liošisan	馬甲
4. 6.	五十七	ušici	步軍校
4. 11. 17	五十七	ušici	禦前三等侍衛
4. 12. 15	七十一	cišii	正紅旗滿洲佐領
4. 12. 22	五十九	ušijio	雲騎尉
4. 12. 22	七十一	cišii	雲騎尉
5. 2. 6	六十五	liošiu	游擊
5. 2. 12	七十五	cišiu	白都訥副都統
5. 3. 16	八十五	bašiu	孝東陵贊禮郎
5. 3. 27	六十八	liošiba	騎都尉
5. 4. 4	七十	ciši	鑲白旗蒙古佐領

年、月、日	漢　名	滿文拼音	職　衛　身　份
5. 4. 7	四十八	sysiba	步軍副尉
5. 4. 14	七十三	cisisan	署理佐領事務
5. 5. 6	伍什散	usisan	熱河佐領
5. 5. 16	七十	cisi	黑龍江佐領
5. 6. 17	五十六	usilio	光祿寺署正
5. 閏6. 6	七十七	cisici	佐領
6. 3. 3	八十	basi	右衛佐領
6. 3. 8	七十四	cisisy	記名倉場監督
6. 3. 13	七十八	cisiba	右衛防禦
6. 3. 18	四十八	sysiba	副參領
6. 3. 20	五十七	usici	泰陵妃園防禦
6. 3. 23	五十一	usii	參領
6. 4. 7	七十六	cisilio	護軍
6. 4. 29	七十四	cisisy	護衛
6. 5. 18	七十一	cisii	副參領
6. 6. 6	七十五	cisiu	理藩院筆帖式
6. 6. 16	八十	basi	荊州佐領
6. 6. 17	七十四	cisisy	寺丞
6. 9. 16	八十三	basisan	
6. 10. 7	六十六	liosilio	騎都尉
6. 12. 4	六十八	liosiba	三平佐領
7. 1. 27	六十	liosi	江寧防禦
7. 1. 30	七十一	cisii	步軍校
7. 2. 21	七十三	cisisan	署正紅旗蒙古佐領
7. 2. 25	八十	basi	熱河兵備道
7. 3. 27	四十九	sysigio	步軍校
7. 4. 11	五十一	usii	河南城守尉

年、月、日	漢　名	滿文拼音	職　衛　身　份
7. 5. 3	四十八	sySiba	雲騎尉
7. 5. 12	五十六	uSilio	員外郎
7. 6. 3	九十八	gioSiba	正黃旗署蒙古佐領
7. 7. 6	八十七	baSici	游擊
7. 7. 6	七十一	ciSii	筆帖式
7. 9. 3	七十八	ciSiba	騎都尉
7. 9. 14	八十	baSi	兵備道
7. 11. 19	四十六	sySilio	驍騎校
7. 12. 5	五十七	uSici	步軍校
7. 12. 11	四十一	sySii	三等侍衛
7. 12. 18	五十三	uSisan	駐防防禦
8. 2. 9	六十七	lioSici	考選人員
8. 2. 16	六十一	lioSii	揀選京倉監督
8. 2. 17	六十	lioSi	寧夏防禦
8. 2. 18	五十九	uSigio	佐領
8. 2. 30	六十六	lioSilio	鑲白旗護軍參領
8. 4. 11	六十七	lioSici	監察禦史
8. 4. 20	五十七	uSici	步軍校
8. 閏4. 14	五十一	uSii	右衛防禦
8. 6. 4	六十五	lioSiu	游擊
8. 6. 7.	六十七	lioSici	戶科給事中
8. 6. 29	八十七	baSici	正紅旗滿洲護軍校
8. 6. 29	七十	ciSi	冷口協領
8. 11. 1	五十一	uSii	佐領
8. 11. 15	八十七	baSici	守備
8. 11. 17	七十一	ciSii	佐領
8. 12. 1	六十	luSi	佐領

年、月、日	漢　名	滿文拼音	職　銜　身　份
8. 12. 3	六十七	liošici	巡台御史
8. 12. 4	五十六	ušilio	副都統
8. 12. 9	伍十	uši	佐領
8. 12. 9	七十	ciši	冷口防禦
8. 12. 11	七十	ciši	記名監督
8. 12. 15	八十七	bašici	守備
8. 12. 15	九十一	giošii	協領
8. 12. 16	八十五	bašiu	正藍旗滿洲參尉
8. 12. 17	五十一	ušii	三等男
9. 2. 13	七十四	cišisy	佐領
9. 2. 28	八十五	bašiu	署杭州將軍
9. 5. 10	五十七	ušici	御史
9. 6. 2	七十四	cišisy	正黃旗漢軍毯匠
9. 6. 17	七十六	cišilio	京察一等官
9. 6. 17	七十四	cišisy	京察一等官
9. 7. 12	五十六	ušilio	白都訥倉官
9. 7. 19	七十八	cišiba	喜峰口協領
9. 9. 20	五十七	ušici	杭州防禦
9. 11. 20	五十八	ušiba	杭州防禦
9. 12. 7	七十九	cišigio	泰陵防禦
9. 12. 8	六十五	liošiu	雲騎尉
9. 12. 13	七十五	cišiu	福陵防禦
9. 12. 15	五十八	ušiba	雲騎尉
9. 12. 16	七十五	cišiu	防禦
9. 12. 17	巴什	baši	雲騎尉
9. 12. 20	五十	uši	景陵副總管
10. 2. 29	五十七	ušici	二等侍衛

年、月、日	漢　名	滿文拼音	職　衛　身　份
10. 6. 1	四十七	syšici	防禦
29. 2. 4	八十六		白都訥防禦
29. 2. 20	七十一		正藍旗協領
29. 2. 25	六十八		綏遠城佐領
29. 3. 5	四十九		游擊
29. 3. 10	五十一		正白旗蒙古前鋒校
29. 3. 10	六十八		熱河防禦
29. 3. 10	八十一		右衛防禦
29. 3. 15	六十六		佐領
29. 4. 17	五十三		委步軍尉
29. 5. 15	九十		署步軍尉
29. 6. 18	八十五		鑲黃旗蒙古副都統
29. 6. 21	八十		步軍尉
29. 6. 29	八十五		東便門千總
29. 8. 28	八十		正黃旗閑散
29. 10. 10	七十三		荊州防禦
29. 10. 10	六十九		盛京佐領
29. 10. 15	五十八		福州防禦
29. 12. 7	五十九		整儀尉
29. 12. 10	六什七		廣州防禦
29. 12. 15	七十一		騎都尉
29. 12. 17	六十九		輕車都尉
29. 12. 17	六十七		騎都尉
29. 12. 18	七十一		知州
30. 閏12. 12	五十四	ušisy	委護軍參領
30. 閏12. 12	六十九	liošigio	驍騎校
30. 4. 24	四十一	syšii	寧夏雲騎尉

年、月、日	漢　名	滿文拼音	職　銜　身　份
30. 4. 26	六十一	liošii	成都防禦
30. 5. 8	五十九	ušigio	盛京佐領
30. 5. 12	七十五	cišiu	京察一等人員
30. 5. 14	七十三	cišisan	都司
30. 5. 21	七十五	cišiu	公中佐領
30. 5. 22	九十八	giošiba	天津防禦
30. 5. 23	八十六	bašilio	吉林烏拉防禦
30. 6. 10	四十九	syšigio	
30. 6. 28	六十八	liošiba	步軍尉
30. 7. 6	五十四	ušisy	守備
30. 8. 6	六十五	liošiu	收掌試卷執事官
30. 9. 1	八十一	bašii	防禦
30. 9. 19	五十四	ušisy	守備
30. 9. 25	五十三	ušisan	步軍尉
30. 10. 19	七什巴	cišiba	游擊
30. 10. 24	六十七	liošici	吉林防禦
30. 11. 3	六十五	liošiu	吉林雲騎尉
30. 11. 14	七十一	cišii	游擊
30. 12. 6	五十一	ušii	步軍尉
30. 12. 10	八十	baši	鑲黃旗步軍校
30. 12. 11	七十五	cišiu	天津防禦
30. 12. 14	七十三	cišisan	護軍
30. 12. 14	四十八	syšiba	綏遠城防禦
30. 12. 16	那丹珠	nadanju	騎都尉
30. 12. 16	八十	baši	騎都尉
31. 1. 4	四十六	syšilio	總兵官
31. 1. 28	五十三	ušisan	鑲紅旗滿洲參領

年、月、日			漢　名	滿文拼音	職　衛　身　份
31.	2.	18	七十三	cišisan	護軍
31.	2.	21	七十八	cišiba	光祿寺典薄
31.	2.	20	八十五	bašiu	西安防禦
31.	3.	20	九十八	giošiba	西安防禦
31.	4.	7	八十	baši	雲騎尉
31.	4.	13	七十	ciši	知縣
31.	5.	2	五十四	ušisy	參將
31.	5.	3	八十三	bašisan	右衛防禦
31.	5.	4	七十三	cišisan	鑲黃旗防禦
31.	8.	28	七十	ciši	閑散
31.	10.	4	六十六	liošilio	參將
31.	10.	10	六十九	liošigio	天津佐領
31.	10.	10	五十九	ušigio	荊州佐領
31.	10.	10	巴十三	bašisan	盛京世管佐領
31.	11.	20	七十一	cišii	總兵
31.	12.	13	八十一	bašii	
31.	12.	16	五十五	ušiu	雲騎尉
31.	12.	16	五十六	ušilio	輕車都尉
32.	2.	2	六十八	liošiba	筆帖式
32.	2.	18	五十四	ušisy	副將
32.	2.	19	九十四	giošisy	都司
32.	2.	19	六十七	liošici	都司
32.	4.	9	五十	uši	正白旗蒙古佐領
32.	5.	11	五十八	ušiba	福州佐領
32.	7.	8	六十九	liošigio	護軍校
32.	7.	9	六十九	liošigio	步軍尉
32.	7.	12	八十九	bašigio	寧夏防禦

年、月、日	漢　名	滿文拼音	職　銜　身　份
32. 7. 14	四十六	sySilio	尚膳副
32. 7. 19	七什巴	ciSiba	參將
32. 8. 20	七十一	ciSii	游擊
32. 9. 8	四十九	sySigio	參將
32. 10. 3	五十三	uSisan	委前鋒參領
32. 10. 18	六十七	lioSici	副護軍參領
32. 10. 21	七十五	ciSiu	
32. 10. 21	六十八	lioSiba	絞犯
32. 10. 21	八十七	baSici	步軍尉
32. 11. 14	六十八	lioSiba	德州防禦
32. 11. 16	七十一	ciSii	刑部主事
32. 12. 6	五十六	uSilio	荊州防禦
32. 12. 16	八十	baSi	莊浪城守尉
32. 12. 16	六十四	lioSisy	雲騎尉
32. 12. 16	六十三	lioSisan	恩騎尉
32. 12. 16	六十八	lioSiba	恩騎尉

資料來源：台北，故宮博物院藏乾隆朝《起居注冊》。

（乾隆二十九年因缺滿文本，滿文拼音從缺）

四、數目名字的演變與滿族的漢化

　　如前表所例，雍正朝數目名字共二〇二個，乾隆朝數目名字共二八五個，合計四八七個，其中最小的數目是四十一，最大的數目是九十八，從四十一到九十八，可以分為六組：第一組自四十一至四十九，共四十個，約佔百分之八；自五十至五十九，共一一二個，約佔百分之二三；自六十至六十九，共九十七個，約

佔百分之二○；自七十至七十九，共一三六個，約佔百分之二八；自八十至八十九，共九十一個，約佔百分之一九；自九十至九十八，共十一個，約佔百分之二。由此可知第一組只佔百分之八，而且四十以下的數目名字較罕見，表示以父親年齡命名者較少；自五十以上的數目名字所佔比例較高，表示以祖父年齡命名者極為普遍；自八十以上的數目名字所佔比例亦高，表示以曾祖父年齡命名者為數不少。滿族多喜歡以祖父或曾祖父的年齡為新生的嬰兒命名，九十八以上的數目名字極為罕見，表示數目名字的命名，很少以父母年齡或祖父祖母年齡總和為新生嬰兒命名。

　　前列簡表中，有職稱可查者計三八六個，其中武職人員共三一六個，佔百分之八二；文職共七十個，佔百分之一八，文職和武職的比例十分懸殊，說明滿族以武職為主要入仕途徑。武職人員內常見的如防禦、佐領、副佐領、參領、副參領、驍騎校、步軍校、護衛、侍衛、護軍校、親軍、步軍尉、披甲、協領、城守尉、軍台、總管、副都統、都統、將軍、千總、守備、都司、游擊、參將、副將、總兵等。文職人員主要為筆帖式、主事、員外郎、助教、寺丞、通判、稅務監督、治儀正、同知、道員、郎中、中書、典儀、主簿、教習、寺正、給事中、御史、知州、知縣等，多屬微員。表中所列數目名字，主要為文武職人員的任免遷轉，所以都是男性的數目名字，不見女性的數目名字。

　　數目名字的大小，與他本人的年齡，不一定相一致，例如雍正十一年（1733）十二月二十一日，承襲佐領的八十六，年僅八歲；雍正九年（1731）八月初一日，因年老告休的鄭家莊防禦，名字做五十。數目名字的大小，和他本人的實際壽命，也沒有關係，例如乾隆九年（1744）二月十三日，《起居注冊》記載奉天將軍額洛圖旗下佐領七十四，出兵二次，打仗七次，得功

牌三個，享年六十歲。大致而言，忠義傳中的殉難人員，其年齡多小於他本人的數目名字。

在早期的滿族社會裡，其姓氏大都省略不用，但覺羅氏卻常冠於數目名字的前面，據《起居注冊》的記載，雍正十三年（1735）十二月二十七日，佐領八十，作「覺羅八十」，乾隆三年（1738）四月二十六日，寧古塔將軍七十五，作「覺羅七十五」；乾隆五年（1740）二月十二日，白都訥副都統七十五，作「覺羅七十五」。除紅帶子覺羅氏外，其餘滿族姓氏冠於數目名字之上者，實屬罕見。

滿族數目名字的讀音及書寫，都值得重視，除「那丹珠（nadanju）」即七十，以滿語發音，並音譯漢字外，其餘多以漢字數目書寫，並以漢語讀出。漢字小寫的數目，筆畫簡單，書寫容易，滿族普遍採用漢字小寫的數目來爲新生嬰兒命名，就是漢化的具體表現。前表中所列雍正十一年（1733）六月二十三日，守備五十九，其滿文分寫成三個音節「u-ši-gio」，成爲漢字「五十九」三字的對音。乾隆四年（1739）十二月二十二日，承襲雲騎尉的五十九，其滿文寫成「ušijio」，更接近漢語的讀音。

由於雷同的數目名字很多，原來使用漢字小寫的數目，有的就改用漢字數目大寫。例如佐領伍十六，「伍」爲五的大寫；禮部主事七什一、禮部員外郎七什、兵部堂旗員九什等，「什」爲十的大寫；成都佐領伍什八、熱河防禦伍什三、「伍什」爲五十的大寫。把漢字小寫的數目，改成漢字大寫，暗示著滿族漢化程度的加深。

由於漢字小寫和大寫數目終究有許多雷同，於是有人就採用同音的漢字來代替數目字。爲了便於說明，集中列表於下：

年　　月　　日	同 音 漢 字	羅 馬 拼 音
雍正 9 年 3 月 16 日	吳什巴	ušiba
雍正 9 年 3 月 29 日	八十肆	bašisy
雍正 9 年 7 月 25 日	齊什	ciši
雍正 9 年 7 月 25 日	巴什	baši
雍正 10 年 2 月 6 日	伍什巴	ušiba
雍正 10 年 5 月 20 日	巴世久	bašigio
雍正 10 年 7 月 14 日	巴什四	bašisy
雍正 10 年 7 月 14 日	巴什九	bašigio
乾隆 1 年 4 月 20 日	巴什義	bašii
乾隆 1 年 8 月 5 日	巴什一	bašii
乾隆 1 年 12 月 7 日	巴士裔	bašii
乾隆 2 年 10 月 21 日	巴什伍	bašiu
乾隆 2 年 12 月 25 日	五什巴	ušiba
乾隆 3 年 12 月 25 日	六十烏	liošiu
乾隆 5 年 5 月 6 日	伍什散	ušisan
乾隆 31 年 10 月 10 日	巴十三	bašisan
乾隆 32 年 7 月 19 日	七什巴	cišiba

資料來源：台北，故宮博物院藏《起居注冊》

　　如上表所列，「伍什散」是五十三的同音字；「吳什巴」、「伍什巴」、「五什巴」是五十八的同音字；「六十烏」是六十五的同音字；「齊什」是七十的同音字；「七什巴」是七十八的同音字；「巴什一」、「巴士裔」、「巴士義」都是八十一的同音字；「巴十三」是八十三的同音字；「巴十肆」、「巴什四」是八十四的同音字；「巴什伍」是八十五的同音字；「巴世久」、「巴什九」是八十九的同音字。滿族採用同音漢字以代替小寫或

大寫數目，暗示著滿族的漢化程度又更加深一層。

　　滿族社會裡，姓氏與名字，一般多不並舉，而以名字通用於公私各種場合。滿族漢化日深以後，往往以名字的第一個字作爲他子孫的姓氏。例如那丹珠的「那」，齊什的「齊」，巴什久的「巴」，後來都成了姓氏。一般都說滿族後裔那姓，是源自葉赫那拉氏，其實那姓的由來，有的可能與滿族數目命名習俗的演變有關，滿族七十的數目名字，滿語讀如「nadanju」，漢字譯作「那丹珠」，許多人叫做那丹珠，有的人便以第一個「那」字爲姓氏，習用年久以後，便忘了它的起源。從後世那姓往前追溯，當可以找到他們的祖先中，曾有人取名爲「那丹珠」。從命名習俗的演變，可以說明滿族漢化的過程。

　　除《起居注冊》外，還可以從清代列傳等資料找到許多的數目名字。例如清代國史館忠義傳稿及其它傳稿就含有頗多的滿洲將弁，必須查明其姓氏及旗分，始能得知其身分，例如四十九是卓佳氏，滿洲正紅旗人。五十三是崔氏，滿洲鑲白旗人。六十一是莫哲哩氏，滿洲正藍旗人。六十六是西特爾氏，滿洲正紅旗人。滿洲鑲黃旗人七十一是伊拉哩氏，蒙古正紅旗人七十一是把岳忒氏，滿洲鑲黃旗人七十一是傅察氏。滿洲正白旗人七十八是那拉氏，滿洲鑲白旗人七十八是葛吉勒氏。滿洲正白旗人佟僖氏齊世武，當即數目名字七十五的同音字。《清史稿》列傳二十五謂覺羅巴哈納是景祖第三兄索長阿四世孫，隸滿洲鑲白旗。覺羅巴哈納有子名巴什⑫，也是數目名字八十的同音字。探討滿族數目名字的演變，是說明滿族漢化最具體的實例。從現存《起居注冊》、傳稿、硃批奏摺所載數目名字的變化，有助於了解滿族文化的特色。

五、結　語

　　我國自古以來就是一個多民族的國家，我國境內各少數民族的習俗，各有特色。即以命名方式而言，也是彼此不同，許多少數民族的名字，常隨著生活階段的不同，一生之中，常經過多次的命名。滿族命名方式，也是富於變化的，其中數目名字是滿族早期社會裡很普遍的一種命名方式，他們常以父親、祖父、曾祖父的年齡爲新生嬰兒命名，表示不忘父祖，含有紀念的性質，也是孝道觀念的具體表現。因此。數目名字雖然是乳名，但因爲它象徵著孝道，所以長大後仍然繼續在公私場合繼續使用，並未隨著生活階段、社會地位的不同而放棄乳名，這正是滿族文化的特色。

　　就清代滿族社會而言，生育子女時，多以父祖的年齡來命名，以父母年齡的總合和命名的，似屬罕見。以《福陵覺爾察氏譜書》爲例，其中第十二世明保所生三子，長子叫做八十五，次子叫做八十六，似乎都是祖父或曾祖父的年齡，倘若以父母年齡總和命名，則次子當命名爲八十七，而不是八十六。據現存清代檔案資料統計的結果，從五十以上的數目名字，所佔比例較高，說明以祖父或曾祖父年齡命名的習俗較爲普遍，以父親年齡命名者，所佔比例不高。最大的數目名字爲九十八，表示這是以曾祖父的年齡，而不是祖父祖母年齡的總和。

　　清世祖福臨的名字是滿文譯音，所以行文時不必避諱。滿洲入關以後，加速漢化，自清聖祖玄燁起，不僅名字改用漢字，且使用漢人排行習慣，也要避御名諱。滿族數目名字的讀音與書寫，也是很大的變化，除那丹珠（nadanju）外，其餘多以漢字小寫數目書寫，並以漢語讀出。由於雷同的名字很多，原以漢字小寫

的數目,有的改用漢字數目大寫,有的採用同音的漢字來代替數目字,這些變化表示滿族漢化程度的不同。例如伍什散是五十三的同音字,吳什巴是五十八的同音字,齊世武是七十五的同音字,巴士裔是八十一的同音字,巴世久是八十九的同音字,都是數目名字,因此若不研究滿族的命名習俗,就很難了解這些名字的由來及其意義。學者多從文化性質的理論來解釋滿族的漢化問題,相信女眞人或滿族農業成分較高,漢化抗阻力較小,較易被漢族所同化。從滿族數目名字的變化,也可以考察滿族文化的發展過程。如能匯集更多的檔案文獻,探討數目名字的變化,對於分析滿族的漢化問題,必能提供更豐富的具體例證。

【註　釋】

① 陳捷先撰《清室姓名漢化考》,《清史雜筆》(台北,學海出版社,民國六十六年八月),頁152。

② 王可賓著《女眞國俗》(長春,吉林大學出版社,1988年11月),頁201。

③ 《金史》(台北,鼎文書局,民國七十四年六月),卷七十三、七十五、八十二、八十四。

④ 徐夢華撰《三朝北盟會編》(台北,國立故宮博物院),《欽定四庫全書》,卷一九七,頁2。

⑤ 《女眞國俗》,頁219。

⑥ 李林主編《滿族家譜選編》㈠(瀋陽,遼寧民族出版社,1988年7月),頁24。

⑦ 《滿族家譜選編》㈠,頁47。

⑧ 《滿族家譜選編》㈠,頁361。

⑨ 單化普撰〈陝甘劫餘錄〉,《禹貢半月刊》,第五卷,第11期(北

京，禹貢學會編，民國二十五年八月），頁95。

⑩　《起居注冊》（台北，國立故宮博物院）。康熙五十年十月二十六
　　日辛巳。

⑪　《宮中檔雍正朝奏摺》，第三輯（台北，國立故宮博物院，民國六
　　十七年一月），頁287。雍正二年十月初六日，阿爾松阿等奏摺。

⑫　《清史稿》（台北，洪氏出版社，民國七十年八月），列傳二十五，
　　《覺羅巴哈納傳》，頁9494。

從北亞草原族群薩滿信仰的
變遷看佛道思想的普及化

一、前　言

　　我國歷代以來，就是一個幅員遼闊、民族衆多的國家，長期以來，由於文化的同化和民族的融合，使邊疆少數民族逐漸內地化，各民族之間的畛域，逐漸消弭，滿漢蒙回藏以及其他少數民族都成爲中華民族的成員，終於奠定我國版圖遼闊多民族統一國家的基礎。我國由於民族衆多，除漢族以外，目前已經識別的少數民族共計五十五個，在民間宗教信仰方面也是多元性的，除了佛教、道教、民間秘密宗教以外，還有源遠流長爲北方草原族群所共同崇奉的薩滿信仰。

　　典型的薩滿信仰，出現於東北亞至西亞的草原社會，而以北亞貝加爾湖及阿爾泰山一帶較爲發達，表現最爲完整。我國北方少數民族例如通古斯、契丹、女眞、蒙古、滿洲、赫哲、達呼爾、錫伯、索倫、鄂倫春等族，都崇奉過薩滿信仰。薩滿以跳神作法的儀式，使神靈附體，以探查病源，或過陰收魂，或飛鏡驅祟，或占卜解夢，或於家祭時充當祭司，或爲村屯消災祈福，或爲不孕婦女禱求子嗣，薩滿在草原族群裡確實扮演了重要的角色，薩滿信仰即以巫術爲主流發展起來的文化現象，薩滿信仰的流行，就是北亞草原族群的文化特質。

　　廣泛流存於我國北方少數民族社會裡的薩滿信仰，不同程度

地滲入了各民族傳統宗教文化的成分，而形成了一種極爲複雜的
文化現象。薩滿信仰本身是一種崇拜多神的文化現象，這個特點
決定了它不排斥其他較發達的宗教文化。北方少數民族長期與中
原漢族傳統文化接觸以後，佛道教義思想逐漸滲入薩滿信仰中，
而使原始的天穹觀念及神祇體系產生了極大的變化，薩滿信仰的
變遷充分反映了佛道思想的普及，分析薩滿信仰的變遷，就是探
討北方少數民族與內地漢族傳統文化互相同化的最具體例子。

　　從清末光緒、宣統年間以來，在齊齊哈爾、璦琿等處，先後
發現多種《尼山薩滿傳》滿文手稿本多種，其中第三種手稿爲俄
羅斯滿洲文學教授格勒本茲可夫教授（A. V. Grebenscikov）於
1913年在我國東北獲得，此手稿本先有俄文譯本，後來又有德
文、義大利文、韓文、中文、英文、日文譯本。此外，還有各種
社會調查資料，包含各種薩滿故事及神諭等，都是珍貴的文獻，
爲研究薩滿信仰提供了豐富的史料。本文撰寫的旨趣即在就現存
薩滿信仰文獻，探討佛道教義思想對我國北方草原社會薩滿信仰
的影響，從原始天穹觀念及神祇體系的變遷和演化，說明佛道思
想在北方草原族群的普及情形，這項研究或許有助於了解各民族
文化同化的過程。

二、薩滿信仰的文化特質

　　薩滿信仰曾經盛行於東北亞以迄西亞草原地帶，以貝加爾湖
附近及阿爾泰山一帶較爲發達，表現最爲典型。我國東北到西北
邊疆地區的阿爾泰語系通古斯、蒙古、突厥等語族，例如靺鞨、
契丹、女眞、蒙古、滿洲、赫哲、錫伯、達呼爾、索倫、鄂倫春
等族，都崇奉過薩滿信仰，薩滿信仰的盛行，就是北亞草原社會
的一種文化特色。

　　薩滿，滿洲語讀作「saman」，是阿爾泰語系通古斯語族稱呼跳神巫人的音譯。至於珊蠻、薩蠻、薩麻、薩瑪、叉馬等等，都是「saman」的同音異譯。在通古斯族的語言中，薩滿一詞是指能夠通靈的男女，他們在習慣性的催眠，或自我暗示後，在跳神的儀式中，薩滿能夠按照自己意志，把靈魂引進自己的體內，使神靈附體，而產生一種超自然的力量，遂具有一套和神靈溝通的方法。通古斯族相信人生的禍福，宇宙的各種現象，都有神靈在冥冥之中主宰著，人與神靈之間必須設法溝通，於是承認有些人具有通神的能力，薩滿就是人世與靈異世界溝通的靈媒。

　　薩滿降神作法，是屬於一種原始的跳神儀式，薩滿口誦祝詞，手擊神鼓，身穿怪異服裝，腰繫神鈴，由助手札立（jari）助唱神歌，音調配合，手舞足蹈，薩滿受到自我暗示或刺激後，即產生一種人格解離或精神意識的變化，身體開始顫抖，神靈附體，鼓聲和舞步越來越快，薩滿達到忘我境界，進入一種昏迷或催眠狀態後，便開始代神說話，或傳達神諭，也可以使自己的魂靈出竅。過陰追魂，產生一種超自然的能力，而達成醫治疾病，起死回生的使命。因此，所謂薩滿，就是一種可與神靈溝通而為人消災除病的巫人。薩滿信仰應用最廣的，主要就是在人們憂樂所繫的健康方面，特別是幫助那些受到靈魂困擾的人，在北亞草原族群中，幾乎將一切疾病的治療都倚賴薩滿的神力。

　　薩滿信仰有一個共同的思想基礎，相信萬物有靈，從自然崇拜開始，而發展到圖騰崇拜、祖先崇拜。薩滿對於某種動植物或其他神靈所以具有特別的力量，是因為他和這些事物具有圖騰或同宗的關係，薩滿念咒語或唱神歌，最重要的作用，是用神秘言語來命令或支配某種力量，使平常的事物產生巫術能力。《多桑蒙古史》記載說：「珊蠻者，其幼稚宗教之教師也，兼幻人、解

夢人、卜人、星者、醫師於一身。此輩自以各有其親狎之神靈，告彼以過去、現在、未來之秘密。擊鼓誦咒，逐漸激昂，以至迷惘，及至神靈附身也，則舞躍瞑眩，妄言吉凶，人生大事，皆詢此輩巫師，信之甚切。」①薩滿信仰就是與役鬼驅祟有關的魂靈崇拜，薩滿相信各種動物的靈魂是可供他們驅使的靈氣，由於鬼魂或靈氣附身，以事相告，所以薩滿能預卜吉凶，能知過去未來。

我國北方少數民族多崇信薩滿，到本世紀仍多保存薩滿信仰及其活動。各族薩滿分為專管祭祀的氏族薩滿和收取報酬的職業薩滿。例如達呼爾族社會裡每個氏族都有一個叫做雅達干的氏族薩滿，在達呼爾族的社會中，薩滿作為替族衆消災除病的解救者及熟悉本氏族社會的智者，而受到人們的崇敬②。索倫族的多神信仰，最集中的表現，就是在薩滿身上，額爾古納旗索倫族的薩滿，不僅是氏族的巫師，而且在社會上也有很高的威望，族長或頭人，一般都由薩滿來擔任，一切鬼神、吉凶和疾病的來源，都由薩滿來解釋③，蒙古等族的情況，亦相近似。祖先崇拜興起以後，人們都把人畜的平安和漁獵的豐收，寄托在祖先的神靈上，他們相信薩滿就是祖先神靈的代表，能免除人間的疾病，薩滿信仰可以說是北亞草原族群傳統文化的一個側面。

薩滿信仰盛行的草原社會，相信萬物有靈，人與動物都有靈魂的存在。松花江下游的赫哲族，認為人有三個靈魂：第一個靈魂叫做「鄂倫」（oron），它與人的生命同始終，是創造生命之神所賦與的，此即生命的靈魂；第二個靈魂叫做「哈尼」（hani），它能暫時離開肉體，並且能到遠處，人在睡覺的時候，就是這個靈魂的暫時離開，此即思想的靈魂；第三個靈魂叫做「法扎庫」（fajaku），它有創造來生的能力，是管轉生的神所賦與的，此即轉生的靈魂。人死了以後，生命的靈魂永久消滅，思想的靈魂

不滅，在家看靈，在外守靈，至周年時，薩滿送它進入陰間。轉生的靈魂在人死了以後，把生前所走的路再走一遍，然後轉入新生的人或動物體內。赫哲等族就是用這三個靈魂來解釋許多人生的現象，人的睡眠是思想靈魂的暫時離開，人在清醒時失去知覺，或患精神病，是因為失去了思想的靈云。身體強壯的婦女不能懷孕生育，是因為沒有轉生的靈魂④。北亞草原族群相信人們的疾病，是因人在夢寐之際，靈魂飛越，脫離軀體，若被鬼魔捕去，久而不放，則其人必死。或由於人們觸犯神怒，開罪神靈，乃降災於人，使人罹病。因為薩滿是醫治疾病及護送魂靈的術士，所以請薩滿跳神作法。當薩滿魂靈出竅後，或過陰進入冥府，或上昇天界，將病人的魂靈送回人間，附體還陽。薩滿信仰所以能在北亞草原族群的社會中長期保持影響，其中一個重要原因應歸結於薩滿醫治疾病的社會功能。

　　薩滿信仰是一種十分複雜的文化現象，它既含有原始宗教的成分，又包含大量非宗教成分。大自然是人類生存的環境，從人類存在伊始，便把環境分為兩類：一類是吉、善、福；一類是凶、惡、禍。由這兩類互相對立的抽象概念又產生了對待它們的兩種不同態度：一種態度是消極安慰自己以求得心理的平衡；一種態度是力圖積極控制它們。這兩種概念和態度形成了彼此交叉重疊的原始宗教意識和巫術意識的兩種不同意識場。原始宗教是由吉、善、福的概念和消極安慰自己的態度所構成的意識場為核心而發展起來的觀念；巫術是以凶、惡、禍等觀念為基礎及人類企圖以自己的力量直接控制它們的態度所構成的意識場為核心而衍化出被除災禍、驅邪祛病、預言占卜等一系列社會功能的複雜文化現象⑤。

　　宗教和巫術是有區別的，宗教創造一套價值，直接的達到目

的；巫術是一套法術，具有實用的價值，是達到目的之工具。在
初民社會裡，當知識和技術不能控制環境及機會的時候，就出現
了巫術，他們相信巫術是有效的。構成宗教的基本條件，至少必
須包括教派名稱、經卷教義、寺院廟宇、教主信徒及宗教儀式等
基本要素，薩滿信仰並未具備這些要素，稱它爲「薩滿教」是有
待商榷的。薩滿本身是從原始的巫覡脫胎而來的，薩滿爲族內外
病人病畜跳神驅鬼，占卜吉凶，爲本民族消災除禍，祈求生產豐
收，送魂除殃、求子祈福等活動，薩滿普遍運用巫術，而增加其
神力，其中巫術觀念，巫術原理，多貫穿於其中⑥，巫術的因素，在
北亞草原社會中的薩滿活動，有顯著的呈現。薩滿既用巫術醫治
疾病，念咒驅祟，消災弭禍，預言休咎，因此，薩滿信仰的觀念
和活動，就是以巫術爲主體和主流發展起來的文化現象。

三、佛道教義與天穹觀念的轉變

我國北方少數民族的原始天穹觀念，是朦朧的，認爲天地並
無絕對的分野，人與神及動物之間，並沒有不可跨越的鴻溝，各
民族的原始天穹觀念，亦因其物靈思想的差異，而不盡相同。在
後世流傳的薩滿神諭中，或稱天穹爲「舜莫林」的地址。「舜莫
林」是滿語「šun morin」的音譯，意即「日馬」，認爲天穹是
日馬馳騁的場地；或稱天穹爲「額頓昂阿」（edun angga），
意即風嘴，將天比喻爲風的巨口，可以吞噬世間萬物；或稱天穹
爲女神的「亞澀」（yasa），意即眼睛。相傳女神奇莫尼媽媽雙
眼緊閉時，天穹即晴朗無雲；眼睛睜開，則風雪冰雹驟降人間⑦。

原始薩滿信仰對天地的構思是分爲多層次的，這種分爲多層
次的原始天穹觀念，在滿族、赫哲族、達呼爾族、索倫族、鄂倫
春族、錫伯族等民族中普遍存在。但因各古老民族對天穹的觀察

程度，彼此不同，其解釋遂互有差異，有的認為天有三層，有的
認為天有五層、七層，或九層。在北亞草原族群的薩滿信仰，對
原始天穹的分層構思，有多至十六層，或十七層的。古代突厥族、
圖瓦人認為天穹有三十三層，甚至多達九十九層。女眞、滿族、
赫哲等族則以九天三界的說法最為普遍。近年來所發掘到的薩滿
神諭及神話中仍可以看到滿族薩滿信仰認為自然宇宙分為九層，
上界為天界，又稱火界，或光明界，分為三層，為天神阿布卡恩
都力（abkai enduri）和日、月、星晨、風、雲、雨、雪、雷、
電、冰雹等神祇所居，此外還有眾多的動物神、植物神以及各氏
族遠古祖先英雄神，也高踞於九天的金樓神堂之中；中界亦分為
三層，是人類、禽鳥、動物及弱小精靈繁衍的世界；下界為土界，
又稱地界，或暗界，亦分三層，是地母巴那吉額母，司夜眾女神
以及惡魔居住與藏身的地方。這種古老的宇宙九天三界觀念，保
留了原始薩滿信仰天穹觀念中天地相通的思想痕跡，而其土界或
暗界，亦絕非如佛教等宗教所講的地獄觀念。人類生存的中界亦
有惡魔及精靈存在，惡神、妖魔也可到天界搗亂，世界上既有瘟
疫與病魔，又有各種侵襲人類安寧的災異⑧。在地下的暗界也有
人生活，也有惡魔，也有好人，如地上一樣，地界中的巴那吉額
母就是一位善良的女性神祇。在地下生活，並非地獄，而是越深
處越溫暖，深處也有太陽，有光明。這種觀念的產生，與北方先
民長期穴居生活相關⑨，西藏原始本教的三界結構中也沒有以下
界為惡的觀念。在黑龍江流域的許多民族中，有的認為亡魂去的
那個地方是和人間相像的另一個世界。這個世界和地上世界一樣，
也有各種民族，也是一家一戶地居住著，那裡也有太陽、星星、
月亮，也有黑龍江河水流動著，有山林和各種動物。只是另一個
世界的晝夜和季節，與人世間恰恰相反⑩。

　　我國道教把神仙居住的所在稱爲三十六天，把天分成三十六重，每一重有得道天神統轄，叫做三十六宮，每宮一主。這種觀念和薩滿信仰多層天的觀念是一致的。薩滿信仰宇宙觀在形成、發展過程中，由於受到外來宗教和文化的影響，而發生了很大的變化。我國北方少數民族將天穹分爲三十三層的觀念，似乎是薩滿信仰把天地分爲多層的觀念和佛教中關於三十三天的說法混合起來的結果。佛教的三十三天，是以須彌山頂中央爲帝釋天，四方各有八天，合成三十三天，是欲界的第二天。這種把天分出方位區域的構思，是平面的，並無多層次的含義，不同於薩滿信仰中的多層觀念。

　　清人徐珂所輯《清稗類鈔》中記述：「薩滿教又立三界。上界曰巴爾蘭由爾查，即天堂也。中界曰額爾土士伊都，即地面也。下界曰葉爾羌珠幾牙幾，即地獄也。上界爲諸神所居，下界爲惡魔所居，中界嘗爲淨地，今則人類繁殖於此。」⑪引文中的天穹三界說，很明顯地已經受到佛教、基督教等教義的影響，而與薩滿信仰原始樸素的天穹觀念，相去甚遠。由此可以說明薩滿信仰的天穹觀念，從多層意識發展到三界認識，正是由於薩滿信仰在少數民族社會發展中的演化而形成的。

　　在十九世紀中葉的薩滿信仰資料中，含有關於冥國統治亡魂的調查報告。傳說冥國統治者耶魯里克就是地下國王，他在地下界的河上乘坐一隻沒有船槳的黑船。在地下陸路上頭顧向後騎著一頭黑牛，一手持一條蛇當鞭子用，一手拿一把月牙大斧。他住的黑暗宮殿，設在聚集人間流盡的淚水一條河中間，上邊架著馬毛那麼細的馬毛橋，亡魂要想偷渡逃走，立即落水消逝。河水的狂濤拍打著冥國土岸，河中住著可怕的水怪，守衛著宮殿。英雄考姆第莫爾根的頭被九頭怪割下帶到冥國去，英雄的妹妹庫拜考

決心到地府去尋找哥哥的頭，救他復生。她沿著九頭怪的腳印走，走到了通向冥國的地穴。她走入冥國的路上看到許多奇特的現象，首先看到有個女人從一個桶往另外一個桶不停地倒牛奶。因爲這個女人生前總用摻水的牛奶待客，所以罰她不停地把水和奶分開。後來又看到十個房屋；第一個房屋裡面有夢中紡線的老婆婆，因爲她生前犯了日落後不可紡線的禁忌，所以罰她夢中也在紡線；第二個屋中的老婆婆們像吞了什麼似地咽喉塡得滿滿的，因爲生前纏線時常偷線，所以罰她們用線團塞住喉嚨；第三個屋中是中年婦女，頭和手都壓著大石塊。因爲她們生前賣奶油時常夾雜石塊以增加重量，所以罰她們在頭手上都壓石塊；第四個屋裡是一些男人，脖頸上壓著車輪，綁在大木椽上，這些男人生前厭世自縊，亡魂受罰，飽嚐車輪碾頸之苦；第五個屋中是生前與妻不和自殺身亡的男人們，忍受槍彈穿身之苦；第六個屋裡是身帶佩刀負了重傷的男人，他們是醉酒身亡的亡魂；第七個屋中是人和瘋狗在一起狂吠亂咬，這些人生前用狂犬咬了別人，死後亡魂也遭受狂犬亂咬；第八個屋中男女成對，不停地搶奪蓋被，他們夫妻，生前不停地口角爭吵，罰他們的亡魂爭搶蓋被；第九個屋中是成對的夫妻，都在安靜地蓋著被睡覺，這些夫婦都能同甘共苦，死後亡魂不受懲罰；第十個屋中有冥國八王侯圍坐一處，大王在中間。冥國大王看到庫拜考是一位薩滿，神力廣大，就把她哥哥的頭還給她，庫拜考回到地上，把哥哥的頭安到軀體上，又從神祇那裡取來生命之水，洗了頭顱，立刻就復活了⑫。故事中描繪的冥國，就是善惡報應分明的地獄，可以達到醒世或警世的目的。

　　1956年8月9日，黑龍江省北部十八站有一位五十七歲的鄂倫春族女薩滿丁西布口錢向訪問人員講述一段關於地下冥府的故事。其大意說：

白依那關白寶的父親有病快死了，我到死人的地方陰姆堪
那去找他。在那裡看見關白寶的父親已經到這裡來了。但
是陰姆堪不讓我進大門，怎麼説也不行。我於是就把大鷹
神請來了，讓他把關白寶的父親抓出來了。這樣，鬧病的
人就好了。……陰姆堪住的地方很熱鬧，有各種競賽，好
像現在打球似的那樣熱鬧，陰姆堪很胖大，穿白衣服，鬍
子很長。陰姆堪住的房子和活人的一樣，院子非常寬大，
柵欄很高，好像皇上的房子一樣。在陰姆堪呆的地方什麼
都有。有人死時穿上好的衣服，死時打死的馬，放下的馬
鞍子等，還有人死後出殯時供的酒肉等。活人那裡燒的火
炭及灰這裡也都有，那裡的衣物可以用一輩子。活人這邊
怎樣，死人那邊也怎樣。活人這邊的馬曾是瘦的，到那裡
也是瘦的⑬。

薩滿丁西布口錢所述亡魂所到的地方，與草原社會的情況很相似。
故事中的「陰姆堪」，又作「伊瑪堪」，是滿語「ilmun han」
的同音異譯，意即陰曹地府的閻羅王。

　　赫哲族中的伊瑪堪故事，也是來自薩滿信仰的神話。現存伊
瑪堪英雄史詩中的《阿格弟莫日根》故事，就是敘述薩滿過陰追
魂的經過及所見地府的情景。故事中的黑斤，即赫哲的同音異譯。
「闊力」是神鷹的意思，女薩滿神通廣大，一打滾就可以變成闊
力。在赫哲語中，閻羅王又作「波扭額眞」。故事一開始就以相
當篇幅介紹了三江平原一個部落裡的著名黑斤薩滿及其神通廣大、
美麗俊俏的女兒黑斤德都。英俊的阿格弟莫日根得到黑斤德都本
人的同意，勇敢地向她的父親黑斤薩滿求婚，黑斤薩滿嫌他家貧，
斷然拒絕。他一時情急，突然死去。黑斤德都聽說阿格弟莫日根
的屍首葬在柞樹叢裡已三天三夜，立即變成闊力飛去尋找。她從

高空上面，雙翅一抖，好像霹靂閃電般俯衝下來，只聽轟隆一聲，阿格弟莫日根墳上的泥土砂石四處飛濺，棺木被劈成兩半。黑斤德都化作原形，見阿格弟莫日根面目依舊，臉上尚有血色，屍體還沒僵硬，她便用樺樹皮蓋在阿格弟莫日根的屍體上，並祝禱神靈薩日卡保護屍體。黑斤德都立即到陰曹地府去尋找阿格弟莫日根的靈魂，首先渡過了陰界河薩音畢拉，隨即來到廟宇跟前，聽見裡面不時傳來一片悲號哀哭和撕心裂肝的叫喊聲。當黑斤德都來到閻王殿，見波扭額眞坐在上面，兩側站著牛頭馬面，無常惡鬼。黑斤德都向波扭額眞說明原因，請發慈悲，把阿格弟莫日根的靈魂送回去。波扭額眞答應查看生死簿，一查，阿格弟莫日根竟能活到九十九歲。於是黑斤德都開始追魂，又變爲闊力，展翅飛翔，看見道北有一簇蒿草，她仔細一看，看見蒿草上面附著一個陰魂，浮浮搖搖，飄飄蕩蕩地坐在那裡，被風刮得直晃。她認得這是阿格弟莫日根的靈魂，便從空中壓下來，用翅膀一兜，把阿格弟莫日根的靈魂抱住，像流星般回到阿格弟莫日根的墳前，對準阿格弟莫日根身上把靈魂抖了進去，兩翅展開，撲到阿格弟莫日根身上，幻化成原形，接著灌了三碗水，不大一會兒功夫，阿格弟莫日根的鼻子通了氣，慢慢睜開了雙眼，死了三天又復活的阿格弟莫日根，面目依舊，病也沒有了⑭。這個故事脫胎於薩滿信仰中跳神、追魂、治病的活動，加上愛情的情節，使故事更富於浪漫主義，同時也反映了北亞草原族群的現實生活。但是故事中所出現的地獄景象及閻王殿牛頭馬面、無常惡鬼的角色，與原始的薩滿信仰，相去很遠，已經加上晚期的閻王殿等佛教、道教的許多成分。

　　《尼山薩滿傳》是在薩滿信仰儀式體系化、規範化很高的條件下，在滿文通行，滿族傳統文化發達的過程中，廣泛利用並汲

取薩滿信仰本身和佛教、道教等其他宗教因素中有利於統治階層
利益的觀念意識，在民間文學基礎上所完成的滿文文學作品，時
間大約在十七世紀初到十九世紀⑮。尼山薩滿過陰追魂的傳說，
與伊瑪堪英雄長詩的內容，有相類似的說法，但是故事中所描繪
的地獄景象，卻不盡相同。尼山薩滿的靈魂出竅，牽著雞、狗，
眾神跟隨在周圍，到死國去找伊爾門汗（ilmun han）。獸神跑
著，鳥神飛著，像旋風似的行走，來到了河岸，由眼睛眇一目，
鼻歪耳殘，腳瘸手蹩的船夫用半個槳划著半邊獨木舟把尼山薩滿
等渡到對岸。不久，到了紅河岸，渡口無船，尼山薩滿作法後站
在手鼓上面，像旋風似的渡過了紅河，來到第一道鬼門關，由鐵、
血二鬼把守。經過第二道關口，到了第三道關口，把守關口的是
蒙古爾代舅舅，尼山薩滿責備他不該把壽限未到的孩子色爾古代
費揚古的靈魂偷到死國來。蒙古爾代舅舅說明伊爾門汗見色爾古
代費揚古善於射箭，撩跤功夫高強，而把他收為養子。尼山薩滿
逕往王城，見色爾古代費揚古正在同其他孩子們一起拋擲金銀背
式骨玩耍。因城門關閉，城牆高而堅固，於是請了一隻大鳥神飛
進城裡把色爾古代費揚古的靈魂叼了出來。尼山薩滿親眼目睹死
國的景象，她說：只見一個大鬼門關，不斷有鬼魂行走，向裡面
一看，只見酆都城的黑霧瀰漫著，聽到裡面有很多鬼哭聲。又有
惡犬村野狗扯吃人肉。在明鏡山、暗鏡峯等地，善惡刑罰，明白
分開。又看見一個衙門，在堂上坐了一個官員，審問眾鬼魂。在
西廂房裡懸吊的是監禁竊搶的人犯，在東廂房監禁的是對父母不
孝，夫妻之間無義而枷號的人犯。又看到各種不同的刑罰，《尼
山薩滿》所載各種酷刑如下：

> 將打罵父母者，以油鍋烹炸處刑；徒弟偷罵師傅者，拴在
> 柱上射箭處刑；妻子對丈夫粗暴者，以碎割處刑；道士姦

　　淫婦女及污穢經典者，以三股叉扎刺處刑；拋撒漉出米麵
　　者，在小磨、大磨上碾壓處刑；誣訟、破壞結親者，以燒
　　紅鐵索燙灼處刑；居官行賄者以魚鉤鈎肉處刑；嫁二夫者，
　　以小鋸剖開處刑；罵丈夫者，以割舌處刑；摔房門者，以
　　釘手處刑；竊聽他人說話者，以耳朵釘在窗上處刑；做盜
　　賊者，以鐵棍責打處刑；婦女不潔淨在江河裡沐浴者，以
　　及初一、十五日洗濯污穢者，令其飲濁水處刑；斜視老人
　　者，以鈎眼處刑；貪淫寡婦處女者，令其倚靠火柱燙灼處
　　刑；大夫用藥不順吃死者，將大夫割開肚子處刑；女人嫁
　　了丈夫偷行通姦者，以斧砍肉處刑⑯。

尼山薩滿漫游鄷都城所見到的種種酷刑，都是對現實社會中懲治
違犯生活規範人倫常理者的一種反映。亡魂在地府受到因果報應
的觀念，是晚期薩滿信仰受佛教、道教十殿閻君設地獄之說的影
響發展起來的。

　　布里亞特人也是我國北方的一個少數民族，他們流傳著一個
關於英雄穆蒙特奉父命到地府下界的故事。傳說穆蒙特先向北一
直走，在路上碰到一塊大黑石塊，他把石塊搬起來，朝下喊了一
聲「出來！」於是從地穴中出來一隻狐狸，讓他緊緊抓住尾巴，
跟著狐狸漸漸進入深邃的地下國。一路上看到許多奇異的事物。
在赤裸的岩石上有肥馬，豐美的草原上有乾瘦的馬。在一個地方
有嘴被縫緊的的婦女，滾沸的油鍋中，有官老爺和薩滿在痛苦掙
扎著。再向前進，看到手腳綁在一起的男人，光著身子懷抱一捆
荊棘的女人。在另外一個地方有貧窮但很幸福的女子，華貴的女
人卻遭受飢餓的痛苦。於是穆蒙特上前詢問那些女人為什麼是這
樣的命運？據說，窮人家女子生前因為幫助別人，她的亡魂就過
著好日子，富家女人生前既吝嗇又冷酷，只好讓她們的亡魂嘗嘗

飢苦的滋味。懷中抱荊棘的女人是由於生前輕浮，對丈夫不忠實。
旁邊手腳被綁住的男人，原來是個小偷。在油鍋裡煎熬的人們，
都是因爲做事矇騙人。被縫上嘴的女人，生前是專門用謊話造謠
生事的。豐富的草是餵那些生前受主人虐待而瘦的馬匹⑰。晚期
薩滿信仰由於受到佛教、道教閻王殿等說法的影響，亡魂所到的
冥府，是黑霧朦朧的酆都城，要接受嚴厲的審判和各種酷刑的懲
罰，薩滿過陰後所見到的地獄景象，已經距離原始的古老薩滿觀
念很遠了，草原族群的亡魂所到的地界，已經不再是另外一個像
人間獵場、漁場那樣美好的奇異世界⑱。亡魂的生前與死後，具
有濃厚的因果報應觀念，善惡分明。在早期薩滿信仰的傳承中，
亡魂聚集的地界，雖然有統管的王及其助手，但閻羅王、牛頭馬
面、無常惡鬼等，並不是原先薩滿天穹觀念中下界的統治者，而
是從佛教、道教等宗教移植而來，從薩滿信仰中天穹觀念的演變，
可以說明我國北方少數民族社會中佛教、道教思想的普及。例如
在滿族神話中，耶路里是統管亡魂的地下國王，十分凶惡，和天
神阿布卡恩都力公然作戰，驅使衆惡鬼到地上人間散布瘟疫，害
死人畜和野獸。但是關於閻羅王統治亡魂的說法，在早期的神話
故事中是罕見的。由於滿族較早接受漢族文化中傳來的佛教、道
教文化，所以在地界近代亡魂的統治者就逐漸由古老的耶魯里魔
王轉變爲閻王爺了⑲，這種轉變反映了佛教、道教思想在北亞草
原社會的普及化。

四、佛道思想與神祇體系的演化

　　原始薩滿信仰本爲一種多神的泛靈崇拜，以大自然崇拜爲主
體，衆神及諸靈處於相對平等的位置，等級觀念非常淡薄，它不
像一神教那樣崇拜絕對至高無上的一個神祇。在薩滿所崇拜的各

種神靈之中，並無突出的地位，新神和老神可以平起平坐。隨著
社會更多的自然分工，薩滿觀念中的神祇分工也就越來越細，種
類越多。

　　在薩滿信仰盛行的地區，對於自然界一種事物都以爲有神主
司，舉凡日、月、星辰、高山、大江、鳥獸、風、雨、雷、電等
等都各具靈異，其中狩獵神、山神、鷹神、樹神、野豬神、狐狸
神等多表現了原始狩獵經濟生活的特徵。例如草原社會中反映畜
牧生活的神祇，有牛神、馬神、羊神　、駱駝神等。赫哲族反映
漁獵生活的神祇，有管狩獵的馬克索神，兼管漁獵的木克敦特神
和日戈瑪神。有保護家園的珠林神，保護住宅的艾格雅塔神，保
護家庭平安的飛尤和神。管疾病的神祇也各管一種病，有管肚疼
病的阿都神和木哈索神，管頭疼病的特日格登神，管關節病的闊
勒吉爾蹲特神，管皮膚病的烏什哈神，管天花、痲疹的娘娘神等
等⑳。

　　薩滿所領的神祇也不限於一種，薩滿所以能夠通神，就是得
到所領神祇的輔助，薩滿所以能夠抵抗惡魔，也是得到所領神祇
的保護，這種輔助和保護的神祇，叫做愛米神。赫哲族的愛米神
分爲四種：第一種叫做巴爾布卡愛米神，第二種叫做富拉馬奇愛
米神，這兩種愛米神在薩滿初領神時就能附身，只具有普通的法
術；第三種叫做屯塔愛米神，能治腫脹等症；第四種叫做布諾愛
米神，司走陰間，這四種愛米神都是輔助薩滿通達於神明的神祇。
布克春（Bukcun）和薩拉卡（Saraka）這兩種神祇是專司保護
薩滿以抵抗惡魔鬼怪的，如力不能敵，就疾行如電通報消息給其
他薩滿，請求相助。額其和（Ecihe）是專司驅逐獸類的神祇，
當薩滿與鬼怪鬥法時，額其和能變成虎、熊、鹿、狍等獸。鳩神
是薩滿的一種領路神，薩滿跳神作法時，即由鳩神領路尋找愛米

神。赫哲語中的闊力（kori），就是鷹神，薩滿作法過陰時，或除服送亡魂到陰間，都由鷹神領路。薩滿所領的許多神祇，平時多放在神櫃內，跳神時，愛米神供在西炕上，跳鹿神在街上行走時，掛在刀頭。薩拉卡及額其和等神祇各用一根線穿了掛在薩滿的胸前，另由一童子手持鳩神桿。除喪服跳神時，由老人用手提鷹神。但須提得平正，如不留心，鷹頭向上或向下，薩滿即覺得路途難走。

恰喀拉部散處於琿春沿東海及富沁岳色等河，以叉魚射獵為生，其屋廬舟船，多用樺皮㉑。恰喀拉部的大力神只可以鎮住蛇妖、鷹妖、熊妖、山石怪、樹妖、蟲妖、烏鴉鬼、狐狸鬼、蛤蟆鬼、黃鼠狼鬼十個鬼妖。海神是個善神，它經常保護勤勞、弱小的人們。遠行護路的神祇是查克達，保佑出征太平的神祇是奧都媽媽，保佑子孫太平的神祇是瓦利媽媽，保佑娶媳婦順利的神祇是薩克薩媽媽。開天闢地的阿布卡赫赫，是滿語「abkai hehe」的漢字音譯，意即天女，她身旁常有一些在她危難時拚命相助的動物大神，如鷹神、蛇神、野豬神等神祇㉒。我國北方少數民族薩滿信仰中崇拜的神祇，雖然分工很細，但是各種神祇的等級觀念，卻相當淡薄。

薩滿信仰本身既然是屬於多神崇拜，這就決定它並不排他而能接受外來宗教的特點。歷代以來，我國北方少數民族由於長期與漢族等民族接觸，逐漸從中原傳入佛教、道教。早在隋唐時期，靺鞨族的歷代侯王已經開始篤信佛教。唐朝長安城的渤海使者，都要到長安各大佛寺頂禮膜拜。1978年，在黑龍江省寧安縣渤海鎮白廟子村渤海國上京龍泉府遺址出土的舍利函和舍利子，也充分證明了渤海時期的靺鞨人已經開始信仰佛教㉓。

金代女真族大批南遷後，受到漢族及契丹人越來越多的影響，

社會上佞佛的風氣很盛行。明代，遼東地區的女眞族與漢族接觸，更加頻繁；受佛教、道教的影響，日益深刻。清太祖努爾哈齊天命年間（1616-1626），除了設堂子外，還在興京赫圖阿拉東山頂上蓋造了佛寺、玉皇廟、十王殿。在寧古塔就有七廟，其中供奉的有關帝駙馬神、觀音、龍王、火神，此外有三官廟、土地祠。清太宗崇德年間（1636-1643），漢族民間長期頂禮膜拜的人格神祇釋迦牟尼佛、觀音菩薩以及關帝，已躋身於滿族薩滿信仰諸神之列，成爲朝祭時的三位大神，說明佛教、道教的神祇和儀禮也開始與薩滿信仰合流㉔。

關羽是三國時期蜀國名將，唐朝以來，中原內地對關羽的崇拜，已經盛行，逐漸成爲佛、道二家共同崇拜的神祇。佛教寺院尊關羽爲伽藍神之一，道教崇之更隆，至明代萬曆年間（1573-1620），關羽被道教封爲「三界伏魔大帝神威遠震天尊關聖帝君」的顯赫尊號，簡稱關聖帝君或關帝。對關帝的崇拜傳入遼東後，很快被女眞人或滿洲等少數民族所接受，歷代相沿，在當地留下了眾多的關帝廟。這位由英勇善戰的忠義名將演化而來的神祇，對崇尙武功、恪守信義的邊疆民族，具有特殊的吸引力。努爾哈齊、皇太極父子都喜讀《三國志通俗演義》，這部小說幾乎成爲他們父子制訂內外國策、作戰方略，甚至爲人處世所不可或缺的依據。皇太極曾引黃忠落馬，關公不殺的一段故事來指責朝鮮國王的背信棄義㉕。當明代後期蒙古、女眞部落首領與明朝邊將盟誓時，照例要請出雙方都篤信的關帝聖像，擺設香案祀奠，然後再刑白馬烏牛，白酒抛天，歃血盟誓㉖。在滿洲入關前，《三國志通俗演義》已經開始繙譯成滿文，成爲滿族兵略的秘籍。在清代滿族社會中，對關帝故事可謂家喻戶曉，關帝就這樣以戰神的形象進入薩滿信仰的神祇行列，並成爲清朝宮廷及滿族民間

供奉的大神之一。

滿語稱老爺爺爲「mafa」，漢字音譯作「瑪法」。關帝被滿族親切地恭稱「關瑪法」，在滿族長篇說部中，「關瑪法傳奇」佔有重要一席。用滿語講述，邊講邊唱，唱念相合，滿族老幼多喜聞樂見。在滿族中講述的「關瑪法故事」，內容豐富，包括關瑪法出世於東海，盜取耶魯里神馬、與超哈占爺比武等，其吃穿用具及禮節等均爲女眞化，在我國北方少數民族社會中，關帝就是一位頗具北方民族個性的神話人物㉗。清代中期以來，內地流民進入松花江下游赫哲族聚居的地區後，在赫哲族的村屯中也普遍受到佛教、道教的影響，關帝、藥王、龍王、土地等神祇逐漸被赫哲族薩滿信仰吸收作爲崇拜的對象。錫伯族信奉關帝，更加普遍，每個旗都有一個關帝廟。錫伯族聚居的村屯中流傳著一種民俗，每逢大旱，全村男女老幼，每人身背柳條一束，赤著腳，捲起褲腿，向天呼喚求雨，然後集中到關帝廟，宰羊一隻，焚香供祭㉘。

薩滿信仰原始的祭星觀念，主要是出自樸素單純的宇宙星辰日月崇拜觀念。隨著漢文化及道教的影響，女眞及滿族星祭內容日趨繁複，在一些祖傳薩滿神諭中已經雜揉著許多漢代以來的禳星禮儀，例如古代對黃道附近天空區域所劃分的二十八宿，久已成爲滿族薩滿信仰的星祭神祇。又如將太白、紫微、北斗、南斗、東斗、太子、天極、羅喉，五大行星等俱奉爲薩滿信仰的星神㉙。

《尼山薩滿傳》一開始就運用了道教中一個典型的神仙客人的故事型式，當員外的寵兒色爾古代費揚古病故後，舉家哀痛之際，在家門口突然來了一位羅鍋腰快要死的彎著腰走路的老爺爺，受到員外的禮遇。這位陌生老爺爺指點員外去請尼山薩滿來爲死去的兒子醫病，可以起死回生。說完話後，跚跚走出大門外邊，

坐上五彩雲霞昇空而去了。員外知道是神仙來指點，即朝空中拜謝，於是有三請尼山薩滿的故事㉚。在滿族民間也流傳這一類型的故事，例如《手鼓的傳說》中的神仙形象，是一個快要餓死的蓬頭垢面的老人，滿族青年達木魯熱心地照顧他，把自己僅有的食物給了他，寧可自己挨凍也要把衣服脫下讓他穿。最後，這位青年得到了能救人們出苦海的薩滿神鼓㉛。從薩滿信仰對諸佛菩薩、關帝及神仙的崇拜，足以說明佛教、道教思想在北方草原族群的普及情形，反映在現實社會中，就是有不少人喜歡以佛保、菩薩保、關帝保來命名，以祈求佛教、道教神祇的保佑。

　　在早期薩滿信仰故事中，薩滿所請的神祇，主要是爲了消災除病，保佑族人平安，多獲獵物，多捕魚類，人和神之間的關係，較爲直接、現實、平等。雖然也有一些說教意味的薩滿神諭，然而不過是一些神話，或祖先故事，用古樸形象的表現，以達到教育目的。至於神祇高高在上，支配世人的構思，是社會分化的結果。直接用薩滿信仰以外的佛道觀念進行說教醒世，則是更晚的事情㉜。所謂「諸行無常，諸法無我，涅槃寂靜」三法印，既否定了靈魂，又否定了肉體。但當大乘佛教向前發展時，即大肆宣揚獎善懲惡，編造了極其複雜的天堂地獄系統，其影響之大，遠遠超過了哲學上的爭論㉝。

　　《尼山薩滿傳》一書敘述尼山薩滿離開死國閻羅殿，在返回陽間途中順路叩見子孫娘娘，只見樓閣照耀五彩瑞氣，抬頭一看，在亭式殿的中央，坐著一位子孫娘娘，頭髮雪白，眼彎、口大、臉長、下頦高突，牙齒微紅，兩旁站著十幾個婦女。尼山薩滿在地上三跪九叩，表明順路向子孫娘娘問好的誠意。子孫娘娘告訴尼山薩滿，這裡一切，是由她所定，見了行善爲惡的一切刑罰，讓世上的人曉得。起初立了薩滿、儒者、奴僕、老爺，高貴體面、

行惡作亂，貧富、盜賊、乞丐、善惡等，都是這裡決定打發去的。
尼山薩滿漫遊冥府時，看見在一個大池子裡支起金銀橋，在上面
行走的都是行善有福的人；在銅鐵橋上行走的都是行惡的人，鬼
用叉、槍扎刺後，為蛇蟒所螫。在橋頭上有惡犬吃喝惡人的血肉。
在橋的旁邊高高坐了一位菩薩神，手上拿了經，念著給人聽。在
勸世文裡說：「若行惡時，在死國被唱到罪刑；若行善時，既不
被唱至刑罰，且第一等之人居佛主；第二等之人到宮中去出生；
第三等人做國家駙馬、太師、官員等；第四等人做將軍、大臣；
第五等人為富貴人；第六等人生為乞丐、平民；第七等人生為驢
騾馬牛；第八等人生為鳥獸；第九等人轉生為鱉、魚；第十等人
轉生為曲蟺、昆蟲、螞蟻等。」㉞佛教中的菩薩，在冥府裡拿著
佛經，高聲念給亡魂聽，在地界也有善神，有行善的好人。但是
社會等級分化明顯，最高的是佛主，其次是人間的君主統治階層，
等級分明。尼山薩滿看完了冥府各種刑罰後，回到樓閣，叩見子
孫娘娘。子孫娘娘告訴尼山薩滿說，回到世間後曉諭大家，隨即
叩別還陽。

　　佛教的信條中有所謂十善和十惡之說，善惡分明，主張因果
報應，今生積善，來生轉為上等人。佛教把身業殺盜、邪淫、口
業妄言、兩舌、惡口、綺語、意業嫉妒、瞋恚、驕慢、邪見作為
十惡。十善也是佛教的戒律，亦稱十誡，以不犯殺生等十個信條
為十善，與十惡相對而言。尼山薩滿漫遊地府時所見刑罰及眾生
轉生等因果報應，與佛教的戒律，相當接近。菩薩念誦佛經勸化
亡魂，子孫娘娘也要尼山薩滿回到人間後，把她在陰間所見所聞
告訴世人，由於尼山薩滿故事的廣大流傳，使佛教、道教的教義
思想，在北方少數民族的社會裡更加普及。在達呼爾族薩滿的法
器中，除了手鼓、神衣、神帽等外，還有一百零八粒珠子串成的

念珠㉟。念珠，俗稱佛珠或數珠，一般由一百零八顆珠子組成一串，故又稱百八丸，是佛教徒念佛法僧三寶時計算誦經次數的串珠。薩滿作法，手持念珠，可以說是佛教化的薩滿。

在鄂倫春族中流傳著一個《恩都力薩滿》（enduri saman）即「神薩滿」的故事，是屬於懲惡勸善因果報應的故事。故事中敘述恩都力薩滿作法過陰後，剛一進村，就看見一婦女舌頭上穿著一個鐵圈，兩個人拉著。恩都力薩滿問道：「你們為什麼這樣對待她？」兩人答道：「在陽間淨說別人壞話，損人利己，所以這樣懲罰她。」恩都力薩滿繼續往前走，又看到前面一個女人耳朵上的一個大耳環上面繫著一根繩，幾個人使勁地拉著，那個婦女痛若地直叫。恩都力薩滿問道：「她犯了什麼罪這樣懲罰她？」那些人說：「她在人世的時候好淘氣，從來不聽老人們的話，所以現在這樣懲罰她。」恩都力薩滿又朝前面走，遠遠地看到一個女人正在垃圾堆旁撿食剩飯，旁邊的蒼蠅亂飛。恩都力薩滿一打聽，原來她在陽間亂扔吃的東西，所以罰她吃扔掉的食物。故事結尾又敘述恩都力薩滿剛要轉身往回走，只見一個白髮蒼蒼的老太婆叫住她，跟她談了一番話，最後再三囑咐她說：「你回去以後，把這裡見到的，都要清清楚楚地告訴陽間的人，讓她們學好，免得到陰間受罪。」㊱恩都力薩滿故事的情節，與漢族的民間信仰故事很相仿，同時也採取勸戒世人的方式，宣揚因果報應的思想。故事中告誡世人要尊敬長老，為人要正直，要珍惜得來不易的食物等，都是反映草原族群的道德規範對人們的要求。但是故事中接受懲罰的亡魂，多為婦女，則顯然是父權制氏族社會末期父權已趨於鞏固的反映。《尼山薩滿傳》所強調的主要是儒家的傳統孝道觀念，故事一開始就敘述員外巴爾杜巴顏中年時喪子，員外夫婦日行善事，向佛膜拜求恩，向神祈禱，又幫助窮人，扶

助孤兒，救護寡婦，所以上天垂愛，五十歲時果然喜獲一子，命名爲色爾古代費揚古。至於尼山薩滿的丈夫身故以後，她仍守寡奉養婆婆。地獄刑罰中又有婦女嫁二夫者以小鋸剖開，罵丈夫者割舌，婦女通姦者以斧砍肉等酷刑，《尼山薩滿傳》所敘述的故事，的確反映了滿族文化受儒家學說思想的影響是很深了㉗。

五、結　語

在通古斯的語言中，薩滿（saman）是指跳神的巫人，溝通靈異世界的靈媒，人間的代表，神靈的使者，薩滿信仰即因薩滿而得名，盛行於東北亞以迄西亞草原地帶，以貝加爾湖附近及阿爾泰山一帶較爲發達，表現最爲典型。我國北方少數民族中如滿族、蒙古、赫哲、達呼爾、索倫、鄂倫春、錫伯等族，都崇奉過薩滿信仰，薩滿信仰的盛行，就是北亞草原社會的一種文化特質。

薩滿以巫術醫治疾病。過陰追魂，念咒驅祟，消災除禍，占卜吉凶，薩滿活動的範圍，基本上屬於巫術範圍，薩滿信仰就是以巫術爲主體和核心而發展起來的文化現象。薩滿信仰原本就是民間的信仰，它雜揉了各方面的觀念，而使原始薩滿信仰的內容更充實，更富有神秘性。薩滿信仰本身是一種崇拜多神的文化現象，相信萬物有靈，包括對自然、圖騰、祖先的崇拜，以及對諸天與冥府的宇宙觀，這就決定了它不排斥其他外來宗教的特點。

我國北方少數民族的原始天穹觀念，認爲天地並無絕對的分野，人神之間並無不可跨越的鴻溝。原始薩滿信仰保留了這種天穹觀念中天地相通的思想痕跡，在薩滿信仰盛行的地區，九天三界的觀念，極爲普遍，人類生存的中界也有惡魔及精靈存在，天界也有惡魔搗亂，在地下土界也有人生活，有好人，有惡魔，也有善神，在下界生活，並非地獄，而是越深處越溫暖，深處也有

陽光，並無以下界爲惡的觀念，亡魂去的那個地方，是和人間相像的另一個世界。

　　薩滿信仰的天穹觀念，在形成、發展過程中，由於受到外來宗教和文化的影響，而發生了很大的變化。薩滿信仰天穹觀的多層意識發展到三界觀念，就是受到佛教、道教等宗教影響演化而成的。佛教、道教傳入北方草原社會後，薩滿信仰也雜揉了輪迴、酆都城、十殿閻羅等觀念。那種認爲下界爲惡魔所居，亡魂在地獄忍受煎熬，歷經苦難的觀念，顯然是受佛教、道教等宗教文化的影響。薩滿過陰進入下界所見地獄景象及閻王殿中牛頭馬面無常惡鬼等角色，與原始的薩滿信仰，已經相去甚遠，北亞草原族群的亡魂所到的下界，也不再是像人間獵場、漁場那樣美好的另一個奇異世界，這種轉變反映了佛教、道教等思想觀念在北方草原社會的普及化。

　　在原始薩滿信仰中，各種神祇的法力雖有高低，但彼此之間，處於平等的地位，等級觀念非常淡薄，新神和老神可以平起平坐。佛教、道教盛行於北方草原社會後，薩滿信仰不但不排斥佛教、道教，甚至在薩滿自己的神壇上還爲佛教及道教留下一席神位。漢族民間長久以來頂禮膜拜的人格神祇和佛祖釋迦牟尼、觀世音菩隆、玉皇大帝等都躋身於薩滿諸神之列。《尼山薩滿傳》中一開始就運用了一個典型的神仙客人下凡指點迷津的形式。三國名將關羽是中原內地佛、道二家共同崇拜的神祇，佛教寺院尊羽爲伽藍神之一，道教封關羽爲三界伏魔大帝神威遠震天尊關聖帝君，關帝的崇拜，很快被北方少數民族所接受。關帝的神話傳入東北各部族後，產生了獨具一格的富於北方草原氣息的關瑪法神話，成爲薩滿祭壇中奉祀的對象。關於閻羅王統治下界亡魂的說法，在早期薩滿故事中是罕見的，在滿族神話中，耶魯里是統治亡魂

的地下國王，十分凶惡。由於漢族文化中佛教、道教的影響，統治亡魂的國王遂由原先的耶魯里轉變爲閻羅王，地母巴那吉額母也轉變爲觀世音菩薩了。薩滿的法器，除了手鼓、神衣、神帽外，也手持一百零八顆佛珠。佛教、道教思想在北方草原族群的盛行和普及，反映在現實社會生活，就是有不少人喜歡以佛保、菩薩保、關帝保來命名，以祈求神祇的保佑。

在早期薩滿信仰故事中，雖然含有一些頗具說教意味的神諭，但多爲祖先故事，用古樸方式達到教育目的，直接用外來宗教觀念進行說教，是晚期發展中的演化。尼山薩滿在十足的說教氣氛中利用了佛道等思想觀念，宣揚了儒家所提倡的倫理道德規範，以佛教十善、十惡的教義勸戒世人，以酆都城的種種酷刑來反映人世間違犯倫常所應接受的懲罰。菩薩在銅鐵橋旁，手持佛經，高聲念誦，勸化亡魂。子孫娘娘也囑咐尼山薩滿返回人間後，要把她在陰間所見所聞告訴世人。恩都力薩滿故事也是採取勸戒世人的方式，以宣揚因果報應的思想。北方少數民族長期與中原漢族文化大規模接觸以後，薩滿積極吸收了利於自己生存發展的佛道思想，把它們納入自己的體系中，使薩滿信仰的內容更加豐富，更具神秘性，佛道思想由於滲入薩滿信仰而更加普及於北方草原社會，從薩滿信仰的變遷演化，可以反映佛道思想的普及化。

【註 釋】

① 多桑著，馮承鈞譯，《多桑蒙古史》（臺北，臺灣商務印書館，民54年8月），第一章，頁33。

② 滿都爾圖著，《達斡爾族》（北京，民族出版社，1991年10月），頁98。

③ 《鄂溫克族簡史》（呼和浩特，內蒙古人民出版社，1983年6月），

頁159。

④　凌純聲著，《松花江下游的赫哲族》（南京，國立中央研究院，民
　　23年），頁102。

⑤　徐昌翰撰，〈論薩滿文化現象——「薩滿教」非教芻議〉《學習與
　　探索》1978：5，頁122。

⑥　張紫晨撰，〈中國薩滿教中的巫術〉，《民間文學論壇》1991：6
　　（北京，中國民間文藝出版社，1991年11月），頁11。

⑦　富育光撰，〈薩滿教天穹觀念與神話探考〉，《中國社會科學院研
　　究生學報》1987：4（北京，中國人民大學，1987年5月），頁45。

⑧　富育光著，《薩滿教與神話》（瀋陽，遼寧大學出版社，1990年10
　　月），頁25。

⑨　富育光、孟慧英著，《薩滿教與神話》（北京，北京大學出版社，
　　1991年7月），頁172。

⑩　烏丙安著，《神秘的薩滿世界》（上海，三聯書店上海分店，1989
　　年6月），頁126。

⑪　徐珂輯，《清稗類鈔》（臺北，臺灣商務印書館，民國55年6月），
　　〈宗教類〉，頁65。

⑫　烏丙安撰，〈薩滿教的亡靈世界——亡靈觀及其傳說〉，《民間文
　　學論壇》1990：2（北京，中國民間文藝出版社，1990年3月），頁
　　56。

⑬　汪玢玲撰，〈薩滿與伊瑪堪〉，《民間文學論壇》1988：2（1988
　　年3月），頁56。

⑭　《民間文學論壇》1988：2，頁60。

⑮　孟慧英撰，〈論《尼山薩滿》的歷史性質〉，《中央民族學院學報》
　　1987：5（北京，中央民族學院，1987年9月），頁87。

⑯　莊吉發譯注，《尼山薩蠻傳》（臺北，文史哲出版社，民國66年3

月），頁149。

⑰　《神秘的薩滿世界》，頁128。

⑱　《民間文學論壇》1990：2，頁7。

⑲　《神秘的薩滿世界》，頁129。

⑳　秋浦編，《薩滿教研究》（上海，上海人民出版社，1985年5月），頁75。

㉑　莊吉發校注，《謝遂職貢圖滿文圖說校注》（臺北，國立故宮博物院，民國78年6月），頁180。

㉒　富育光、孟慧英著，《滿族薩滿教研究》頁249。

㉓　楊錫春著，《滿族風俗考》（哈爾濱市，黑龍江人民出版社，1991年9月），頁98。

㉔　劉小萌、定宜莊著，《薩滿與東北民族》（長春，吉林教育出版社，1990年3月），頁125。

㉕　《舊滿洲檔》（臺北，國立故宮博物院，民國58年8月），第九冊，頁4195。

㉖　《明清史料》（臺北，中央研究院歷史語言研究所，民國61年3月），甲編第九本，頁857。

㉗　富育光著，《薩滿教與神話》，頁293。

㉘　秋浦主編，《薩滿教研究》，頁105。

㉙　富育光、孟慧英著，《滿族薩滿教研究》，頁231。

㉚　莊吉發譯注，《尼山薩蠻傳》，頁45。

㉛　孟慧英撰，〈論《尼山薩滿》的歷史性質〉，《中央民族學院學報》1987：5，頁86。

㉜　《中央民族學院學報》1987：5，頁85。

㉝　周慶基撰，〈古代宗教觀念中靈魂與肉體的關係〉，《世界宗教研究》1985：4（北京，中國社會科學出版社，1985年12月），頁74。

㉞　莊吉發譯注，《尼山薩蠻傳》，頁155。

㉟　秋浦主編，《薩滿教研究》，頁67。

㊱　秋浦主編，《薩滿教研究》，頁69。

㊲　陳捷先撰，〈略述《尼山薩滿傳》中的儒釋道思想〉，《滿族文化》
　　15（臺北，滿族協會，1991年6月），頁23。

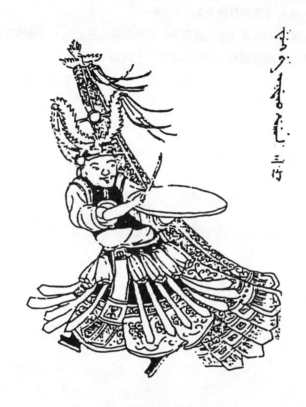

滿族薩滿迎神模樣

清代乾隆年間的收元教及其支派

一、前　言

　　秘密宗教的發展，源遠流長。當佛教輸入中土之際，流行民間為人治病的舊有巫覡方術，亦逐漸發展成為具有宗教行為的道教。秘密宗教所念誦的經卷，多為佛門經典，傳授的隱語，則為道教的經咒歌訣，並標榜儒家的倫理道德，同時結合民間的迷信思想，雖然吸取了儒釋道的成分，卻揉合左道異端之說，而成為一種既非佛教，亦非道教，尤非儒學，祇能隱藏於下層社會的民間信仰。

　　秘密宗教的活動，雖始自後漢張角，然而秘密宗教的寶卷，其流傳實始自明武宗正德年間，竊取佛經仙籙，編造寶卷。神宗萬曆年間以降，寶卷名目繁多，刻本流傳益廣。明末清初，秘密宗教的派別，相續並出，各教派之間，彼此不相統屬，並非始自一時，起於一地，或創自一人。

　　收元教為清代流行於下層社會的一種秘密宗教，乾隆年間，其勢力蔓延極廣，頗引起清高宗的注意，直省督撫查禁收元教，更是不遺餘力，破獲教案多起，本文撰寫的目的即在就現存清代宮中檔奏摺、軍機處檔月摺包及上諭檔等原始資料，以探討收元教的流傳情形，直省查辦收元教的經過，俾有助於瞭解下層社會的民間信仰及其宗教活動。

二、山西韓德榮教案

　　收元教，又名五葷道。《皇極收元寶卷》內所云「收的五盤人數勾，再收四貴總還元，殘靈一網都收盡，四生畜類也收元。」又云「收元則能上天宮，上天則即到家鄉，到家則參見古佛，分掌五盤，且以煉成九葉金蓮，而同轉八十一萬年。」①收元一詞，多見於寶卷，收元教似即由收元寶卷而得名。山西定襄縣人劉起鳳至山東單縣劉儒漢處投入收元教，清聖祖康熙四十四年（1705），劉起鳳自山東返回原籍，傳授韓德榮，告以對天地燒香磕頭，投入收元教，可修來世富貴，不忌酒肉。韓德榮隨同劉起鳳前往山東單縣，拜劉儒漢爲師，抄有錦囊神仙論、八卦圖、五女傳道書、稟聖如來等件。劉起鳳旋遷居山東城武縣地方，韓德榮則返回原籍。劉儒漢先在劉家樓居住，康熙四十五年（1706），曾被劉本元首告邪教拏解審釋，其後由捐納選授山西榮河縣知縣，康熙五十八年（1719），因其父劉佐臣係白蓮教頭目，劉儒漢被牽入白蓮教案內參革回籍，移居東關。據劉起鳳的姪兒劉二長兒供稱劉儒漢所傳的教「止是給天地燒香磕頭，求來生榮華富貴，聞係天主教，並未有收元教名色。」②明清之際，天主教傳教士來華傳播福音，但國人對天主教誤解甚深，而將天主教視同邪教，惟劉二長兒所供「未有收元教名色」之語，恐非實情。

　　王天賜，祖籍直隸長垣縣，其後移居河南虞城縣，康熙五十三年（1714），王天賜到山東賣布生理，隨同劉起鳳去見過劉儒漢投入收元教。康熙六十一年（1722），王天賜身故，遺下五女傳道、八卦說、小兒喃孔子、雜抄、蒙訓四書等。韓德榮由山東將各書攜回原籍後，時時參看，其初不解含意，清世宗雍正五年（1727），韓德榮起意斂財，自稱孔子再世，勸人入教，將書中荒誕不經之語，牽引解釋，閻有智等人聽信入教。

　　劉儒漢所傳的收元教，分爲八卦，每卦設一卦長，下分左支

右干某卦名目，所收信徒即入某卦名下。因此，收元教又稱爲八卦教，清代官書間亦作八卦會。收元教的信徒，每日清晨供奉清水三杯，望空叩頭，默誦「眞空家鄉，無生父母，現在如來，彌勒我主」四句眞言，藉以消災除難。教徒相信「要求來生福，還須今世財」，所以樂意奉獻銀錢③，韓德營所傳的收元教，與劉儒漢相同，以許願入教，來生即得富貴等語，招人入教。雍正七年（1729）正月初十日，劉起鳳身故，乾隆元年（1736）四月二十三日，劉儒漢病故。韓德榮聞知劉儒漢身故，即命其徒五台縣人田大元等前往山東，引寶卷內「身落寒門大道」之句，謂與韓姓相合，欲合併山東的收元教，但未成功。乾隆二年（1737）春間，田大元等至劉起鳳之姪劉二長兒家中揚言韓德榮是星宿下凡，成了收元祖師，勸人入教，並由劉二長兒引至河南虞城縣王天賜家，王天賜已先於雍正十年（1732）身故，王天賜之子王之卿又名王子慶以收元教起自山東，豈有反爲山西徒弟之理，被王之卿面斥而回。田大元等復至山東單縣劉家樓，托侯進忠通知劉儒漢之子劉恪商議入教，劉恪等指韓德榮爲野徒，拒不接納。

　田大元等由山東返回山西定襄縣告知韓德榮，韓德榮乃自行接教，宣揚傳播，揚言甲子年爲末劫，有水火刀兵，入其教者可免災難，信從者漸多。甲子年即乾隆九年（1744），至乾隆十年，衆信徒見甲子年已過，不但無水火刀兵，反而年豐物阜，始悟韓德榮所言荒謬，且其所歛錢財，專事肥己，並欲爲其子娶妻，衆人遂不信其言。是時，田大元見韓德榮的信徒渙散，遂以寶卷內「十口」即爲「田」字的隱語，倡言應彼續教，並以繼承韓德榮之教自居而稱爲太子。田大元平日藉修橋鋪路行善爲名，以誆誘村民，於是韓德榮所傳八卦內的徒衆，投歸田大元者多達六卦。山西巡撫準泰將起出收元教各書翻閱後指出其文字皆荒鄙不經，

類如「村婆佛偈」，混引八卦五行之說，飾以村俗之語，衍成鄙俚歌詞，其大意以勸人修行學佛爲詞，然多怪誕不經之語。其中如錦囊神仙論及六甲天元所云「太平有道之世」等語，被指爲異端邪說，而且收元教字樣，與乾隆初年雲南大乘教張保太所稱「收圓」二字同音，俱被指爲邪教重案。乾隆十三年（1748）正月，山西定襄、五台、崞縣及忻、代各州縣文武員弁拏獲韓德榮、田大元、蘭開基及韓德榮之子元貴、元寶等人，搜出收元教書籍如錦囊神仙論、稟聖如來、同念佛曲、八卦圖及木戳等件。

直隸長垣人徐國甫曾與王天賜在一處做過生意，並拜王天賜爲師，王天賜身故後，徐國甫帶領同縣人徐文美、呂大訓拜王天賜之子王之卿爲師，取回金丹還元寶卷、告妖魔狀式、五女傳道書等項。乾隆十三年（1748）正月十四日，徐文美、呂大訓帶領呂二小至王之卿家，因上年收成歉薄，徐文美等給與王之卿六、七兩銀子。同年三月十一日，在河南商邱縣地方拏獲王之卿，解往祥符縣監禁。四月初一日，王之卿染患傷寒，四月十五日，王之卿身故。據直隸總督那蘇圖奏報，徐文美、呂大訓亦於四月十五、六日病故。山東巡撫阿里袞咨稱劉二長兒已於四月十二日在監病故④。韓德榮、田大元等在山西省城監禁，九月十七日，將韓德榮綁赴市曹處斬，田大元發回五台縣審擬正法，其餘各犯俱發遣遞配。同年五月內，山西代州平城村民雷永林被拏獲，並搜出三教圖一軸，雷永林供出拜王伏昌爲師。又有村民鄭祥首出明宗牟尼注解祖經一部，據稱由崞縣田家莊劉姓所傳，稱爲明宗教，入教之人，俱吃齋燒香，求福免災，但地方官認爲既有教名，即屬邪說，自應嚴加究治。

三、山東劉省過教案

　　收元教的信徒主要在山東、直隸，並散佈於江蘇、河南等省，其教主是以父死子繼，世代相傳。山東單縣收元教主劉儒漢身故後，傳給其子劉恪，劉恪身故後，由其子劉省過充當教主。河南商邱縣民郜從化原充收元教離卦長，以劉恪為教主。虞城縣民陳霞九等在離卦名下入教，郜從化另招趙重、汪嵩、高田、繼成、李忠智、張玉新、李君珍、賈茂林七人為徒，郜從化之子郜大、郜二、郜三俱隨從入教，陳霞九另招吳守志、周欽、楊宗禮及山東范縣人李文進四人為徒，陳霞九之弟陳老四，其子陳聖儀俱隨同入教。韓德榮案發後，劉儒漢之子劉恪亦因事犯提解質審，郜從化與陳霞九向教中信徒湊得銀一千餘兩，欲送給劉恪，幫助盤費，旋聞劉恪釋回，未將銀兩送往，郜三隨將郜從化所收存的銀兩，開鋪經營圖利。乾隆二十二年（1757）十月內，有山東人孔萬林至商邱看地，郜三遇見，詢知原係劉儒漢教內坎卦長，郜三即邀孔萬林至家，款待優渥。

　　孔萬林與郜三等相商，以郜大愚蠢，難充卦長，郜二相貌言談不如郜三，陳霞九亦已年老，即推郜三接充離卦長，以郜二為左支，陳聖儀為右干，孔萬林聲稱返回山東告知教主，並告以劉恪已身故，曾幫其子劉省過殯費。其後郜三等各自傳教，招徒騙錢，郜三陸續招得夏天增等二十人為徒，俱入離卦教。乾隆三十七年（1772），拏獲劉省過、郜三、孔萬林及王中之徒龍居涇所傳徒弟李孟鍋等人，搜獲王中所傳行善書一本，龍居涇傳抄時，見書內有「平胡」字樣，觸犯忌諱，隨將「胡」字改寫「明」字，因係邪教重犯，俱經審明斬決，同時被拏獲的教犯河南商邱縣牧馬集人李發即李法等人，因未收徒斂錢，問擬杖責發落，莊農度日。

　　劉省過被拏審後，供出同教李中久即李大本是江南人，乾隆

二十七年（1772）五月二十二日，山東巡撫徐績移咨署理江蘇巡撫薩載訪拏李中久等人，同年六月二十九日，江蘇銅山縣文武員弁在柳家雙樓地方拏獲李中久。李中久籍隸江蘇銅山縣，務農度日，乾隆七年（1742），因田房被水淹沒，無可謀生，因其叔李文昇在山東單縣賣酒，李中久前往相依，遂與劉心齋家人宋琴熟識，宋琴將李中久荐與劉心齋家做工，議給每年工錢四千文，旋又派管田莊。宋琴告知劉心齋有祖傳八卦教，宋琴是坎卦支派，勸令李中久入教，以保平安，聲言送給教主銀錢，可卜來生富貴，李中久聽信入教，即拜宋琴爲師，入八卦教坎卦支派。乾隆十一年（1746），李中久欲歸原籍，宋琴給與舊書一本，李中久攜帶歸里，因素不識字，將舊書收藏在家，乾隆二十二年（1757），李中久將所積銀三十兩齎送劉心齋之子劉東關收受。李中久被拏獲後，在其家內搜出舊書一本，署理江蘇巡撫薩載查閱書本內如「無生父母，彌勒教主」等句，與劉省過所供「無生父母，彌勒我主」之語，正屬相符，而認爲是得自劉省過家抄傳而來⑤。

　　河南泌陽縣民李文振，素無家業，向與其表甥張成功同居，乾隆三十年（1765）二月，李文振聽從陳中舜招引，投拜徐國泰爲師，入收元教。李文振不識字，徐國泰口授李文振「南無天元太保阿彌陀佛」十字眞經，令其回家持誦。乾隆三十四年（1769）冬季，李文振與張成功因貧難度，起意商同張成功復興收元教，騙錢分用，向熟識的村鄰王天基等宣傳燒香入教，可免災病，並告以自己入教，可免一身之災，轉勸數人即免一家之災，又立有根基錢名目，代修善事，積下根基，今生出一，來世得百，梅正行、王天基等人聽信入教。李文振將收元教與榮華會合而爲一，稱爲收元榮華會，乾隆三十五年（1770）三月十五日，收元榮華會開教，梅正行等各攜錢一百文赴張成功家買備香燭素供，

在神前磕頭設誓，與張成功母子同拜李文振為師，傳習十字真經，並令梅正行等輾轉招引徒眾。

乾隆三十五年（1770）七月，有原籍安徽壽州寄居六安的民人陽在成即歐相成向村民聲言其兄陽在天於河南省桐柏縣地方種地，該地附近有張家樓即萬佛樓，前往燒香禮佛，可以免災祈福。乾隆三十六年（1771）正月初四日，村民周至均約同學劉常厚跟隨陽在成、楊有朝等行至霍邱，遇見汪明東，一路同走，正月十二日至河南萬佛樓，教首李文振令眾人設誓，誦念「南無天元太保阿彌陀佛」十字真經，周至均出錢一千六百文，劉常厚出錢二百文，上名入教。同年三月間，拏獲李文振、張成功等要犯，教徒十一名，梅正行等十二名則自行投首。

由於生計艱難，民人多假藉宗教，妄立名目，以便聚眾歛錢。收源教與收元教，同音異字，又名源洞教。乾隆四十三年（1778）十一月，山西太原府陽曲縣拏獲教徒太原縣人梁彩及陽曲縣人趙雙印等，供出收源教為永寧州段文琳所傳，同教有張成、劉士英等人，旋拏獲段文琳等，據供段文琳原籍猗氏縣，移居安邑，其嗣祖段思愛曾遇河南人吳姓，傳授收源教，康熙三十年（1691），段思愛身故，繼子段而俊於墳園內建有佛堂，供奉圖像，雍正七年（1729），經安邑縣訪知將經像佛堂改燬究懲。段文琳即段而俊之子，因家貧無賴，憶及永寧州人景福奇原係其祖段思愛徒弟，乾隆十二年（1747），段文琳赴永寧州拜景福奇為師，景福奇將女配與段文琳為妻，景福奇父子先後身故，段文琳將景福奇所遺經卷即萬言詩註手抄本，同天佛寶卷等收存，復行傳教。乾隆十三年（1748），段文琳至陽曲縣，張成、趙雙印、梁彩等十餘人先後拜師入教，段文琳各給紙扇一柄，上書經卷詞句，入教後每年三次做會念經，各送齋錢各給與段文琳收

用。乾隆三十一年（1766），趙雙印因貧困無依，商同梁彩、
張翁、張耀等傳徒設教，以趙雙印爲教首，提言投師入教者可以
躲避災難，後因從教人少，復同梁彩捏稱佛水治病。乾隆四十一
年（1776），入教之人漸多，男人各出錢三百六十文，婦人出
錢二百四十文，又以經卷內有「皇極」字樣，故刻印「皇極號」
三字，詭稱靈符，可以卻病消災，並從龍華經上摘抄妄誕詞句，
刊刷小票，連同皇極符賣錢十七文，統計先後入教者男三十人，
婦女二十四人⑥。

四、直隸簡七教案

　　直隸南宮縣簡家莊人簡七，於乾隆三十四年（1769），隨
其姊夫鄧耀羽學習拳棒。又有寧晉縣高口李成章因其地畝淹浸，
遷至衛村寄住。簡七聞李成章拳棒更佳，隨備贄禮大錢八百文往
拜李成章爲師，教演拳腳功夫，每遇年節生辰，送往食物。其後
李成章返回高口，相離較遠，簡七每年僅前往拜年一次。簡七在
家陸續轉收尹兆麟等五人爲徒，每人送贄禮錢各二百文，教習拳
棒。是時簡七祇知李成章爲拳腳教師，尚不知其傳習收元教。

　　乾隆四十六年（1781）正月，簡七往高口拜年，李成章已
兩腳患病成廢，告知簡七，李成章是收元教內分堂兌卦的卦長，
現已年老待死，兒子李可忠、李可德不足掌教，隨取出白紙字本
一件、黃紙字片一張、木戳三個，面交簡七，囑令如有願拜爲師
者，即用黃紙照抄一張，填寫徒弟姓名，望空燒化，令其磕頭爲
徒，兼可得受贄禮錢文。簡七素不識字，向李成章詢問字片字本
是何意思？入教有何好處？李成章答以「黃紙內有四相嚴謹，五
行歸中之語，總說人之視聽言動不可邪妄，教得好徒弟愈多愈好，
死後可以上昇」等語。同年五月間，李成章病故，簡七陸續收有

徒弟溫大等六人，每人送給大錢各四百文不等。

　　乾隆四十八年（1783）十一月，刑部左侍郎姜晟奉命前往山東查審鄆城縣民王愼典呈控官吏濫行科派一案，十一月十九日，姜晟行抵新城途次，因南宮縣民魏玉凱至京控告縣民李存仁等演習拳腳一案⑦，內閣學士松筠口傳諭旨命其前往直隸南宮縣嚴查教案。十一月二十二日，姜晟馳抵南宮縣，查明魏家莊在南宮西南距城六里，居民將近百戶，魏姓居其六七，居民以做香爲業。在魏家莊之南相距六里有簡家莊，訪拏簡七等人，據簡七之子簡成供稱其父演習拳棒，所習是小紅拳。此外又訪獲坤卦卦長李坤先，據供李坤先籍隸山東冠縣，乾隆四十年（1775），李坤先到直隸南宮縣簡家莊出售粉皮，與簡七熟識，簡七敘及拜李成章爲師之事，李坤先亦告以伊係收元教內分掌坤卦之人。李坤先見南宮縣人于聞粗通文理，即勸令入教，並收附近村民邢金闕等人爲徒。在南宮縣教案內起出木戳三個，其中一個爲「兌宮巽右小爻字」，其餘兩個爲南首及北首字樣。黃紙內所謂「四相嚴謹」，據于聞供稱「從前李坤先向伊講究爲人要行善，死去也好，那四相嚴謹，就是四書上非禮勿言四句的道理。」⑧此外又搜獲抄本經文一件，內云：

> 春夏秋冬四季分，晝夜循環善惡人，金木水火常來往，惟有中花出聖人，週天之數盡，十八國均分，一概君民失迷先聖之理，聖帝老爺下世，普救天下，隨日月週流，留下聖景儒理教化，一概群蒙年深日久迷先聖之理，介律善惡二字，一概君民甚於水火之中，先天老爺下世，普救天下，群蒙出苦百有餘年，屢次遭卻，原是四世代事，聖帝老爺常常照應，先聖之恩賜，兌巽宮保儒門，現在四世代事，聖帝老爺普天下，兌巽宮原是收元教主，普天下，替

天傳道，照料八方，一概群蒙原在各地名居住，吾不能親身自到，留批一張，說的明白，訪查善惡二字，賢愚不等，先聖之恩，青紅佛賞萬劫聖景，吾要按功發分，吾今親批三人，替吾代辦一二，惟恐有錯，仔細搜尋，無有一處不盡心者，巽宮日敕心，有功者恩賜青福聖景，可以即位，日月應驗，萬年之德，天皆紅福，後有孝子賢孫，屢屢有升可以稱聖賢萬輩，若有擋道放蕩之人，總粘天地之恩，枉粘聖景，脫帶先祖後輩，俱落坑坎之中，留下萬輩臭名，總有孝子賢孫，百世不能改也，聖景儒理當立自心，吾今批陰陽二字，各處執事之人，吾要晝夜之功，一九五二並三七四六，行來卻是十，若說天地無法立須問無極，而太極巽宮日青。寒來辭人煖便歸，余笑雁子卦全飛，綠柳如許不留宿，偏向人家門戶飛。諸儒談易漫紛紛，只見繁枝不見根，觀象徒勞推互體，玩辭亦是逞空言，須知一本能雙幹，始信千兒與萬孫，喫緊庖曦爲人意，悠悠千古向誰論。耳目聰明男子身，紅鈞付與不爲貪，須探月窟方知物，未躡天根豈識人，乾遇巽時觀月窟，地逢雷處見天根，弘弘月窟開來往，三十六宮都是春。人人有七竅，竅放光明，那是七竅主中方一竅，靈竅靈爲先天體形爲後天用，原始知來路，要終曉去程成。天以陽之氣投於陰之偶，次第種之其數三也，乃天地人之道也，是爲三才，三三見九是爲九宮，二三如六是爲六爻，陰違陽順是爲乾坤，一粒懸塊眞精，內含水火之源，金木之根，戊己之中，天命之本，這就是人中仁，己中己，粹然至善之全理，虛靈之昧是眞心，所謂本來面目者是也，堯舜道統之眞傳，孔孟心法之要領，學者宜潛心焉。堯開道統傳執中，禹湯文武共相承，

　　孔曾真傳點一貫，程朱全理明天命，一致百慮留經書，萬
　殊一本歸至誠，古今只是這個理，聖賢胸中符節同⑨。

經文末書明「康熙辛巳歲庚寅月元日，虞邑丁士俊序」字樣，辛
巳年即康熙四十年（1701），原經文抄本附錄咏六經云「六經
雖是聖人發，非徒作文遍天涯，攄乎內中所蘊物，傳流後世教君
家。」咏樂二首，其一云「樂非無本人妄作，聲氣莫不有元初，
明乎天命生我理，方能調的六律和。」其二云「平心和氣樂收功，
可惜五音人不通，識的宮商角徵羽，迭奏即能宣八風。」經文鄙
俚，雜湊成句，文理不通。

　　乾隆四十七年（1782），安徽亳州人田恆業因復興收元教
被獲正法，其胞弟田恆實即田恆時，經審明從旁聽唱，旋往河南
永城，並未入教。乾隆五十一年（1786）三月間，田恆實因貧
苦難度，起意倡立儒門教，捏造「清清涼涼棟梁材，翻三五四正
午年，大家都到龍華會，候著佛法保周全」四句歌詞，以斂錢度
日，先後招收永城人康惠、劉全周、賈俊、高開太、季從周及在
永城種地的亳州人李善如、李連如、王士凡等人為徒⑩。

五、直隸大名府段文經教案

　　直隸各府八卦教信徒甚夥，教案層見疊出，山東單縣劉省過
被拏正法後，八卦教各卦長仍奉其次子劉洪即劉二洪為教主，劉
洪被拏獲後即在單縣監禁，直隸廣平縣卦長段文經及元城縣卦長
徐克展起意糾眾搶庫劫獄，通告各教徒定期擺會。乾隆五十一年
（1786）閏七月十四日，段文經、徐克展等五十餘人齊集許三
家內，議定先搶道庫，再救教主劉洪。是日夜，教徒手執器械，
擁入大名縣署，砍斃知縣家人監夫刑書人等，同時擁入道署，大
名道員熊恩紱出堂喊令家人把守庫門，被教徒所殺，衙役家人火

夫傷亡十六名，教徒旋即逃逸，在廂房內搜出匿犯五名，草帽三
十九頂，其餘教徒奔竄，殺死守門兵丁三名，逸出城門。大名、
元城二縣衙署同在府城，而道府副將又同城駐箚。衙役兵丁衆多，
教徒竟肆行無忌，結衆逃逸，直隸總督劉峨一面奏請將署大名協
副將舒通額革職拏問，大名縣知縣吳之珩、元城縣知縣沈雲尊革
職留於地方協緝，一面飭令地方文武員弁嚴拏教犯⑪。旋據大名、元
城二縣稟報陸續拏獲案犯共三十八名。

劉峨將重要教犯王抱珠等解送刑部後，軍機大臣即提犯逐一
嚴加鞫訊，錄取供詞，據王抱珠供稱：

> 我今年三十二歲，木匠生理，是肥鄉縣孔兒寨人，與梁儉
> 鄰居，梁儉邀我入了段文經、徐克展的八卦會，並沒傳習
> 經咒。閏七月十三日，梁儉向我説老師父段文經十五日在
> 大名府城擺會，我就跟他進了城，他領著我到許三家住下，
> 見了個駝背蒼白鬚的人，梁儉説這就是老師父段文經，我
> 磕了頭，沒有封官。十四日，仍在許三家，有五十多人，
> 我只認得邢有富、程二小們十幾個人，別的都不認識。許
> 三領了我們見了徐克展，徐克展説並不是擺會，實是叫你
> 幫著殺道爺，佔大名城，小的依從，頭上勒了一塊黃紬，
> 他們拿了鎗棍。我原沒拿兵器，就一齊推倒道署東牆進去。
> 他們在前亂殺，我跟著吶喊，沒敢傷人，鬧了會子，我拿
> 了一根執事杆子，又跟到大名縣衙門前，在照壁前站了一
> 會，聽見鳥鎗響，他們從裡邊出來，一齊到城門，不知誰
> 殺傷了營兵，砸開城門，我隨後跑了，十六日到家，就獨
> 自出門往各處拉小車糊口，本月十七日，不想被公差拏獲。
> 至段文經、徐克展，我逃後並沒見過他的面，他們逃往那
> 裡去了，我不知道是實⑫。

王抱珠於九月十七日被拏獲，八卦會即八卦教，教徒的定期聚會，
稱爲做會或擺會，官方文書每將教與會混行書寫。段文經、徐克
展計劃搶佔大名府城，私製刀鎗器械，用秫稭包紮，運送至許三
家，定期起事。據徐克展的堂弟徐德成供稱：

> 我今年二十三歲，是元城縣小潭口人，充當本縣鄉約，徐
> 克展是我從堂兄，我又是他的後鄰。徐四是我無服族姪，
> 本年二月裡，徐四領我見了段文經，就入了他的八卦教。
> 閏七月初二日，徐克展合徐四告訴我說他們要殺官佔城，
> 教我幫助，我應允了，到十三日，徐四又邀我十四日進城，
> 那日午後後到了城裡，在南關看了會子戲，徐四就邀我去
> 喫酒，我跟著他到了許三家，到半夜見有五十多人，我就
> 只認得張君德、苗一賢、邢士花們，大家說了殺官佔城的
> 話，叫我立功封官，各人紮了頭，拿了刀鎗棍子，我勒了
> 一條紅帶子，拿了一根木棍，跟著他們推倒道署東牆，進
> 了衙門，看見殺了許多人，也記不清是那個殺的，他們打
> 開宅門出來，張君德在大門外砍了一人，我也打了他幾棍
> 棍子，又到大名縣衙門去，我也跟了去的，聽見鎗響，我
> 就跟著出了西門，跟了十五日，同徐四回家，遇見堂伯徐
> 旺原，告訴他說徐克展惹下大禍了，不想他夜間就走了，
> 因我是徐克展後鄰，又是一家，就是閏七月十六日把我拿
> 進城去，那時並沒人扳出我來，我也沒供實話，到九月裡
> 拿了徐旺，他纔把我供出，我不敢狡賴，只得據實說了。
> 至段文經、徐克展他如今逃往那裡去了，我實不知道是實
> ⑬。

徐德成於乾隆五十一年二十月六日入教，二月二十日左右，段文
經、徐克展就述及欲殺官佔大名城去救教主劉洪之事。徐德成受

封爲典史，另封王奇功爲總兵。王奇功，年二十八歲，是肥鄉縣
人，賣餅度日，於乾隆五十一年二月間投入段文經教內，曾學過
經咒，搶占大名城時，其頭上所勒的是白布，許三之子許三更包
頭的是一塊白綾，閏七月十四日半夜，衆人在許三家燒香磕頭，
從許三家後院推倒東署東牆後一齊過去進入署內。衆人入署戕官
逃走後，段文經與徐克展等於閏七月十九日奔至館陶縣陳衛氏家，
剃了鬍鬚，二十一日，兩人騎了兩匹馬，教徒劉勤、張君德隨行。
至邯鄲縣重正鎮時，因查拏嚴緊，丟棄馬匹，連夜逃至磁州彭城，
以山東地方同教的人多，可以躲避，又繞道回至段文經家，然後
逃往冠縣城南宓家鹽村同教的董玉麟家。因離大名甚近，不敢同
行，約定段文經等先行，徐克展隨後趕去，八月初三日，當徐克
展到董玉麟家時，段文經已離去，徐克展由僻路一直往東南逃走，
九月二十三日過河至亳州地方奶奶廟內，徐克展與段文經商量前
往潁州府城東李自榮家躲避，段文經於二十四日一早先行離去，
徐克展於二十八日至盧家茶館做工，兩天後被拏獲，段文經則逃
往別處，迄未拏獲，主要原因是由於教徒衆多，容易躲避，被獲
各犯於審問時皆謊供不吐實情，以致段文經以從容逸去。

六、直省緝捕八卦教徒的經過

直隸大名府八卦教戕官劫獄案發後，逸犯多未就獲，直省奉
旨嚴緝教徒，嗣後訪獲八卦教徒多起。段文經等藉口劫獄救教主
劉洪。劉省過被正法後，其第三子劉三洪即劉把賞給功臣鄂岳家
爲奴，其第四子劉永慶，經留京王大臣提訊，據供劉二洪早已身
故。惟據直隸總督劉峩奏稱，劉二洪即劉齊年，於乾隆三十六年
（1771）定案時即稱在逃，並未拏獲。劉二洪改姓名爲方孝，
隱匿多年，至段文經案發後，始被拿獲。

　　乾隆三十七年（1772）。孔萬林被斬決後，坎卦分支各案犯內王秉可遣戍，李之望杖徒，王秉禮、劉名全二人因甫經入教，擬以杖枷，其後李之望徒滿釋回。不久即病故，其子李文功及劉名全俱經改過，乾隆四十八年（1783），孔玉顯聞劉省過次子劉二洪藏匿京中，因家計貧乏，藉養贍劉二洪為名，復行傳教，自稱卦長，起意歛錢，遂與舊時同教的李文功及王秉禮商謀行教，李文功又商同岳士林邀得張良輔、張良魁、李仁功等人，各令默念「眞空家鄉，無生父母，現在如來，彌勒我主」四句咒語，各幫助錢文，每年由李文功易銀送交孔玉顯收受。乾隆五十一年閏七月二十五日，山東武定府知府兗州府同知張方理訪知孔玉顯是山東鄒縣人，就是辦過劉省過案內坎卦卦長孔萬林的胞姪，仍充卦長，旋拿獲孔玉顯、李文功等，並在李文功家中搜出苦功悟道經抄本一冊⑭。據孔玉顯供稱：

　　　我係鄒縣佛莊人，年四十七歲，父親孔興巳，母親董氏，兄弟四人，我自幼過繼伯父孔興辰為子，從前胞叔孔萬林會看風水，傳習劉省過邪教，到劉省過犯案時，我胞叔也正法了，後來我因窮苦不過，又起意借傳教名色歛錢。四十八年，在集上與李文功、王秉禮會遇，因從前孔萬林犯案時，曾在濟南府與他們認識，彼此說起劉省過的二兒子劉二洪甚是窮苦，我們父兄都是劉省過教內的人，應該歛錢幫他。又捏稱劉二洪是彌勒轉世，我已接充坎卦教首，希圖騙錢度日，他們都信了。四十八年、四十九年、五十年，前後共送銀三十一兩七錢，交我轉送，我就把這銀子買了七畝地，並沒有送給劉二洪，後來王秉禮，並沒交給我銀錢，他說自己送與劉二洪，我其實並沒有見過劉二洪的面⑮。

簡言之，孔玉顯等實因生活窮苦，而起意傳教斂錢度目。

　　直隸八卦教案發後，其黨夥散佈於各省，乾隆五十一年十二月二十六日，在河南祥符縣盤獲直隸教案逸犯樊永錫，據供是震卦教餘黨，住居直隸清豐縣樊家堡，平素傭趁度日。乾隆四十八年間，有開州人郝成從事木匠營生，並能針治心痛，倡立東方震卦會，又名收元祖白羊會，招張法仲為徒，張法仲轉傳宋良璧及樊永錫、樊永金兄弟等人，每年正月十五、三月十五等日各出錢一、二百文聚會燒香磕頭，祈求保佑來世，樊永金病故後，張法仲給與樊永錫字紙一張，令其在墳上燒化，並口授「三點三山七竅開，整起圓光下天台，真來投凡如一法，大本還原上天台，受過符下紙，好赴龍花來」咒語六句，囑其隨念隨燒。河南巡撫畢沅認為樊永錫所習震卦教就是八卦教的支派⑯。

　　直隸清豐縣城北王家十里股莊人謝朝宗又名謝三麻子，平日販賣糧食生理，與同縣清石滾村居住的鄭才素日認識，乾隆四十八年八月間，謝朝宗至鄭才家，遇見楊林，鄭才告以其師父是震卦教內的人，又叫天一門，燒香行好，可以獲福，入教有好處，謝朝宗即拜鄭才為師，入震卦教。李二和尚之妻李王氏，李二和尚身故後，李王氏認河南睢川人劉繼康為義子，乾隆五十年二月間，段文經拜李王氏為師。次年五月二十九日，謝朝宗在南樂縣北關集上遇見楊林，楊林引謝朝宗到僻靜地方告以閏七月十四日段文經欲在大名府城殺官劫庫，令其同往，謝朝宗應允，屆時，謝朝宗瞞著其父兄妻子攜帶家中舊有的一把順刀，走進府城，但未找到楊林，僅遇見素識的朝城縣人崔大、陳二，商議欲乘機搶奪財物⑰。

　　直隸廣平縣人施敬向來賣糧食營生，曾入楊五即楊老五離卦教，學習拳棒，元城縣人李六即李佩，因其父李光輝曾入震卦教，

李六即隨同燒香磕頭。元城縣季大麥即季培德於乾隆四十三年間，因其父患瘡，邀請徐克展至家醫治，隨入震卦教，每季給徐克展錢一、二百文不等，南樂縣人袁剛、裴拴、閻三妮子等俱入離卦教，每逢朔望燒香禮拜。元城縣人呼連舉向來開鞋舖生理，乾隆四十三年間，呼連舉之妻郭氏患病，延請同縣人格景元醫治痊癒，格景元勸令呼連舉入乾卦教，呼連舉即拜格景元爲師。肥鄉縣人梁服壯、梁五子等則跟隨離卦教楊五學習拳棒。乾隆五十二年（1787）五月，大名府知府貢楚克扎布在山東東昌府館陶縣皮後頭村拿獲李王氏及其義子劉繼康等人，並起出抄詞圖像。所獲施敬等十四犯均依左道惑衆爲從發邊遠充軍例辦理，至配所各折責四十板，先於面上刺邪教二字。

　　河南拿獲郝潤成等教犯，解送軍機處，經軍機大臣覆訊，據郝潤成供稱：

　　　　我本係離卦教的人，王廷引我入震字教，我們離字卦中係
　　　　學習拳棒，總頭目叫高二，他住在河南，記不得縣名，只
　　　　記得是高家樓地方。還有兩個副頭目，一個叫楊老五，是
　　　　肥鄉縣人，在葫蘆營居住；一個叫郅智遠，住大名縣北小
　　　　隆化村，從前邪教案內被人供出經官府審問釋放。離字教
　　　　暗號，向人拱手時，用左手大指壓住右手大指，稱本姓某。
　　　　若問那一卦人，只說在那一座靈山走過，答說東方即是
　　　　震教，答說南方即是離教等語⑱。

郅智遠是直隸大名縣人，又名翟治元，字貫一。徐克展被獲供述時亦指出震卦教首是焦玉坤，離卦教首是翟治元。據郝潤成所供，離卦教內使用的口訣暗號，與天地會黨所用者頗爲相似。

　　直隸蠡縣民董敏自幼吃齋讀書，其祖父遺存收元、收圓及九蓮救度等經，其父董可亮因不識字，並未翻閱，董敏粗知文義，

學習念誦，欲以誦經爲由，以誆騙錢財，起意將收元各經抄襲成曲，以便於歌唱，隨邀附近村民王芒兒等人爲白陽會友，村中婦女各佈施香錢一、二十文，由董敏等分用。村民賈立業之母王氏，因年老多病，邀請董敏到家念經，送給經錢，賈立業兄弟隨同入會。完縣民人郭林，亦自幼吃齋，向來與內邱縣民劉進心結爲善友，劉進心告知山西長子縣有刊刷歌單，以四張爲一副，兩張爲合同，兩張爲靈文，生時念誦，可以獲福，死後一半燒化，一半放在胸前，即可成爲善人，郭林遂跟同劉進心於乾隆五十一年六月內至山西長子縣向田景盛買取歌單二十餘副，郭林先將歌單攜回，與董敏撞遇，彼此談及吃齋念佛等事，董敏將歌單散賣，可以漁利，因郭林年長，董敏等人俱願拜郭林爲師。郭林隨即將歌單交由董敏持回，與同教的廉山林等分售給村民鄭青花等多人，或以京錢一、二百文購買歌單一張，或以四、五百文購買四張爲一副，所得錢文均送交董敏收用。董敏等被拿獲後，依律擬斬，請旨後正法，郭林擬絞監候，其餘王芝兒等擬以軍流徒罪⑲。直隸內邱縣人劉進心，又名柳進心，莊農度日，曾拜唐山縣人卜繼源爲師，入收元教，卜繼源給與勸善歌單，並告以歌單是山西長子縣教首田金台刊刻流傳的⑳。山西長子縣民田景盛供述歌單流傳的經過，略謂：

> 我是田金台義孫，二十七年，田金台邪教破案戮屍，我父親田道濟擬絞，後來在監病故，我就改名宋成。劉進心係父親相好，素來認識，四十八年九月內，劉進心合郭林長到長子縣會上擺雜貨攤，我與他們遇見，劉進心說他們在直隸仍要行收元教，做了勸善歌，刻板刷印，可以騙錢使用，因直隸人都曉得田金台是收元教首，你是田金台的孫子，必須說歌單是你祖田金台留下的，人家纔肯來買，得

　　的銀錢許我分用，我就應允，劉進心就指我義祖的名目，
　　在直隸散賣㉑。

山西巡撫勒保隨後檢閱舊卷，查明乾隆七年（1742），長子縣
民田金台是收元教教首，在直隸張銀案內充徒病故。其後於乾隆
二十七年（1762）因田金台之徒孫耀宗傳播邪教，究出田金台
的義子田道濟在田金台身故後收徒歛錢，又將田金台毀墓戮屍，
田道濟擬絞監斃，並將田金台之孫田履端等發遣新疆，而田景盛
即置之未辦。

　　河南林縣北崗泉人裴錫富是震卦教徒，其後前往山西玉峽關
挑炭為生，與郭俊熟識。乾隆五十二年（1787）十月初三日，
裴錫富至郭俊家，告以行善歌詞，情願傳授，可以消災求福。郭
俊心懷疑慮，並未聽從。乾隆五十三年（1788）三月二十五日，
裴錫富復至郭俊家傳教，告以早午晚三時向東南西三面磕頭，稱
太陽為聖帝老爺，口中要念愚門弟子請聖帝老爺得知照應弟子，
弟子與聖帝磕頭等語。郭俊被捕後，山西巡撫明興訊問其教名由
來，據供「太陽出於東方，東方屬震，係八卦教內震字教。」㉒
彰德府安陽縣亦拿獲震卦教信徒周明等人，據供稱河南震卦教是
由直隸大名縣車網集人劉彥傳授周明，後來周明又輾轉傳授韓大
儒等人，教中磕頭禮拜太陽，一日三遍，以便消災祈福，稱太陽
為聖帝老爺，傳有口授歌詞：「愚門弟子請聖帝老爺，捲蓮卸對，
清氣上升，濁氣下降。」原是一句無字眞經，又云「三頭磕開天
堂路，一柱信香到天宮，遲學晚進，人數不清，照應弟子，弟子
與聖帝老爺磕頭」等語。每年二月初一日是太陽生日，與立春、
立夏、立秋、立冬，共聚會五次。周明又供出震卦教師是劉通，
是山東曹縣桃園村人，劉臣是直隸開州文柳集人，俱傳授震卦教
㉓。劉臣與盛聚即盛齋鄰村居住，盛聚是震卦教人，乾隆二十六

年（1761），劉臣拜盛聚爲師，共尊劉省過爲教主，以王中爲
掌教。劉省過家中向有先天、中天、後天的名目，劉省過被正法
後，王中仍自認爲劉二洪的分支，稱爲後天王老爺，教中於聚會
上供時，將各人姓名籍貫用紙書寫，不識字者口誦通名，俱自稱
後天王老爺之徒。直隸按察使富尼善奏報大名等縣拿獲八卦教徒
謝有等犯，經隔別研訊，謝有供出於乾隆三十六年（1771），
拜認河南屈進河爲師，陳興等人於乾隆四十三年（1778）入教，
供出歌詞內有「也學太公居魏水，一釣周朝八百秋」之句，同時
起出木鈴，據稱「木鈴裡邊藏日月陰陽，二氣在兩邊」㉔，俱被
指爲悖逆之詞。

七、直省三益教的流傳

收元教屢奉嚴旨查禁，教徒爲蔽人耳目，間亦改稱三益教。
乾隆五十四年（1789）四月間，河南鄧州新野等州縣，訪獲三
益教信徒朱學順、余能、宋子寬等人。據宋子寬供稱是拜從湖北
棗陽縣鷹架山姚應彩爲師，口傳「南無天元太寶阿彌陀佛」十字
眞經。又傳「十門有道一口傳，十人共字一子單，十口合同西江
月，開弓射箭到長安」等四句咒語㉕，據供稱俱係藉稱消災治病，以
誆騙錢文。

姚應彩籍隸湖北棗陽縣，乾隆四十九年（1784）十二月，
拜復興收元教的同縣人孫貴遠爲師，口誦十字眞經及四句咒語。
乾隆五十年（1785）二月，孫貴遠、姚應彩等人被拿獲，因孫
貴遠習誦九蓮苦難及五女傳道等經卷，照大逆律凌遲處死，姚應
彩入教未久，僅知口誦咒語，擬以枷杖發落㉖。乾隆五十三年（
1788）十月，姚應彩因貧苦難度，復起意傳教騙錢，因恐爲人
知其原係收元教餘黨，而改名三益教，其嫂前夫之子僧徹傳在彌

陀寺出家，僧徹傳胞弟姚添幅等俱被誘入教，謂可消災獲福，令
其誠心念誦十字眞經及四句咒語。同年十一月，姚應彩藉行醫爲
名，至同縣王國太、祁德富、雷富村內治病，自言醫不用藥，只
消念咒，便可消災治疾，王國太等信以爲眞，各送給錢一、二百
文，受持習咒。是年十二月，姚應彩趕集，與素識的王太青、劉
正坤撞遇，同坐閒談，說及倡立三益教，誦咒念佛，大可獲福，
復誘令入教。由於村人憶及三益教所誦咒語是收元教內咒語，從
前已奉文查禁，定擬死罪，村人各懷疑懼，姚應彩見本地不能廣
傳歛錢，隨赴河南傳教。河南巡撫梁肯堂具摺指出姚應彩在河南
傳習收元教的原委云：

> 其收元教名目，查得從前起自河南許州人徐國泰傳徒李從
> 呼，轉傳孫貴遠。二十三年，徐國泰、李從呼於豫楚兩省
> 同時破案正法。其十門有道一口傳等咒語，傳自乾隆二十
> 二年間豫省洧川縣人張仁編造，首句係指當時同教之山西
> 長治縣人周清水，次句係指長治縣人李老人即李彥穩，三
> 句係指直隸沙河縣人胡二引進，即胡張氏，末句即係張仁
> 自指。張仁先已犯事擬絞，後經戮屍梟示，周清水、李老
> 人即李彥穩咨提來豫擬斬，胡二引進即張氏亦經京城挐獲
> 擬斬，各皆正法在案，此四句咒語之取意來歷也㉗。

由前摺所奏可知十門有道一口傳是隱寓「周」姓，十人共士一子
丹是隱寓「李」姓，十口合同西江月是隱寓「胡」姓，開弓射箭
到長安是隱寓「張」姓。湖廣總督畢沅查閱孫貴遠擬罪奏案後指
出自徐國泰傳李從呼，李從呼傳孫貴遠，孫貴遠傳姚應彩，姚應
彩傳僧徹傳等已歷五傳。據河南巡撫梁肯堂奏稱姚應彩自枷杖釋
放後畏法耕種，後因老病不能力作，而以製賣膏藥度日，其招牌
行號爲三益堂，姚應彩招徒傳教時，因收元教曾經破案而就招牌

名目將收元教改爲三益教。姚應彩至河南新野縣亦藉賣膏藥爲由，
居住在素識的余能家內，余能聽信入教，口傳咒語，以早晚習念，
朔望向空燒香磕頭，本身可以免災，亦能爲他人治病。乾隆五十
三年底，姚應彩回籍度歲，次年正月，姚應彩復至新野縣，有余
能莊鄰宋子寬因母臂疼痛，延請姚應彩醫治痊癒，宋子寬即拜姚
應彩爲師。後來余能又收同縣人宋文寬等人爲徒。

　　收元教內傳授的十門有道四句咒語既由張仁所編造，湖廣總
督畢沅檢查舊案後奏稱：

> 溯查乾隆二十一、二等年豫省審辦洧川縣民張仁及其徒王
> 五鈞等先後倡立榮華邪教案內經直隸拏獲設會招引之胡張
> 氏等解部審明，胡張氏係順德府胡大之妻，乾隆五年，拜
> 投山西潞安府田老人爲徒，田老人故後，胡張氏以田老人
> 之徒周三捏爲田老人後身，並誘張文建爲義子，改名胡文
> 保。時周三病死，胡張氏謊稱周三靈光附入胡文保身上，
> 仍指山西周姓爲活佛，李姓爲李老君名色。張仁犯事被獲，
> 復將所傳黑紙合同五百張交給胡張氏收受，合同上寫十門
> 有道一口傳，十人共士一子丹，十口合同西江月，開弓射
> 箭到長安，此四句咒語之緣起也㉘。

河南審擬定案時，將張仁、胡張氏、李老人、周清水等分別斬絞，
奏明正法。湖廣總督畢沅指出十門有道四句咒語確係傳自河南張
仁，其隱藏四姓是指當時傳教的周三、周清水弟兄及李老人、胡
張氏、張仁等而言，因此，自張仁傳王五鈞，輾轉傳孫士謙，再
傳徐國泰，然後經李從呼、孫貴遠、姚應彩、僧徹傳等人共歷八
傳，流傳已久。

八、結　語

　　由於秘密宗教的組織、思想，與朝廷的正統觀念有所牴觸，而被視爲邪教，其存在與活動，多少被認爲含有政治意識，就不免構成對統治階層的威脅，而遭朝廷的取締。同時因教派林立，流傳極廣，在下層社會中擁有衆多的信徒，其組織及信仰，對傳統的社會結構也產生了重大的影響。明神宗萬曆二十五年（1597）五月，刑部侍郎呂坤於「條陳天下安危」一疏中略謂：

> 自古幸亂之民有四：一曰無聊之民，飽溫無由，身家俱困，因懷逞亂之心，冀緩須臾之死；二曰無行之民，氣高性悍，玩法輕生，居常愛玉帛子女而不得，及有變則姪掠是圖；三曰邪說之民，白蓮結社，遍及四方，教主傳頭，所在成聚，倘有招呼之首，此其歸附之人；四曰不軌之民，乘釁蹈機，妄思雄長，惟冀目前有變，不樂天下太平，陛下約己愛人，損上益下，則四民皆赤子，否則悉爲寇讎㉔。

白蓮教起源很早，是影響極大的一種秘密宗教，流派繁多，所謂「無聊之民」、「無行之民」、「不軌之民」，都成爲秘密宗教的群衆基礎。清朝入主中原後，秘密宗教更爲活躍，收元教就是乾隆年間流傳較廣的一種秘密宗教，其活動地區主要在山西定襄、五台、崞縣、忻州、代州、陽曲、太原、安邑、永寧、長子、長治、潞安等府州縣，直隸長垣、南宮、寧晉、廣平、大名、元城、肥鄉、清豐、開州、朝城、內邱、蠡縣、完縣、沙河、順德等府州縣，山東單縣、城武、冠縣、鄒縣、曹縣、范縣等地，河南虞城、商邱、泌陽、桐柏、祥符、林縣、鄧州、新野、許州、洧川等州縣，江蘇銅山等縣，安徽亳州等地，湖北棗陽等縣。就其信徒職業而言，包括務農度日的農人，販賣糧食、賣餅餬口、賣布生理、賣膏藥行醫、開鞋舖、擺雜貨攤、出售粉皮的小本生意人，此外則爲傭工、木匠、拳腳教師、鄉約、捕快、看風水的堪輿師

及自幼吃素的齋公等，多屬下層社會的自力謀生者，一方面由於生計艱難，貧苦度日，一方面缺乏精神寄託，最需要宗教信仰，清代文書上所見「愚夫愚婦」，多屬於下層社會的群眾，最容易為秘密宗教所煽惑。因此，清廷對秘密宗教的鎮壓及取締極為嚴厲，各教案要犯皆以斬絞重刑盡法懲治。但由於下層社會的根本問題並未解決，秘密宗教的勢力依然存在，成為社會的隱憂，從清高宗處理教案的問題加以觀察，可見其對下層社會的治理，並不算成功。

　　秘密宗教的寶卷，鄙俚荒謬，但通俗易懂，容易為識字不多的下層社會民眾所接受。各教派的寶卷多屬於變文，敷衍故事，通俗生動，吸取了佛道經典及各種詞曲、戲文的形式與思想，各種寶卷的抄寫翻刻，流傳頗廣，成為下層社會的常見宗教讀物。收元教的經卷主要為五女傳道書、錦囊神仙論、小兒嗃孔子、蒙訓四書、六甲天元還元寶卷、行善書及雜抄等。教主所傳授的真言咒語不外是「南無天元太保阿彌陀佛」，「真空家鄉、無生父母、現在如來、彌勒我主」等語。在佛經中，劫數是一種時空的觀念，將整個宇宙與人類的歷程分成若干階段，每個階段就是一個大劫，每一大劫之中又包括若干小劫，劫數與災變有著密切的關係，大則水火風而為災，小則刀兵飢饉疫癘以為害，秘密宗教所宣傳的劫數與災變思想，其性質與佛教並無二致。無生父母是創世主，其失鄉兒女流落在紅塵裡迷失了本性，受盡種種的苦難，需要救渡脫離苦海，返回真空家鄉。當劫災降臨時，若欲避免苦難，則必須皈依秘密宗教，教主是彌勒佛的化身，也是無生父母差遣下凡救度世人的使徒，聽從入教，誦習經咒，可暫時消災祈福。收元教中所傳習的真空家鄉，無生父母等真言，吸取了禪宗的空，道家的無與淨土宗的彼岸思想。在宗教的領域中，真空與

無生是永恆、圓滿，而且極樂的境界，真空家鄉是人類始生之處，也是最後的歸宿。用彼岸思想否定了現實世界，用宗教的師徒關係，替代了血緣的父子關係及政治上的統屬關係。明清時期，社會多亂，人民生計艱難，游離分子與日俱增，下層社會的群眾，對現實世界多感厭倦，偶逢治病痊癒，或遇災變，都紛紛拜師入教，以求避禍祈福，從乾隆年間收元教的活動，可以看出秘密宗教盛行的原因，對於瞭解下層社會的結構，亦有裨益㉚。

【註　釋】

① 澤田瑞穗著《校注破邪詳辯》（日本，日本道教刊行會，昭和四十七年三月），頁149。

② 《軍機處檔·月摺包》，第2772箱，15包，2081號。乾隆十三年三月二十三日，阿里袞奏摺錄副。

③ 《軍機處檔·月摺包》，第2765箱，92包，17978號。乾隆三十七年八月二十九日，何煟奏摺錄副。

④ 《史料旬刊》，第30期，頁104。乾隆十三年六月初三日，準泰奏摺。

⑤ 《軍機處檔·月摺包》，第2765箱，93包，18183號。乾隆三十七年九月二十日，薩載奏摺錄副。

⑥ 《軍機處檔·月摺包》，第2764箱，103包，22056號。乾隆四十三年十二月十一日，覺羅巴延三奏摺錄副。

⑦ 《清史列傳》，卷二十九，頁26，李存仁誤作李在仁。

⑧ 《軍機處檔·月摺包》，第2776箱，146包，34875號。乾隆四十八年十二月初十日，劉峨奏摺錄副。

⑨ 《軍機處檔·月摺包》，第2776箱，145包，34720號。照錄抄本經文。

⑩　《宮中檔》（台北，國立故宮博物院），第2774箱，196包，48327號。乾隆五十一年六月初七日，畢沅奏摺。

⑪　《國史大臣列傳稿》（台北，國史館），正編，卷一六五，劉峨列傳；《清高宗純皇帝實錄》（台北，臺灣華文書局），卷一二六一，頁15。

⑫　《上諭檔》，方本，上冊，頁124。乾隆五十一年冬季分，十月初六日，王抱珠供詞。

⑬　《上諭檔》，方本，上冊，頁127。乾隆五十一年冬季分，十月初六日，徐德成供詞。

⑭　《宮中檔》，第2774箱，202包，50189號。乾隆五十二年二月十四日，明興奏摺。

⑮　《上諭檔》，方本，下冊，頁322。乾隆五十二年春季檔，三月初五日，孔玉顯供詞。

⑯　《宮中檔》，第2774箱，201包，49881號。乾隆五十二年正月初七日，畢沅奏摺。

⑰　《上諭檔》，方本，上冊，頁195。乾隆五十二年夏季檔上冊，五月初二日，謝三麻子供詞。

⑱　《宮中檔》，第2774箱，199包，48843號。乾隆五十一年九月十四日，劉峨奏摺。

⑲　《上諭檔》，方本，下冊，頁292。乾隆五十二年春季檔，三月初二日，和珅等奏。

⑳　《宮中檔》，第2774箱，206包，51168號。乾隆五十二年六月十二日，劉峨奏摺。

㉑　《宮中檔》，第2774箱，202包，50323號。乾隆五十二年三月三十日，勒保奏摺。

㉒　《宮中檔》，第2774箱，215包，54281號。乾隆五十三年六月十三

日，明興奏摺。

㉓　《宮中檔》，第2774箱，217包，54138號。乾隆五十三年五月二十
　　八日，畢沅奏摺。

㉔　《宮中檔》，第2774箱，215包，54281號。乾隆五十三年元月十四
　　日，富尼善奏摺。

㉕　《軍機處檔・月摺包》，第2778箱，168包，40254號。乾隆五十四
　　年四月十八日，梁肯堂奏摺錄副。

㉖　《宮中檔》，第2727箱，216包，57735號。乾隆五十四年七月初一
　　日，梁肯堂奏摺。

㉗　同前註。

㉘　《軍機處檔・月摺包》，第2778箱，172包，41428號。乾隆五十四
　　年七月三日，畢沅奏摺錄副。

㉙　《明史》，卷二二六，頁6。呂坤列傳，中華書局據武英殿本校刊。

㉚　莊吉發撰〈清代嘉慶年間的白蓮教及其支派〉，《師大歷史學報》，
　　第8期，頁178。

山西巡撫勒　乾隆五十二年二月二十七日奉

上諭據劉峨奏據蠱縣拏獲惑眾斂錢之董敏家內起出抄
寫邪教經曲歌單語多悖妄並據教內之郭林供稱係同
內邱縣人劉進心買自山西長子縣田景盛家等語田景
盛膽敢編造經曲輾轉收徒惑眾誆騙寔屬愍不畏法著
傳諭勒保即將田景盛一犯飭屬嚴拏獲定擬具奏並
搜查該犯家內如有前項歌單板片即行解京銷燬該犯
既經授徒傳習恐同會被惑者人數必多務須逐細嚴查
按名乀獲倘此外無知愚民有將此項經曲歌單私自收
藏者即令及早呈出若止係被誆抄聚自與編造者有間
尚可免其治罪並著勒保出示曉諭伊等不必隱匿致干
重罪丹據奏劉進心供稱伊父劉進心向與田景盛家來往
於上年十二月內又赴山西貿易等語恐該犯尚在田景
盛家潛藏亦未可定著勒保即將該犯一併嚴拏獲務勿
致遠颺漏網將此諭令知之欽此遵

旨寄信前來

《上諭檔》，寄信上諭。

王錫侯字貫案初探

　　清朝入關後，明末遺老將亡國之痛與孤憤之情表現於詩文者，屢見不鮮。清初諸帝，或採放任政策，使其故國之思，潛消於不自知；或採調和政策，以消除漢人反滿氣燄；或採懷柔政策，詔舉山林隱逸，廣開明史館，以寄託孤臣孽子之心。高宗承康熙雍正盛世餘緒，運際郅隆，各種制度已臻定型，思想亦定於一尊，爲實現天下共主的理想，於鎮壓叛亂，四征不庭，箝制思想，不遺餘力。準噶爾汗達瓦齊以闡揚黃教休養衆生爲己任，其意竟欲與高宗分庭抗禮，實爲高宗所不容。大金川土司郎卡之名，其原意即天汗，高宗亦斥其悖逆，俱應申討。從來左道惑衆，最爲人心風俗之害，故屢申邪教之禁。高宗揆文奮武，自詡爲盛世稽古右文之主，是以在御極之初，即詔中外搜訪遺書，以章千古同文之盛。儒林著述，凡涉及清朝先世，記述滿洲風俗，涉及遼東時事，文字之間，意涉怨謗，間有胡虜字樣，一經告訐，輒罹大辟，文網嚴密，羅織益微，甚至以書中體例不合，而遭禁燬。高宗一面飭諭地方督撫採訪群籍，以備四庫之選，一面查繳違礙書籍，編製禁書目錄，澈底而且有計劃的銷燬學人著述，高宗在位期間，文字獄案件，遂層出不窮。王錫侯因刪改康熙字典，另輯字貫，竟因此罹禍，可見文字獄的冤濫，實爲儒林一大劫。本文撰寫之目的，即在就國立故宮博物院現藏宮中檔暨軍機處奏摺錄副等原始資料以探討清廷禁燬王錫侯著述的主要原因，及其經過。

一、王錫侯傳略

王錫侯，江西瑞州府新昌縣人。生於康熙五十二年（1713），乾隆元年（1736），補博士弟子，十五年（1750），中鄉舉，其後，屢次參加會試，皆不第，四十二年（1777），因字貫案論斬。王錫侯於其所著《經史鏡》自跋中敘述生平及治學經過，略云：「先曾叔祖良地公，積書甚富，手鈔亦不下數十種。子一早夭，其書悉歸於我曾祖良巢公，傳祖崇金公，考貞生府君，世守未失也。侯生五歲，從先兄景雲破蒙，八歲通訓詁。竊藏書讀之，不忍釋，又恐父兄以爲妄污簡籍也，日昃預藏其膏，夜閉戶籌燈閱之，津津乎有味其言也。雍正甲辰，齒十二矣，兄始命做舉業開講。未幾，自擬題成文三篇：有朋自遠方來；過則勿憚改；由水之就下。兄閱之，以爲通順，不加點竄。後又從族兄仲吉先生遊二年，同學者見日與先生討論今古以爲厭，多忌嫉之，且訕笑之，於是誓不他學。有大宗祠，離家百步，鎖閉一室，水漿茶飯，從地袱下穴孔而進。先考先妣，囑家人朝夕無缺，由是見識日廣，輯故事提要錄八十餘卷，乙卯竣事。丙辰，連受知於謝鵝峯學博，錢孺堂明府，于北埜學憲，遂青一衿。家本貧也，然最恥向人言貧，稍有又好爲人周給，喜延賓朋，無錙銖積。心本粗，性亦帶俠，見有強凌弱，衆暴寡，蔑理法以肆毒鄉里者，經論必面斥其非，傾囊弗恤也，利害弗顧也。嘗書聯自警曰，莫倚英豪常帶俠，須知大智每如愚。奈數十年來，族姓凌替，強暴屢肆外侵，愚身當其弊，支撐竭蹶，族運不濟，身運尤乖，困於諸生中，歲十有五，濫廁賢書中，今且二十七載矣。九上春官，每當榜落之時，碌碌風塵，茫茫身世，百感交集，殆難爲懷。然遇雖窮而心愈堅，身雖勞而志不懾，每念貧賤憂戚，玉女於成之語，輒激

昂自勵，日向故紙搜求（下略）。」①《經史鏡》計八十卷，其
跋作於乾隆四十一年秋，距字貫案發僅一年。王錫侯境遇潦倒，
性與人殊。孟森氏據《經史鏡》序跋評論王錫侯的爲人，稱其爲
「蓋亦一頭巾氣極重之腐儒」，「錫侯之學問，就經史鏡觀之，
所分門目，如首以慶殃報復，次以酒色財氣四戒，義例粗鄙，殆
爲中人以下說法。簡端臚列師友姓名，或稱鑑閱，或稱參閱，而
以庚午鄉試主司錢史姓名，袞然居首，生平以一舉鄉試爲無上之
榮，兩主司爲不世之知己，此皆鄉曲小儒氣象，決非能有菲薄朝
廷之見解者。首序即錢陳群撰，紀年丙戌，而自署爲八十一歲，
次蔣士銓，蓋庚午同出錢門，以其登高第而借重焉，參閱益友中，
亦首列士銓之名。觀其種種標榜之法，錫侯之爲人可知，要於文
字獲罪，竟以大逆不道伏誅，則去之遠矣。」②

二、王錫侯編輯字貫的動機

　康熙字典，凡四十二卷，計四十冊，康熙五十五年，張玉書
等奉敕撰，於清初字書中，堪稱詳備，流行亦廣。王錫侯鑑於康
熙字典卷帙浩繁，收字過多，而加以刪改，另輯字貫，「仿類書
之式，按照字義，各歸其類。」其目的乃在「約爲字貫，圖便後
學」。王錫侯指出「詩韻不下萬字，學者尚多未識，而不知用。
今字典所收數增四萬六千有奇，學者查此遺彼，舉一漏十，每每
苦於終編，掩卷而仍茫然。」③據此可知字貫與康熙字典的體例，迴
然有別，因康熙字典雖集字學之大全，然而穿貫之難，則顯而易
見，王錫侯據其另刻字書爲字貫，遂被指爲隱諷康熙字典穿貫之
難，清高宗斥其「久困潦倒，胸多牢騷，故吐露於筆墨。」

　字貫刊刻時間，據《經史鏡》王錫侯自序稱「乙未秋，因刻
字貫，寓吉安三年，工竣。」乙未年，相當於乾隆四十年。據兩

江總督高晉奏稱「王錫侯字貫，係於乾隆三十九年二月內，在吉安府地方刻起，至四十年五月內刊成。」④新任江西巡撫郝碩亦遵旨查明字貫刊刻年月，據郝碩奏稱「臣遵即督同署布政使德文，署按察使錢金殿詳細核查案卷，逆犯王錫侯妄作字貫，係於乾隆三十九年二月，在吉安府隆慶寺刊起，至七月中旬，又分局在南昌府省城百花洲分刻，至四十年五月完竣。」⑤此即字貫初刻本，其後又有續刻本，其重刻本，於凡例內容頗多改刻。字貫刻成後，每部索價銀二兩四錢。

三、清高宗查禁字貫的原因

字貫之獄發生於乾隆四十二年，首告者爲新昌縣民王瀧南。是年十月初一日，據原任江西巡撫海成奏稱，王瀧南呈首舉人王錫侯刪改康熙字典，另刻字貫，與叛逆無異，請究治罪，且稱「願與聖祖作抱告」等語。王瀧南又指出王錫侯字貫序內有「然而穿貫之難也」一句，顯屬悖逆。惟據王錫侯供稱所謂「穿貫之難也」，原指學者穿貫之難，並非譏訕康熙字典，並指出王瀧南訐告王錫侯的主要原因是王瀧南從前因唆訟問徒發配逃回原籍，經王錫侯等首告知縣拏獲解配，是以挾讎妄告。海成隨即調取原書，會同司道查閱字貫刻本，其序內於頌揚康熙字典之下轉語果有「然而穿貫之難也」一句，並有康熙字典詩韻不下萬字，收字太多等語。海成奏稱「王錫侯本無學問，乃逞其臆見，轉指字典爲難以穿貫，輒肆議論，雖無悖逆之詞，卻隱寓軒輊之意，實爲狂妄不法。」除奏請將王錫侯革去舉人，以便審擬外，並將原刻字貫一部，計四十本，粘籤呈覽⑥。

高宗初閱海成奏摺，以爲王錫侯不過尋常狂誕之徒，妄行著書立說，因此硃批「大學士九卿議奏」。及高宗查閱海成所進字

貫原書第一本書前第十頁序文後凡例內，竟有一篇將聖祖玄燁、世宗胤禛廟諱及高宗御名弘曆字樣悉行開列。高宗閱覽後，於憤恨之餘諭稱「此實大逆不法，爲從來未有之事，罪不容誅，即應照大逆律問擬，以申國法而快人心。」又稱「王錫侯身爲舉人，乃敢狂悖若此，必係久困潦倒，胸多牢騷，故吐露於筆墨，其平時所作詩文，當不知作何訕謗，此等悖逆之徒，爲天地所不容，故使其自行敗露，不可不因此澈底一並明正其罪。」十月二十一日，高宗令大學士阿桂、于敏中以六百里廷寄，傳諭海成，即速親身馳往王錫侯家內澈底搜查，將所有不法字跡即行封固進呈，一面選派妥幹大員將王錫侯於十一月內鎖押解京，交刑部嚴審治罪，其餘應行緣坐人犯，亦令查明解京，其所有書板及已經刷印成帙各書，俱應查繳銷燬，至於書中所有參閱姓氏，因係出貲幫助鐫刻者，槩免深究，以示高宗「不爲已甚」之意⑦。高宗恐王錫侯所著各書流傳各省，復諭飭各省督撫留心訪查，解京銷燬。

　　王錫侯於字貫凡例內聖祖廟諱前又列出先師孔子名諱，王瀧南即據此字貫原刻本呈告王錫侯。清高宗查禁字貫，其主要原因即在王錫侯於凡例內將廟諱御名排寫，不知尊親大義，而被指爲大逆不道之處。惟據王錫侯供稱，因清帝名諱，民間罕聞，他將廟諱御名排寫「是要後學知道的避諱。」王錫侯又供稱「少年時未知廟諱御名，是後來科舉時纔知道的，恐怕少年人不知避忌，故此於書內開寫，使人人知曉，至將孔子名諱開列於前，是我從前進場時，見場內開出應避諱的條規，是將孔子開列於前，故此我照著寫的。」⑧但王錫侯將廟諱御名排寫直書，正是王錫侯自稱「該死處」。十月二十六日，高宗頒諭稱「廟諱御名，凡爲臣子者，皆所敬悉，至先師孔子之諱，尤眾所共知，何至遍爲告語，乃該犯膽敢逐一羅列，筆之於書，實係有心顯斥，反明列先師之

諱於前，以遁其蹟，此非大逆不道而何，其妄作字貫駁書之罪，轉不足論矣。」⑨。孟森氏指出「夫錫侯以小儒而欲正字典之訛，狂悖甚矣，其得禍也固宜。據此則字貫之得罪，乃在與字典有出入，不悉遵其體例耳。」孟氏又將王錫侯與戴名世互相比較後指出「戴則以古文自命，王則以理學自矜，俱好弄筆，弄筆既久，處處有學問面目，故於明季事件而津津欲網羅其遺聞，此戴之所以殺身也；於字書而置康熙字典爲一家言，與諸家均在平騭之列，此王之所以罹辟也。」⑩質言之，王錫侯與戴名世俱屬腐儒，斷非有意菲薄清廷。是年十月二十七日，海成接奉本月二十一一廷寄，即選委瑞州府同知鄭邦柱、撫標守備朱永澄等將收禁在江西省城的王錫侯鎖押起程，解交刑部收審，並將其子王霖、王霶等監禁省城。

四、清高宗禁燬王錫侯著述的經過

據王錫侯於《經史鏡》自跋內所列其編者書目，有：唐詩試帖詳解、國朝試帖詳解、書法精言、國朝詩觀、西江文觀、王氏源流、望都縣志、感應篇註、故事提要、字貫及經史鏡，計十一種。惟據禁書總目，則尚有小板佩文詩韻、神鑑錄等書。高宗以王錫侯大逆不道，其平時所作詩文，必有訕謗狂悖詞句，故飭令海成等盡數查繳，務絕根株。王錫侯住處亦在新昌縣塘浦地方，離江西省城二百四十里，其長子王霖、次子王霶寓處，則在五桂坊。乾隆四十二年十月二十七日，南昌、新建二縣訪知王霖等寓處後，海成即率同司道親詣五桂坊王霖、王霶寓處，查獲王錫侯原存舊書及其編著字貫、經史鏡、年譜、詩文、狀底等稿，將各書封固交由署布政使周克開暫存庫內。海成復於是夜馳赴新昌縣塘浦王錫侯家，有王錫侯幼子王霈及妻媳孫等在家。海成督同按

察使馮廷丞及瑞州府知府，新昌縣知縣於屋內查獲書籍四架，並
搜檢各房內箱櫃篷板所存字跡，各書封固後，由海成親身監押回
宮，另留按察使在新昌縣查辦緣坐人犯及王錫侯家產。十月三十
日，海成等返抵省城巡撫衙門後會同學政汪永錫等檢查王錫侯藏
書，計舊書三百一十九種，除經史詩文雜集三百一十種發交書局
勘校外，尚有查禁已久而未經呈繳的應燬違礙書籍計九種五十二
本，即：明詩別裁六本、獨漉堂集七本、屈大均詩四本、揭菴庵
文集一本、叩缽齋行廚集十六本、揭五經文集二本、李卓吾秘書
三本、李穆堂初稿九本、古學指南集四本。至於王錫侯著述於十
一月初四日隨海成奏摺進呈御覽者，有：萬壽詩二紙、國朝詩觀
一本、詩文草稿一本、王氏通譜一本、南北水程曲一本、神鑑錄
一本、字貫一本、自著年譜一本、詩文雜論草稿一束、呈狀稿一
束。海成另行專差解送軍機處各書，計：國朝詩觀二集、國朝試
帖二本、國朝詩觀八本、王氏通譜八本、唐人試帖詳解四本、經
史鏡四十本、感應篇功過格一本、書法精言二本、青箱要錄三十
六本，故事管窺一本、字貫稿底十一本、題神鑑錄詩文草稿十五
件、直隸望都縣志八本。各書板片共二千一百餘片，其中字貫板
多達一千三百九十二片，俱解京銷燬。前列各書中，王氏通譜、
南北水程曲、青箱要錄、王錫侯自著年譜等俱不見於經史鏡跋及
禁書總目。

　　海成等查閱各書後指出在省寓所獲字貫二十部內，有一部首
頁添李友棠古詩一首，王錫侯詩文稿內亦有求李友棠作序札及贈
李友棠詩。吉安府解到字貫板片及新刷字貫二部，其凡例內廟諱
御名一篇已另行換刻，不復排連開列，其自序內「然而穿貫之難
也」一句，亦經刪略。高宗閱摺至此，硃批云「更不成話，想汝
必有背天作孽之事，以致鬼使神差，致汝如此。」可見高宗憤恨

髮指之情，王錫侯雖將字貫重行改刻，其悖逆不道，仍然罪不容
誅。王氏通譜內列有圖系，此書被指爲狂悖妄誕的原因是王錫侯
追溯王氏源流，分別支派，在首卷上自黃帝以至周靈王，聯爲王
氏世系。刑部審問王錫侯云「你既是讀書人，就該知大夫不敢祖
諸侯。因何你自作家譜，竟將周朝列王直溯到黃帝，都附會認作
你的遠祖。你以士庶妄祖帝王，你的悖逆心事業已顯然，還敢狡
賴嗎？」王錫侯供稱「我原知道大夫不敢祖諸侯，只因無知糊塗，
要攀附帝王後裔，覺得家世體面，這是我該死處，還有何說。」
國朝詩觀初集第六卷內選載新昌縣人劉及詩，下註世宗賓天次日
其父病故字樣，所作斷腸詩，有「草莽攀龍泣鼎湖、何堪椿樹又
霜枯」等句，將至尊與其父連貫而言，實屬慢妄。詩文草稿內載
王錫候送南康縣王予公詩云「赤地不堪悲，秀麥垂統，由來貴久
長。」亦被指爲悖謬詩句。王錫侯自著年譜內註明應童子試時原
名王侯，亦係謬妄。其餘如南北水程曲，語有牢騷，神鑑錄載王
錫侯與人控案，其第八、十一頁，屢犯御名。祝萬壽詩則係抬頭
錯謬，俱係違礙之處⑪。

　　乾隆四十二年十一月十五日，海成復將先後查獲字貫等書五
百三十五部及各板片四千二百五十七塊，差委千總查定朝解送軍
機處繳銷。是月二十二日，直隸望都縣知縣趙通漳呈繳望都縣志
一部。是書重修於乾隆三十六年，內有王錫侯列名編次，並有王
錫侯附刻詩賦。直隸總督周元理即將望都縣志奏繳，其板片亦銷
燬，縣志另修⑫。二十三日，新任湖廣總督三寶抵任後，即面詢
巡撫陳輝祖查繳王錫侯各書情形。據陳輝祖覆稱奉到廷寄後即委
員在武昌、漢陽各書坊內查獲刊本字貫二部，國朝試帖詳解五部，
唐詩分類詳解三十六部。三寶鑑於湖北湖南二省均與江西聯界，
流傳甚易，即飛飭兩省藩臬道府等官督率各州縣於各書坊內將王

錫侯所有字跡盡數蒐羅呈繳。十二月初七日，武昌府知府陳道燿督同江夏縣知縣邱之芬查出國朝試帖詳解六部、唐詩分類詳解十四部，署漢陽府知府曾承謨督同署漢陽縣知縣王嵩高查繳國朝試帖詳解四部、唐詩分類詳解九十九部。初十日，江蘇常鎮道孫栝率同署溧陽縣知縣宋觀光前往原任兵部右侍郎史奕昂家中傳旨，以王氏家譜載原任大學士史貽直序文，令其遵旨查繳王錫侯著書。史奕昂隨將家中藏書悉行搬出，會同孫栝、宋觀光細加查檢，僅查出試帖詳解一部，詩韻二本。史奕昂故叔史貽謨，與王錫侯誼屬師生，史奕昂於史貽謨家中查出國朝詩觀二集一部二本，不全經史鏡一部十本，又於其同族內查出唐人試帖詳解三部⑬。十三日，江蘇巡撫楊魁奏繳王錫侯各書，其中崑山等縣查出經史鏡一部四十本，字貫三部一百二十本。其中經史鏡一書係丁亥年即乾隆三十二年與丙申年即乾隆四十一年兩年先後所刻，其丙申年刊本，於書後自跋，詳列王錫侯所著書目。另於邳州查出字貫八部，解送江寧書局。兩江總督高晉遵旨暫署江西巡撫後，陸續查獲字貫一百零六部，不全之字貫一包，經史鏡八十五部，西江文觀初集四部，唐詩應試分類詳解三百五十八部，書法精言十六部，感應篇功過格三部，國朝試帖詳解一百三十一部，國朝詩觀初集七部，二集九部，王氏通譜一部及唐詩應試分類詳解板二副三百三十塊。護理湖南巡撫圖桑阿奉到歷次諭旨後，亦督率司道委員在省城各書舖逐細蒐羅，並提取販書號簿加以核對，查出酉西堂書舖簿內載有販賣字貫二部。據店戶吳世璜供稱，係乾隆四十年江西吉安府人陶姓帶來，於是年在澧州考棚由不知姓名者買去一部，所餘一部，於四十一年冬間攜往湘潭兌與吳姓書坊。圖桑阿隨即差押吳世璜前赴湘潭舖內追回所兌字貫一部，計四十四本，其澧州賣出一部，則查無下落。另據江西客民任秀呈繳字貫一部，計

四十本。據供係乾隆四十一年任秀經過江西省城時所購。長沙、
善化二縣於各書舖查出唐詩應試分類詳解三十九部,翻刻板片共
二副三百二十塊,刷印未全者一百部,國朝試帖詳解十三部,係
由江西三樂堂書舖買進。其中唐詩應試分類詳解及國朝試帖詳解
二書刊刻已十餘年,流傳甚廣。

　　乾隆四十二年十二月十九日,兩廣總督楊景素奏繳唐詩應試
分類詳解共四十八部,每部含四本,各部目錄詩註俱屬相同,其
中首頁刊「滋畹堂」字樣者計四十四部,刊「世德堂」字樣者計
四部,其筆畫互異之處甚多,應屬兩副板片⑭。是月二十二日,
湖廣總督署湖北巡撫三寶續據武昌漢陽二府查出唐詩分類詳解七
十一部,字貫四部,其中字貫凡例均係改刻者,內二部係先經翻
刻者,另二部係後來翻刻者,巡撫陳輝祖交存二部,亦係改刻之
板,與江西原任巡撫海成初次及繳原本俱不相同。署布政使梁敦
書旋又查出國朝試帖詳解十三部,唐試分類詳解三十九部,未訂
書一捆,翻刻板片共二副,字貫二部。因福建汀州、邵武、建寧
三郡,界連江西,而浙江衢州一府,亦與江西接壤,書籍流傳甚
易,高宗飭諭兩省切實嚴查,二十四日,鐘音奏繳福建省所查出
唐詩試帖詳解八部,其首頁有兩種名稱,一名「滋畹堂」,此即
王錫侯原刻本、一名「文蔚堂」,則係新鐫翻板。據此可知唐詩
試帖詳解有「滋畹堂」、「世德堂」、「文蔚堂」等三種板本。

　　乾隆四十三年二月初三日,湖廣總督三寶具摺奏報第一、二
次共查繳王錫侯各書計二百四十一部,旋據各屬陸續查獲國朝試
帖詳解二部,字貫三部,唐詩應試分類詳解一百四十六部⑮。浙
江巡撫王亶望奉諭後即查繳唐詩試帖詳解二十二部,經史鏡一部,
是年二月初八日,復奏繳字貫二部,國朝試帖詳解七部,唐詩試
帖詳解十五部,國朝詩觀五部,西江文觀二部,書法精言一部⑯。雲

貴總督李侍堯奉旨後因地方偏遠，僅查出唐詩試帖詳解一部，至四十三年三月二十九日止，續獲十一部。乾隆四十四年正月十三日，署理兩江總督薩載繳銷徐述夔一柱樓詩及王錫侯所編字貫、經史鏡、試帖詳解等書共三百三十四部⑰。是年二月二十四日，江西巡撫郝碩奏繳違礙書籍五十種中有王錫侯詩文在內。三月二十六日，江蘇巡撫楊魁奏繳字貫等書二十部。四月十一日，護理湖南巡撫陳用敷奏繳唐詩應試分類試帖詳解等書五十七部。至於其他書籍因有王錫侯詩序在內牽涉遭禁者如：祁永堂詩集、秋山詩選、留耕詩抄、五言詩楷、八韻箋註、排律詩法，綱軒詩集、轂堂詩抄等書⑱。各省督撫遵旨查繳王錫侯著述，因唐詩試帖詳解刊刻較早，流傳較廣，故解交軍機處各書中，亦以此書部數最多，字貫刷印較晚，流傳尚少，查禁較易。王錫侯著述經此一番查禁，除經史鏡一種外，其餘各書俱銷燬無遺。

五、字貫案株連人員

字貫案發生後，株連甚廣，除王錫侯伏誅外，其家屬俱因此案緣坐。據原任江西巡撫海成所開王錫侯家屬應行緣坐人犯清單，計有：王錫侯妻馮氏、子王霖、王霨、王霈，媳胡氏、張氏、胡氏，孫王蘭飛、王梅飛、王杜飛、王誠飛、王牡飛。王靈飛、王黃飛、弟王景星、王景靖，姪王瀧賢、王瀧木、王賀生、王瀧貴等二十一名。海成委南昌府同知杜一鴻、建昌府通判席續、南昌縣丞張昉、守備馬文龍、祖尙墉，把總貢士麒等將上述人犯分爲三起，於乾隆四十二年十一月十五、十八、二十一等日先後解交刑部，王錫侯所有家產亦經查抄。是年十二月二十三日，經刑部審明定擬。奉旨，王錫侯之子王霖等三名及孫王蘭飛、王梅飛、王牡飛、王靈飛等四名改爲應斬監候，秋後處決，至於王錫侯之

弟王景星等及姪王瀧賢等俱加恩寬免。

因字貫案而被累官吏亦甚衆。原任江西巡撫海成係滿洲世僕，經高宗加恩簡任巡撫，海成在任內，向以查繳禁書最力而爲各省督撫之表率，王錫侯既屬大逆重犯，海成竟未查出字貫等書，且既經王瀧南首告後，仍未見王錫侯悖逆文字，但奏請革去舉人，其疏忽失職，亦難辭其咎。乾隆四十二年十月二十一日，高宗於寄信上諭中嚴飭海成云「閱其進到之書第一本序文後凡例，竟有一篇將聖祖世宗廟諱及朕御名字樣悉行開列，深堪髮指，此實大逆不法，爲從來未有之事，罪不容誅，即應照大逆律問擬，以申國法，而快人心，乃海成僅請革去舉人審擬，實大錯謬，是何言耶。海成既辦此事，豈有原書竟未寓目，率憑庸陋幕友隨意粘簽不復親自檢閱之理。況此篇乃書前第十頁，開卷即見，海成豈雙眼無珠，茫然不見耶，抑見之而毫不爲異，視爲漠然耶。所謂人臣尊君敬上之心安在，而於亂臣賊子人人得而誅之之義又美安。國家簡任督撫厚給廉俸，豈專令其養尊處優，一切委之劣幕，並此等大案亦漫不經意。朝廷又安藉此輩尸位持祿之人乎，海成實屬天良盡昧，負朕委任之思，著傳旨嚴行申飭。」是年十一月十二日，高宗降旨將海成革職，交刑部治罪，其江西巡撫員缺改由郝碩調補。郝碩在四川路遙一時不能即到，兩江總督高晉適因入京陛見，高宗命高晉馳赴江西，傳旨將海成摘印派員管押解京，其巡撫印務即由高晉暫行管理，俟郝碩到後再行交代起程入京，所有江西省同辦字貫案的藩臬等員，亦令高晉查明參奏。十一月二十七日，高晉抵達江西南昌，即赴撫都署將海成印信摘取管理，遴委署南昌府蓮花同知邊學海、南昌鎮標中營遊擊張文奇將海成管押於二十八日起程解交刑部治罪，經刑部審明定擬，十二月二十一日，奉旨將海成從寬收爲斬監候，秋後處決。孟森氏曾評論

其事云「海成以查辦禁書最出力之人，且爲各省作俑，煽近代焚書之禍。今檢清代禁書，不但明清之間著述，幾遭盡燼，乃至自宋以來，皆有指摘，史乘而外，並及詩文，充其自諱爲夷狄之一念，不難舉全國之紀載而盡淆亂之，始皇當日焚書之厄，決不至離奇若此，蓋一面燼前人之信史，一面由己僞撰以補充之，直是萬古所無之文字劫也。海成踴躍固寵，得之於各書，卒失之於字貫，身受禁書之累，較他督撫爲烈，天道好還，何其巧値耶。」⑲高宗焚書之禍，爲其既定計劃，固非區區海成所能煽動，惟其爲虎作倀，則不容置疑。

　　高晉將海成管押解京後，復將同辦字貫案而隨聲附和的藩臬各員逐一奏參，將署江西布政司事贛南道周克開、按察使馮廷丞請旨一併革職，解交刑部治罪。查繳違礙書籍一事，已屢奉諭旨誥誡嚴辦，而字貫等書皆已刊刷成帙，流傳各省，江西道府並未先行查出。因此，高晉復將平日漫不經心的管巡道吳山鳳、前任瑞州府知府郭聯奎、署新昌縣事試用知縣王賓王、教諭李越、署訓導黃公度等附參，聽候部議。十二月十七日，奉旨，周克開、馮廷丞俱革職交刑部治罪。王錫侯續刻字貫本內有侍郎李友棠古詩一首，高宗以其「喪心蔑理」，無顏忝列搢紳，降旨將李友棠革職。王錫侯係庚午科舉人，由錢陳群主試取中。王氏家譜內有原任大學士史貽直序文，唐詩試帖詳解有錢陳群序，經史鏡亦有錢陳群，蔣士銓二序。高宗以史貽直、錢陳群二人俱已身故而不復深究，以示其「不爲已甚、準酌得中」之意，但須將王錫侯所著各書繳出。惟據錢陳群之子刑部侍郎錢汝誠奏稱其父所刻文集，查無經史鏡及唐詩試帖詳解序文，且稱其父一生謹愼小心，向來所作詩文從不敢冒昧下筆，其序文實係王錫侯所假託。據王錫侯供稱「我是庚午科中式舉人，此科江西正主考是錢陳群，副主考

是史貽謨。我丙戌年會試下第後，於九月內攜了所著的經史鏡及選的唐人試帖詳解稿到嘉興座師錢陳群家就正求他做序，那時適值錢陳群的夫人俞氏病故治喪，沒有給我做，後來我自己做了刻上他的名字是實。那王氏家譜上刻的史貽直序文是我從前會試到京求了座師史貽謨轉求大學士史貽直做序以爲族譜光彩。史貽直沒有給我做，也是我自己做了寫他名字的。」在江西省籍大吏中如裘曰修、彭元瑞二人皆有才名，爲鄉人所宗仰。高宗恐王錫侯平日倚草附木，與裘曰修等筆札往來。在查繳違礙各書中俱與彭元瑞無涉，高宗不疑彭元瑞，惟裘曰修性喜獎掖後進，又曾兩次丁憂回籍，高宗恐王錫侯以字貫等書相贈，其子裘行簡雖在軍機處行走，但年幼未曾經事，而舊大臣家又不便無故遣官搜其家藏書房。因高晉與裘曰修共事多年，彼此相熟，裘曰修雖已身故，其妻尚在家居，可乘訪問之便傳旨查繳。高晉抵達江西南昌撫署後，裘曰修之妻熊氏即遣其幼子裘豫及其孫新科舉人裘增壽前往迎接。高晉藉拜客之便順至裘曰修家，託言看望裘曰修後人。裘曰修幼子裘豫及孫裘元復等迎高晉進至書房，裘曰修之妻熊氏隨亦出見，但表示裘曰修在日從不認識王錫侯其人，且王錫侯住居隔府，離省城甚遠，裘家素不與其往來，家中藏書亦查無王錫侯字跡。高晉奏稱「王錫侯素不安分，時常與人訐訟，原屬衣冠敗類，鄉人恥之，裘曰修在日，未與往來，似屬可信。且裘曰修係三十八年五月身故，王錫侯之書刊刷在其身之後，不曾贈送閱看，亦屬實情。」[20]

　　乾隆四十二年十一月十五日，郝碩自四川起程，十二月初七日抵江西。四十三年正月初十日，高宗命軍機大臣傳諭郝碩查明字貫刻自何年，是否郭聯奎、王賓王任內之事。郝碩遵旨查明字貫刊刻在前，郭聯奎、王賓王俱到任在後。惟王錫侯刊刻字貫既

在吉安、南昌二處，則失察之咎，即當以刊刻地方各員爲重。經郝碩查明吉安失察職名係前署盧陵縣知縣旋調新昌縣知縣伍魁孝、前任盧陵縣知縣旋陞山東濟南府通判元克中及吉安府知府盧崧等，南昌失察職名則係前任南昌縣知縣旋陞瑞州府同知鄭邦杜，前任南昌縣知縣旋陞寧都州知州陶正倫及南昌府知府許蔭楷，俱請旨革職交刑部治罪。至於王錫侯本籍地方官不能早爲覺察，漫不經心，亦難辭其咎，所有前任新昌縣知縣王賡煒、前署新昌縣知縣楊步瀛、前任瑞州府知府佟澤霨、前署瑞州府可南昌府同知杜一鴻等俱奏請飭部嚴加議處。惟高宗以郝碩所辦過當，有失「不爲已甚」的本意。是年正月三十日，高宗頒諭稱「王錫侯妄刻字貫，爲人首告，海成身任封疆，於書內大逆不法字樣，竟未檢閱，轉稱並無悖逆之詞，其罪自應較重，至藩臬兩司隨同巡撫辦事，固有應得之罪，然較海成已可從輕，其歷任失察之知府、知縣更非兩司可比，其中並有現經陞調離任者，若如郝碩所奏，將伊等悉行革職治罪，是因此一事，而通省罷斥多員，又非朕所謂不爲已甚之意也，所有摺參各員俱不必革職治罪，止須交部分別議處。」㉑兩江總督高晉因失察奉旨降一級留任。是年二月初八日，高宗降旨將馮廷丞、周克開加恩發往江南，交與高晉以同知委用。是月十一日，高宗又降諭，以海成雖擬重罪，亦不至死，而寬免釋放，交錫成額帶往烏什，令其在章京上効力行走，字貫案至此始告完結。

六、結　語

　　美國哥倫比亞大學教授Luther Carrington Goodrich於其所著《乾隆之文字獄》（The Literary Inguisition of Ch'ien lung）一書中指出在乾隆朝前半期（1736-1771），高宗雖留意於漢人

的排滿思想，惟尙無一澈底禁止排滿文字的計劃，高宗假編纂四庫全書的名義，乘機取締公私所藏違礙書籍。易言之，四庫全書的編纂，名爲保存國粹，實則別有用意㉒。江浙爲人文淵藪，藏書極富。清高宗屢諭地方督撫搜訪遺書，並嚴飭查繳違礙書籍。各省歷次奏繳書籍，亦以江浙地區爲數最多。乾隆四十二年正月初三日，浙江巡撫三寶奏報購覓遺書前後十五次，計四千六百種外，各屬查繳應燬禁書共達八千餘部㉓。是年八月初二日，江西巡撫海成奏報自乾隆三十八年起至是年八月止，前後十一次，共進書一千零三十七種。王錫侯字貫一書，於乾隆四十年五月刊刻竣工，刷印問世。其書除江西省各書舖經銷外，復流傳於江蘇、浙江、湖北等省。字貫既屬悖逆不法之處，顯而易見，何以海成查辦各書時，並不早爲查出，及至爲人首出，始行具奏，可見海成從前查辦應燬書籍原不過以空言塞責，並未切實檢查。地方督撫查繳禁書固未逐一檢查，惟當時查繳違礙文字，多留意於明末野史或私家文集內有關詆斥滿人的記載，至於著書體例，殆不及苛求，況字貫一書係屬字書，亦無意訕謗康熙字典。王錫侯將聖祖、世宗廟諱及高宗御名直書不諱，其罪止此而已。康熙五十五年閏三月，聖祖於御製康熙字典序文中云「經傳至博，音義繁賾，據一人之見，守一家之說，未必能會通罔缺也。爰命儒臣悉取舊籍，次第排纂，切音解義，一本說文玉篇，兼用廣韻集韻會正韻，其餘字書一音一義之可採者，靡有遺逸，至諸書引證未備者，則自經史百子以及漢晉唐宋元明以來詩人文士所述，莫不旁羅博證，使有依據，然後古今形體之辨，方言聲氣之殊，部分班列，開卷了然，無一義之不詳，一音之不備矣。」乾隆四十二年十月初一日，江西巡撫海成奏稱「伏思聖祖御纂字典，集字學之大備，爲千古不易之書，後人因字考典，原無用其貫穿，且所收之字本諸

經史，寧備無遺，其以偏旁點畫分部，自可查一得一，查十得十。」
是月二十三日，大學士九卿議奏時亦稱「聖祖御纂字典一書，參
乎六書七音，考諸百家諸子，凡字之音義聲韻形體源流，靡不考
覈精詳，秩然大備。自書成以後，六十年來海宇識所據依，士林
奉爲模楷，誠千古不刊之典也。」惟康熙字典僞訛之處，屢見不
鮮，王錫侯所謂穿貫之難，亦屬至公之論，王錫侯以一小儒而欲
正其訛，固屬自不量力，然而康熙字典有待校訂刪改，則顯而易
見。道光七年，王引之等亦指出康熙字典爲「字學之淵藪」，「
惟是卷帙浩繁，成書較速，纂輯諸臣迫於期限，於引用書籍字句，
間有未及詳校者。」於是欽遵宣宗諭旨，就康熙字典注中所引書
傳詩文語句，細檢原書，加以核對，凡字句譌誤之處，皆照原文
逐一校訂，計更正二千五百八十八條，仍照原書十二集，輯爲考
證十二冊。惟其重修本，於原書體例，不敢增損一字。總之，字
貫一案，拘束學人，錮閉思想，莫此爲甚。孟森氏亦稱「自字貫
之獄興，清一代無敢復言字書者，桂段諸家，以治經不能識字，
則盡力於許書，以避時忌。清中葉聰明特達之士，恆舍史而談經，
皆是此意。」㉔

【註　釋】

① 孟森著《心史叢刊》（臺北，中國古籍珍本供應社，民國五十二年
　　四月），第三集，頁50。

② 《心史叢刊》，頁52。

③ 《宮中檔》（臺北，國立故宮博物院），第2769箱，139包，32696
　　號。乾隆四十二年十月初一日，江西巡撫海成奏摺。

④ 《宮中檔》，第2769箱，141包，033589號。乾隆四十二年十二月
　　初七日，兩江總督高晉奏摺。

⑤ 《宮中檔》，第2769箱，142包，033950號。乾隆四十三年正月二十一日，江西巡撫郝碩奏摺。

⑥ 《掌故叢編》，（臺北，台聯國風出版社，民國五十三年五月），頁87。原件見《宮中檔》，第2769箱，139包，032696號。乾隆四十二年十月初一日，江西巡撫海成奏摺。

⑦ 《宮中檔》，第2769箱，139包，032916號。乾隆四十二年十月二十七日，直隸總督周元理奏摺。

⑧ 《掌故叢編》，頁95，王錫侯供詞。

⑨ 《清高宗純皇帝實錄》（臺北，華聯出版社，民國五十三年九月），卷一○四三，頁15。乾隆四十二年十月戊午上諭。

⑩ 《心史叢刊》，第三集，頁50。

⑪ 《宮中檔》，第2769箱，140包，033055號。乾隆四十二年十一月初四日，江西巡撫海成奏摺。

⑫ 《宮中檔》，第2769箱，140包，033374號。乾隆四十二年十一月二十二日，直隸總督周元理奏摺。

⑬ 《宮中檔》，第2769箱，141包，033631號。乾隆四十二年十二月十二日，原任兵部右侍郎史奕昂奏摺。

⑭ 《宮中檔》，第2769箱，141包，033694號。乾隆四十二年十二月十九日，兩廣總督楊景素奏摺。

⑮ 《軍機處檔·月摺包》（臺北，國立故宮博物院），第2764箱，96包，19402號。乾隆四十三年二月初三日，湖廣總督暫署湖北巡撫三寶奏摺錄副。

⑯ 《軍機處檔·月摺包》，第2764箱，96包，19448號。乾隆四十三年二月初八日，浙江巡撫王亶望奏摺錄副。

⑰ 《宮中檔》，第2704箱，155包，037480號。署兩江總督薩載奏摺。

⑱ 吳哲夫著《清代燬書目研究》，（臺北，嘉新水泥公司文化基會會，

民國五十八年八月），頁49。

⑲ 《心史叢刊》，第三集，頁56。

⑳ 《宮中檔》，第2769箱，141包，033589號。乾隆四十二年十二月初七日，兩江總督高晉奏摺。

㉑ 《清高宗純皇帝實錄》，卷一〇四九，頁23。乾隆四十三年正月辛卯上諭。

㉒ 郭斌佳評〈乾隆之禁書運動〉，《國立武漢大學文史季刊》，第五卷，第三號，頁706。

㉓ 《宮中檔》，第2769箱，130包，30466號。乾隆四十二年初三日，浙江巡撫三寶奏摺。

㉔ 《心史叢刊》，第三集，頁56。

江西巡撫臣海成謹

奏為欽奉

上諭事乾隆四十二年十月二十七日准兵部六百
里火票遞到大學士公阿桂大學士于敏中寄
字乾隆四十二年十月二十一日奉

上諭海成奏據新昌縣民王瀧南呈首舉人王錫侯
刪改康熙字典另刻字貫實為狂妄不法請革去
舉人以便審擬等因一摺朕初閱以為不過尋常
狂誕之徒妄行著書立說自有應得之罪已批大
學士九卿議奏及閱其進到之書第一本序文
後凡例竟有一篇將

聖祖

世宗廟諱及朕御名字樣悉行開列深堪髮指此實大
逆不法為從來未有之事罪不容誅即應照大逆
律問擬以申國法而快人心乃海成僅請革去舉

《宮中檔》海成奏摺局部

從清代封貢關係看中琉文物的交流

　　滿洲入關之初，由於軍事方殷，琉球與清廷的封貢關係，尚未建立。清世祖順治三年（1646），琉球使臣金應元與通事謝必振等至江寧投經略洪承疇，送至北京，請求冊封。禮部以琉球並未呈繳明朝敕印，未便受封，而將金應元等人遣歸。琉球國王尚賢卒後，其弟尚質自稱世子，遣使奉表歸誠。順治十年（1653），琉球遣使進貢方物，呈繳明朝敕印，進表請封。清廷特遣正使兵科副官張學禮，副使行人司行人王垓前往琉球，冊封世子尚質為琉球國中山王，並頒新印，賞國王緞幣三十疋、王妃緞幣二十疋，規定貢期為二年一貢，進貢人數不得超過一百五十名，准許正副使二員，從人十五名入京，其餘都留在福建待命。冊封使張學禮等行至福建，因鄭成功抗清，海道不通，清廷將張學禮等掣回北京。

　　康熙元年（1662），清廷仍以張學禮為正使，王垓為副使，奉行順治皇帝前旨，齎捧敕印，前往琉球，正式冊封尚質為琉球國中山王，成禮而還。康熙三年（1664），琉球國王尚質遣使臣吳國用、金正春奉表謝封，進貢方物。康熙四年（1665），琉球再遣貢使，並賀登極。其貢物於梅花港口遭風漂失，康熙皇帝頒諭免其補進。次年，尚質仍遣貢使補進前失貢物，康熙皇帝諭令齎回補進貢物。至於常貢內瑪瑙、烏木、象牙、錫、檀香等，皆非土產，免其入貢，硫磺留在福建，由督撫收貯，其餘貢物，令督撫差解入京。康熙六年（1667），琉球貢使，仍齎表入觀。

康熙七年（1668），在福建重建柔遠館驛，以接待琉球使臣。

　　琉球國王尚質薨後，由世子尚貞繼承王位。康熙八年（1669），尚貞遣使臣英常春進貢。康熙十年（1671）、十三年（1674），均遣使進貢。康熙十八年（1679），補進十七年（1678）正貢。十九年（1680），又遣使進貢。舊例規定，琉球常貢物品有金銀罐、金銀粉匣、金缸酒海，泥金彩畫圍屏、泥金扇，泥銀扇、蕉布、苧布、紅花胡椒、蘇木、腰刀、大刀、鎗、盔甲、馬鞍、絲綿、螺盤等。加貢物品，沒有定額。至是，康熙皇帝諭以常貢惟馬、熟硫磺、海螺殼、紅銅等物，其餘免進。康熙二十年（1681），尚貞遣使臣毛見龍等進貢。康熙皇帝以尚貞當耿精忠等三藩叛亂之際，屢獻方物，特賜錦幣，並於常貢內免其貢馬，著爲例。

　　康熙二十一年（1682），清廷命翰林院檢討汪楫、內閣中書舍人林麟焻爲正副使，齎詔敕銀印，往封尚貞爲王，並賜御書「中山世土」匾額。汪楫等還京後奏准琉球使臣子弟四人入京受學，即所謂入監讀書的官生，康熙二十五年（1686），尚貞遣官生梁成楫、蔡文溥、阮維新、鄭秉均四人入太學，附於貢使船來華。因遭風桅折，鄭秉均遇難，飄至太平山修船，康熙二十七年（1688）二月，始至北京。康熙皇帝令梁成楫等三人按照都通事例，優給日廩，四時給袍褂衫靴帽被褥，從人都有賞賜，又月給紙筆銀一兩五錢，並特設教習一人，令博士一員督課。康熙二十八年（1689），尚貞奏陳舊例外國船定數三艘，貨物得免收稅，琉球進貢船僅止二艘，尚有接貢船一艘未蒙免稅，請照例免收，以足三船之數。至於進貢人數，例帶一百五十人，萬里汪洋，駕船人少，不能遠涉，而請求加增。禮部議覆，三艘入貢船免稅，人數不准增加，康熙皇帝特令加增至二百人①，自是二年

一貢，是爲常貢，此外尚有加貢，清廷冊封使及琉球貢使往來頻
繁，中琉關係更加密切，無論在政治、經濟，或文化等方面，都
超越明代。由於中琉封貢關係的建立，琉球土產文物流入中國，
中國文物亦傳入琉球，分析中琉文物的交流，就是探討中琉歷史
文化關係最具體的學術工作。

職貢有圖　曝背獻芹

　　從清代中琉封貢關係，一方面可以了解中琉經濟關係的密切，
一方面可以說明中琉文物的交流情形，除政治、經濟層面外，文
化層面的關係，亦極密切。按照定例，琉球進貢，分爲常貢及加
貢等項，二年一貢爲例行正項，就是所謂常貢，常貢之外，又有
封賞謝恩、慶賀登極等加貢。無論是常貢或是加貢，其貢物品類，
除海產食品等項外，還含有頗多來自琉球的各種文物。

　　現存清代檔案文獻中，含有頗多中琉封貢關係的資料，例如
清代宮中檔硃批奏摺、軍機處檔奏摺錄副、上諭檔、起居注冊及
《歷代寶案》等，都含有豐富的中琉歷史關係史料，其中奏摺錄
副、上諭檔、《歷代寶案》含有朝貢貿易及清廷賞賜物品清單，
從這些清單可以看出中琉文物交流的內容，爲了便於說明，先將
琉球貢船官伴水梢隨帶物件清單中屬於文物者列出簡表如下：

琉球貢品中的文物名稱簡表

年　　月　　日	品　　　名	見	數
順治十年（1653） 　二月二十七日	金罐 銀罐 泥金畫圍屏 金粉匣 銀粉匣		一對 一對 一對 一對 一對

	滿面泥金扇	七十把
	滿面泥銀扇	七十把
康熙二年（1663） 七月十七日	金彩畫屏風	二對
	金面扇	一百把
	銀面扇	二百把
	水墨畫扇	一對
康熙五年（1666） 二月初九日	金罐	一對
	銀罐	一對
	金彩圍屏	一對
	平面金扇	五十把
	平面銀扇	五十把
康熙二十二年（1683） 十一月初二日	金彩畫屏風	二對
	金面扇	一百把
	銀面扇	一百把
康熙二十五年（1686） 十一月初四日	圍屏紙	三千張
康熙五十八年（1719）	金鶴含鶴踏銀岩座	一對
	金彩畫屏	二對
	精緻雅扇	五百把
雍正元年（1723） 十月初九日	金罐	一對
	銀罐	一對
	金彩畫圍屏	一對
	圍屏紙	五千張
	精緻雅扇	二八〇把
	金粉匣	一對
	銀粉匣	一對
雍正三年（1725） 六月初二日	金鶴含鶴踏岩座	一對
	黑漆嵌螺五爪龍蓋碗	三〇個
	黑漆嵌螺五爪龍盤	三〇個
	精彩畫圍屏	一對

	圍屏紙 精緻雅扇	五千張 二百把
乾隆十六年（1751） 七月二十七日	金彩畫圍屏 銅罐	一架 八個
乾隆二十二年（1757） 九月二十五日	金鶴含鶴踏銀岩座 金彩畫圍屏 精緻雅扇	一對 二把 五百把
乾隆四十四年（1779） 四月十四日	銅罐 雕漆圍屏 白紙扇	六八斤 二架 四百把
乾隆四十六年（1781）	雕漆圍屏 銅器	二架 八〇斤
乾隆五十三年（1788） 十一月初二日	金鶴含鶴踏銀岩座 黑漆嵌螺五爪龍蓋碗 黑漆嵌螺五爪龍圓盤 金彩畫圍屏 圍屏紙 精緻雅扇	一對 三〇個 三〇個 一對 五千張 二百把
乾隆五十七年（1792） 十一月十九日	金龜形含銀座 銀攢盒 漆彩畫盆 金銅火盆 漆彩畫座 銅水罐 大小精彩畫圍屏 精緻雅扇	一對 二具 一個 十個 一座 十個 二對 二百把
嘉慶六年（1801） 十月二十四日	金紙圍屏 白紙扇	二架 一千二百把
道光三十年（1850）	金罐	一合

八月初六日	銀罐	一合
	金彩畫圍屏	一對
	精製摺扇	二八〇把
	圍屏紙	五〇張
	金粉匣	一合
	銀粉匣	一合

　　由前列簡表可知琉球貢船官伴水梢攜帶來華的土產中含有多種文物，其中最常見的如金彩畫圍屏、雕漆圍屏、金紙圍屏等，都深受清代君臣的喜愛。琉球正貢，主要是土產方物，但遇慶賀、謝恩則進呈金銀器皿，例如雍正三年（1725），慶賀登極，乾隆二十二年（1757），謝恩進貢，俱有金鶴形含踏銀岩座。乾隆二十二年謝恩，所進金鶴銀座，共計金一百七十四兩三錢，銀九十六兩②。乾隆五十三年（1788），適逢正貢，又因乾隆皇帝特賜御書、如意等項謝恩，所以進貢金鶴銀座等金銀物件③。乾隆五十七年（1792），琉球加貢金龜銀座、銀攢盒等項。金銀物件以外，還含有漆彩畫盆、漆彩畫座、黑漆嵌螺五爪蓋碗、黑漆嵌螺五爪龍圓盤、水墨畫扇、精緻雅扇、金面扇、銀面扇、圍屏紙等，都隨著琉球的進貢而流入中國宮廷。

梯山航海　貿遷有無

　　琉球物產，雖然並不豐富，但是由於琉球與中國的朝貢貿易，而有助於琉球經濟狀況的改善。琉球進貢船回國及接貢船兌買中國貨物，品類既繁，數量亦多，其中含有頗多中國文物。現存軍機處檔奏摺錄副含有琉琉貢船及接貢船回國兌買貨物按則核算免過稅銀數目清單，其中除絲綢布疋藥材等項外，還購買許多工藝品。例如乾隆二十四年（1769）琉球貢船回國兌買貨品中，就

含有中國的字畫、磁碗、漆木箱、漆木盤匣、宜興罐、壽山石等④。

　　乾隆三十五年（1770）十月十四日，琉球接貢船開駕出口回國，帶回貨物中含有徽墨五十斤、油傘一千三百一十把、粗紙扇二千三百把、篦箕五千三百個、細磁器一千二百斤、粗磁器一千三百二十斤、器錫八十八斤及漆木箱等⑤。乾隆四十三年（1778）五月，琉球接貢船到福建，翌年正月十六日，貿易事竣，開駕出口回國，其隨帶貨物，除絲絨綾絹布疋茶葉外，還含有土墨二百三十斤，油紙扇五千三百把，油傘三千三百九十把，紙畫三十幅，宜興罐一百六十斤，器錫一百九十五斤，粗磁器五千三百五十八斤，漆箱八十個，漆匣六千一百二十個，漆七十斤，篦箕一萬一千五百個，壽山石器八十斤⑥。

　　乾隆四十五年（1780）二月二十日，琉球貢船二艘事竣回國，所有官伴水梢兌買絲綢布疋藥材等物，共計應徵稅銀九百一十五兩三錢，俱免輸納，在所兌買貨物中都含有頗多中國文物，其中頭號船含有油傘二千一百三十把，土墨四百二十五斤，紙畫二十張，白紙扇四千四百把，金扇一百把，漆箱二百三十一隻，生漆二百十斤，細磁器二千九百六十七斤，器錫一百四十斤，篦箕一萬一千個，壽山石器二百斤，宜興罐三百五十斤，小鼓三十面。二號船也含有油傘二千一百二十三把，土墨四百二十斤，紙畫二十張，金扇一百把，白紙扇四千四百五把，漆箱二百三十隻，生漆二百十斤，細磁器二千九百七十七斤，器錫一百三十五斤，篦箕一萬一百個，壽山石器二百斤，宜興罐二百七十五斤，小鼓三十面⑦。

　　琉球貢船兌買回國的中國漆器，除漆箱、漆匣外，還有土漆茶盤。壽山石是一種凍石，因產於福建閩侯縣壽山而稱為壽山石。

一般壽山石可供耐火材料及製作玩具、文房用具，其質料透明者，可作印章。琉球貢船及接貢船在福建所兌買的壽山石器，常重達數百斤，常見的有壽山圖章、壽山石人物等，例如嘉慶七年（1802）五月初二日，琉球接貢船事竣開駕出口回國，其官伴水梢隨帶貨物中就含有壽山石人物共四十二個，稅銀三錢三分六厘⑧。

正賞加賞　薄來厚往

　　明清時期，琉球雖然是中國的屬邦，但中國對琉球極優厚，琉球貢船往返貿易，一律免稅，朝廷賞賜物品，不可勝數，正賞之外，又有加賞，除蟒緞綵幣之外，還有中國文物，正是所謂「修職獻琛，薄來厚往」。清代賞賜物件，較明代更加優厚，品類更加繁多。《琉球國志略》、《續琉球國志略》等書，詳列清廷歷次頒賜琉球國王及王妃物件名稱及數量，其內容包括；蟒緞、青綵緞、藍綵緞、藍素緞、閃緞、衣素緞、錦、紗、羅、綢、妝緞等綵幣，即是所謂例行正賞。現藏上諭檔多記載軍機大臣所擬加賞琉球國王物件清單，禮部或福建布政使照例將賞賜物件移咨琉球國王，《歷代寶案》多載咨文原文及其清單，為了便於了解中國文物流入琉球的情形，僅就上諭檔及《歷代寶案》中所載加賞物件開列簡表於下：

加賞琉球國王物件中的文物名稱簡表

年　　月　　日	品　　　名	件　　數
雍正二年（1724） 十二月初三日	琺瑯爐瓶盒 白玉盒 漢玉玦	一分 一對 一件

	白玉鎮紙	二件
	三喜玉盃	一件
	青玉爐	一件
	白玉提梁罐	一件
	漢玉螭虎筆洗	一件
	青玉三喜花插	一件
	白玻璃大碗	四個
	白玻璃蓋碗	六個
	磁胎燒金琺瑯有蓋靶碗	六個
	青花白地龍鳳蓋鍾	一〇個
	藍磁碟	一二件
	霽紅碟	一二件
	霽紅碗	一〇件
	甜白八寸盤	一二件
	綠龍六寸盤	二四個
	青花如意五寸盤	二〇個
	五彩宮碗	一四個
	綠地紫雲茶碗	一〇個
	紫檀木盒綠端硯	一方
	棕根盒綠端硯	一方
雍正四年（1726） 十一月初三日	玉方鼎	一件
	玉夔龍水注	一件
	漢玉方壺	一件
	玉五老雙壽杯	一件
	玉異獸花插	一件
	玉荷葉盤	一件
	玉龍鳳方盒	一件
	螭虎雙壽碗	一件
	玉雲喜巵	一件
	玉磬	一架
	白玻璃碗	四件
	藍玻璃蓋碗	六件
	青龍紅水七寸盤	一二件
	霽紅白魚七寸盤	二〇件
	青花如意五寸盤	二〇件
	綠地紫雲茶碗	一〇件

	青龍暗水大宮碗	一二件
	五彩蟠桃宮碗	一四件
	霽紅盤	一二件
	霽紅蓋碗	一〇件
	霽藍盤	一二件
	紅龍高足有蓋茶碗	六件
	青花龍鳳蓋碗	一二件
	青花龍鳳蓋鍾	一〇件
	琺瑯瓶盒	一分
	紫檀木盒綠端硯	一方
	杏木盒綠端硯	一方
雍正七年（1729） 十一月十一日	百福五彩大宮碗	一二件
	五彩大宮碗	一二件
	紅地琺瑯宮碗	八件
	五彩蓮花茶碗	一二件
	翡翠暗花宮碗	一二件
	白地蟠桃有蓋靶碗	六件
	白地五彩蓋碗	一二件
	吹紅蓋鍾	一二件
	琺瑯瓶盒	一方
	錦盒白玉硯	一方
	嵌玻璃盒綠端硯	一方
雍正七年（1729） 十一月十四日	白玉方花觚	一件
	白玉靈芝花插	一件
	白玉雙喜瓶	一件
	白玉獅子壺	一件
	白玉六角壺	一件
	白玉喜壽盃	一件
	白玉螭虎盃	一件
	白玉碗	一件
	白玉花澆	一件
	白玉花插	一件
	白玉玻璃蓋碗	四件
	玻璃菊花式碗	四件
	透花邊八寸盤	四件

	白地番花七寸盤	一二件
	霽青六寸盤	一六件
	霽紅五寸盤	一六件
	五彩葵花五寸盤	一二件
雍正十年（1732） 三月初七日	黃玻璃瓶	一對
	紅玻璃瓶	一件
	綠玻璃瓶	一件
	白玉筆擱	一件
	白玉雙喜觥	一件
	漢玉雙喜盃	一件
	紅玻璃水盛	一件
	牛油石福壽盆	一件
	銅琺瑯花瓶	一件
	銅琺瑯茶盤	一件
	瓊石荷葉觥	一件
	青綠鼎	一件
	彩漆小圓盤	八件
	哥窯四繫花囊	一件
	藍磁瓶	一件
	霽紅瓶	二件
	霽青膽瓶	一件
	哥窯瓶	一件
	官窯雙管瓶	一件
	填白雙圓瓶	一件
	粉紅磁小瓶	一件
	青花磁桃式盒	一件
	五彩套盃	一套
	五彩酒鍾	四件
	洋紅酒鍾	四件
乾隆四十七年（1782） 正月初八日	硯	二方
	玉器	五件
	玻璃器	一〇件
	磁器	一〇〇件
乾隆五十一年（1786）	玉如意	一柄

二月十六日	玉器	二件
	磁器	四件
	玻璃器	四件
	硯	二方
	筆	二匣
	墨	二匣
	洋磁琺瑯盒	四件
	雕漆盤	四件
咸豐元年（1851）二月初四日	硯	二方
	玉器	一〇件
	琺瑯爐瓶盒	一副
	琺瑯盌	六件
	磁器	一四〇件
	玻璃器	一〇件

　　由前列簡表可知清廷賞給琉球國王等人的物件，含有頗多中國的貴重珍玩器物，包括玉器、磁器、玻璃器、琺瑯器、雕漆器等。在雕漆器中除雕漆茶盤外，還賞給黑漆螺蚼蓋盌、黑漆木盌等。琺瑯器中有爐瓶盒、磁胎燒金有蓋靶碗、銅花瓶、銅茶盤等。玻璃器中有白玻璃碗、藍玻璃碗、黃玻璃瓶、紅玻璃瓶、紅玻璃水盛等。磁器中有各色碟碗盤瓶及哥窯、官窯磁器等。玉器中有玉盒、玉玦、鎮紙、玉盃、玉爐、筆洗、花插、玉鼎、玉壺、水注、玉碗、玉盤、玉卮、玉磬、玉硯、玉觚、玉瓶、花澆、筆擱、玉觥、玉如意等，品類繁多，琳瑯滿目。

　　除了加賞琉球國王外，琉球正副貢使入京，亦蒙厚賞。例如嘉慶十六年（1811）十月初四日，清廷賞給琉球正副使等人的物件中含有漆盤、磁鼻煙壺等物。道光二年（1822）十二月二十九日，清廷賞給琉球使臣的物件中含有磁碟、磁盅、玻璃插斗、磁雙管瓶、綠石鼻煙壺等物。道光二十二年（1842）十二月二

十八日，清廷賞給琉球正副使的物件中含有玻璃鼻煙壺、磁盤等物。由此可知清代中琉文物的交流，不僅品名眾多，數量亦極龐大。

冠船貿易　琳琅滿目

《歷代寶案》第十五冊中載有冠船之時唐人持來品貨物錄，共計三十七頁，內含攜貨入琉各衙門員役職稱姓名及貨品名稱，因資料殘缺，不能窺見清朝與琉球市易全貌，但根據清單所載名目，已可略見中琉文物交流梗概。在冠船之時唐人持來品貨物錄首葉有「康熙五十八年亥」字樣，末葉有「康熙伍十捌年己亥捌月日」字樣，文中又有「副使徐」字樣。對照清代官書後可知康熙五十八年（1719），清廷派正使翰林院檢討海寶、副使翰林院編修徐葆光往封琉球國中山王尚敬。冠船之時唐人持來品貨錄便是海寶、徐光衙門員役書辦、巡捕、柬書、掛號、門子、長班、皂隸、健步、轎夫、傘夫、扇夫、鑼夫、吹手、聽差、夜役、裁縫、廚子等人所攜貨物，開列清冊，告知琉球，以為從事貿易的依據⑨。

從現存冠船之時唐人持來品貨物錄殘本的記載，可知冊封使海寶等人攜往琉球的貨品至少在一千餘項以上，其所列貨品名目，除絲絹綾布、藥材及生活日用品外，還含有頗多中國的各種文物，為了便於說明，可以分類列舉簡表，本文僅就字畫類列表於下：

冠船之時唐人持來品貨物錄字畫類簡表

品　　　　名	件　　數	物　　　　主
名畫山水花鳥	一〇幅	長班　陳良
名字	一〇幅	

金箋名字花鳥山水斗匡	三〇幅		
古畫仙 四大臣古字手卷	四軸 一個	皀隸	林朝
綾六面冊頁 竹六面冊頁 二十四孝冊頁	三副 三副 一副	皀隸	鄭亨
古字 字畫手卷	二四張 四卷	皀隸	張玉
墨手卷	一個	健步	周成
手卷	一個	健步	鄭煥
手卷 董其昌字	二本 一副	健步	翁升
趙子昂八駿 董旭鍾馗 文徵明楷書畫 織畫 谷引人物山水冊葉 藍鎦百壽圖 鄧竹 藍瑛山水	一幅 一幅 二幅 九幅 一本 一幅 二幅 一幅	稿房書辦　李茂	
手卷墨 陶靖節事實手卷 董其昌行書手卷 卓琮蘆雁 林良鷹 沈昭小景 墨刻手卷 絹畫	一本 一幅 一幅 四幅 一幅 四幅 一幅 三幅	巡捕　張良佐	

趙氏花鳥草木手卷	一本	柬書　李德
趙子昂字帖	一本	掛號　林漢
趙子昂馬	一幅	
趙子昂字卷	一幅	
米元章字冊	一本	
董其昌畫	一幅	
解縉字帖	一本	
陳繼儒字卷	一本	
孫億花鳥	一幅	
唐寅畫	一幅	
郭子儀畫	一幅	
大字天馬賦手卷	一本	
山水手卷	一本	
春意手卷	一本	
御製北征手卷	一幅	門子　王登
細畫紙美人	一四二張	長班　趙銓
書長紙美人	三〇張	
牛闊紙美人	三〇張	
畫大紙美人	三〇張	
細畫花木斗匡	一〇〇張	
細畫瓶花	一〇〇張	
淡畫拐呂仙	二張	
淡畫觀音	一張	
宋畫秋壑藏珍山水手卷	一本	長班　王爵
呂建蘆雁	一幅	
元畫趙子昂五柳先生像	一幅	
明畫曾克生畫	一幅	
明字黃朗伯眞蹟	一幅	
林寵手卷眞筆楷書	一幅	
墨搨吳道子觀音	二幅	
須菩提像	一幅	
柳詹碑	二幅	
古墨手卷	一幅	

鳥花手卷 墨蓮手卷	一幅 一幅	皀隸　施姜	
字畫	七〇張	吹手　彭禎	
董其昌手卷 仇實父輞川圖	一幅 一幅	長班　徐貴	
合　　　　計	六五六件		

　　前表所列字畫共計六五六件，不僅數量大，其品類亦多，其
中多出自宋元明名家手筆。董其昌是明代華亭人，詩文俱工，書
法卓然成家，畫則瀟灑生動。清廷冊封使團隨役持往琉球的貨物
中含有董其昌字畫四幅。趙孟頫，字子昂，元代湖州人，書稱趙
體，畫變南宋畫院格調，開元代畫風，書畫都自成一家，前表中
列有趙孟頫的八駿圖、五柳先生像等畫。董旭是清初錢塘人，擅
畫人物，表中列有董旭繪鍾馗像。文徵明，明代江蘇吳縣人，詩
文清曠，兼工書畫，與沈周、唐寅、仇英合稱明四大家，俱善山
水，花卉、蘭竹、人物。仇英、字實父，表中列有文徵明、唐寅、
仇英的字畫。藍瑛是明代錢塘人，善畫山水，宗法宋元，而自成
一格，浙派山水畫，至藍瑛而達到登峰造極，表中列有藍瑛的山
水畫。米芾是宋代襄陽人，字元章，妙於翰墨，表中列有米芾字
冊，此外，還有解縉等名家的字畫。表中所列字畫，都是明清時
期爲一般人所喜愛珍藏的文物，清廷冊封使隨役持往琉球市易，
反映琉球社會也喜歡收藏這些字畫，琉球社會確實具有接受中國
文化的高度能力。

　　除字畫外，各種器物，包括玉石、磁器、銅器、珠寶等類，

數量更加龐大。其中玉石類含有玉簪、玉玦、玉杯、玉璧、玉盤、玉盞、玉環、石蟹、石鼻煙罐、壽山石圖書、石杯、壽山石花盆、壽山石香盒、石呂仙、石拐仙、石呂布、石羅漢、石佛、石美人、水晶手鐲、水晶眼鏡、水晶方印、水晶圖章等。磁器類含有定窯白磁瓶、大白花瓶、高窯磁瓶、小青瓶、黃色白磁瓶、紫色古磁爐等。銅器類含有古銅香爐、銅瓶、銅象腳爐、銅毛蟹、古銅花瓶、古銅水注、古銅鏡、白銅簪、白銅茶匙、白銅煙筒、銅獅、銅爵、青銅鼎爐、銅水注、諸葛鑼、銅鴨、銅錢等。珠寶類含有奇南素珠、密蠟素珠、斗珠、廣珠、香珠、銀珠、琥珀珠、鶴頂珠、珊瑚珠等。此外，還有雕刻諸佛人物，如檀香達摩古佛、觀音、大東方朔、童子像、八仙一堂等作品，林林總總，不勝枚舉。

　　冊封正使海寶隨役何陞，任長班一職。何陞攜往琉球的貨物，除絲綿、花絹、篦梳外，還攜帶一部《王氏漁洋詩鈔》，共計五本。該書為明末清初新城人王士禎（1634-1711）　所撰，因其別號漁洋山人而得名。王士禎詩文並工，其詩旖旎風華，函情綿渺，以神韻為主，海內翕然宗之，可謂一代宗匠。何陞攜帶《漁洋詩鈔》前往琉球，反映琉球文人喜愛詩人者，當不乏其人。

賓主餽贈　禮尚往來

　　明清時期，中琉兩國使臣往來，因受風向影響，必須順風往返。清朝封舟前往琉球，取道姑米山，然後收泊於那霸港。據《清史稿》的記載，那霸距姑米水程四百八十里，為琉球第一大商埠，有內外二港，市街方半里，清使旅館，就在二港間⑩。從福州五虎門出海，舟行一千七百里，即至那霸港。清廷冊封使前往琉球，多乘西南季風前往，並候東北季風返回，為了等候順風，清廷冊封使常在琉球滯留多日，例如同治五年（1866）六月二

十二日，清廷冊封使臣趙新等人奉命前往琉球，冊封世子尚泰爲琉球國中山王，因等候東北季風返航，曾在琉球滯留一百四十五日之久至同年十一月十八日始開航返國。

　　清廷冊封使團包括正使趙新、副使于光甲及遊擊、都司、彈壓官、巡捕、書吏、通事、引禮鳴贊等員，他們在滯留期間，除了接受琉球國王正式七宴外，私人宴飲、餽贈，亦極頻繁。徐玉虎教授撰〈清趙新使琉球期間賓主餽贈禮物之分析〉一文，根據《琉球冠船記錄》一書，詳列賓主餽贈禮物品名件數⑪。接受清廷冊封使團贈送禮物的琉球官方人員包括國王、嫡子、具志川王子、攝政及王舅伊是名親方等，所贈禮物主要是晶玉、玳瑁、蜜浸、墨、硯、糖、橘餅、楹聯對語、梅醬、茶、茶具、箋、扇、國畫。藕粉、香珠、碑帖、磁器、書法、筆、沉香、紙、印章、印色、金塊金飾、錶、京茶、官桂、神麵、祠內陳物、手巾、阿膠、鐵鍋、雕刻品、丁香、砂仁、杏仁等三十七種，計二〇八八件，除茶葉、食品及日常用具外，還含有字畫、器物、書籍等類，多爲中國文物精品。在字畫類中包括蘇畫冊頁、蘇畫美人、墨蘭、石摺竹畫、無量壽佛像、般若臺篆、宋文忠公墨蹟、朱子格言墨蹟、朱子像贊、王夢樓太史詩帖、元宰眞蹟、四大家墨摺、掛床字、唐碑、墨刻、字帖、詩箋、楹聯等。器物類包括晶玉文玩、沉香文玩、饒川圍碟、九子圍碟、壽山石圖章、端溪硯、端溪鶴硯、徽墨、松煙藏墨、頂煙藏墨、頂上徽墨、精製湖筆、揀料湖筆、錕石銅筆架、白玉提筆、玳瑁酒盃、宜興磁杯、各色臘筆、香珠、祠內陳雙罐、東坡冠、鑷石銅果盤、洋磁酒盃、八寶印色、茶杯、磁碗、龍牙、磁盞、掛屏、月吐天香筆、饒磁套碟、饒磁酒盃、檀扇、摺扇、檀香雅扇、檀香摺扇、杭州正雅扇、赤金杭扇、杭扇、冷金蘇州摺扇、名公文扇、文扇、蘇扇等。書籍類包

括善書、朱文公家禮、大清國通禮、宋刻閒居雜錄、同善錄全書等，其中宋刻閒居雜錄、善書各六部，都是珍貴的善本。

琉球官方回贈冊封使團的禮物，包括扇子、紙束、茶具、菓皿、芭蕉布、小刀、煙草、香盒等二十八種，其中幾世留爲長管煙斗，共二十八枝，分別贈送給正使趙新、副使于光甲、遊擊謝國忠、都司蕭邦祐、正使巡捕俞桂、書吏李華、通事馮朝儀、王秉謙等人。琉球特產芭蕉布，久爲國人所喜愛。琉球進貢的芭蕉布及各式扇子，照例賞給宮中阿哥及親信王大公臣。

有清一代，中琉兩國，使者往來頻繁，友好關係日益密切。琉球貢船及接貢船官伴水梢攜帶來華的土產中含有雕漆圍屏、彩畫圍屏，精緻雅扇等，都深受中國宮廷喜愛。琉球貢船及接貢船兌買回國的貨物中也含有中國字畫、器物，除磁器、漆器外，還有壽山石器等各種珍玩。清代歷朝君主賞賜琉球國王、王妃、使臣的物品，亦極優厚，玉器、磁器、玻璃器、琺瑯器、雕漆器等，正賞之外，還有加賞，可謂琳瑯滿目，清廷冊封使團隨役等攜往琉球交易或餽贈的物品，也含有字畫、器物、書籍等，其中多爲中國文物精品，由於中國文物的流入琉球，中國文化遂在琉球傳播。康熙十二年（1673），琉球久米村創建文廟，廟中設孔子塑像和神位，所有儀式，都遵照會典規定。康熙二十二年（1683），又建關帝廟，從此以後，中國流行的文武廟在琉球更多民眾信奉。後來琉球又主動派出學生來華學習，他們學成歸國後，多在王府中供職。清廷冊封使張學禮的隨行人員陳翼，多才多藝，曾教琉琉世子等人彈琴，彈奏平沙落雁、關雎等三曲。渡名喜明教授撰〈從美術工藝看琉球接受中國文化之形態〉一文已指出，從琉球王府所藏的書畫目錄《御書院御物帳》中可以得知，傳入琉球的物品，除了自康熙帝以來歷朝皇帝的御書以外，還有

唐寅、張瑞圖、蘇軾等人的法書，牧溪、顏輝、文徵明、仇英、趙孟頫等人的作品。負有各種任務遠赴中國的琉球人，也必會攜回許多的作品，現存於各地舊家中的傳壇陶瓷香爐便是一例⑫。乾隆五十年（1785）十二月二十八日，軍機大臣遵旨詢問琉球使臣是否有諳習文墨之人？據正使向猷、副使毛景裕覆稱，「國內俱讀漢字書，亦有知做詩者，但僻在海外，不能精通詩律⑬。」由於中國文物的大量流入琉球，對琉球社會生活、文化發展、民間信仰等方面，都產生了深遠的影響，琉球遂成為中華文化圈的重要成員之一，也是儒家文化的海外分支，無怪一九四五年美軍登陸琉球時，仍能看到琉球充滿中國文化的氣氛⑭。

【註　釋】

① 《琉球傳稿》（臺北，國立故宮博物院，清史館），未刊，屬國傳。

② 《上諭檔》，方本（臺北，國立故宮博物院），頁89。乾隆五十四年冬季檔，十二月初二日，軍機大臣奏稿。

③ 《上諭檔》，方本，頁296。乾隆五十四年秋季檔，七月二十九日，軍機大臣奏稿。

④ 《軍機處檔・月摺包》（臺北，國立故宮博物院），第2771箱，72包，11383號。乾隆三十四年，琉球貢船兌買貨品清單。

⑤ 《軍機處檔・月摺包》，第2771箱，80包，12928號。乾隆三十五年十一月十一日，宗室弘晌奏摺錄副。

⑥ 《軍機處檔・月摺包》，第2764箱，106包，22980號。乾隆四十四年二月初十日，覺羅永德奏摺錄副。

⑦ 《軍機處檔・月摺包》，第2705箱，109包，26683號。乾隆四十五年三月二十一日，福建巡撫富綱奏摺錄副。

⑧ 《宮中檔》（臺北，國立故宮博物院），第2712箱，59包，8241號。

嘉慶七年六月初八日，福州將軍慶霖奏摺。

⑨　徐玉虎撰〈冠船之時唐人持來品貨物錄之分析〉，《第一屆中琉歷史關係國際學術會議論文集》（臺北，國學文獻館，民國七十六年十月），頁443。

⑩　《清史稿》，屬國傳，琉球傳稿。

⑪　徐玉虎撰〈清趙新使琉球期間賓主餽贈禮物之分析〉，《第三屆中琉歷史關係國際學術會議論文集》（臺北，中琉文化經濟協會，民國八十年六月），頁39。

⑫　渡名喜明撰〈從美術工藝看琉球接受中國文化之形態〉，《第一屆中琉歷史關係國際學術會議論文集》，頁168。

⑬　《上諭檔》，方本，頁614。乾隆五十年十二月二十八日，軍機大臣奏稿。

⑭　梁嘉彬撰〈論琉球歸屬問題〉，《中國近代史論叢》，第二輯（臺北，正中書局，民國五十八年八月），頁150。

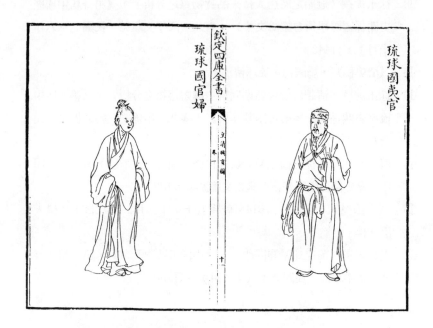

琉球官婦圖像《欽定四庫全書》

興滅繼絕‧字小存亡

——清高宗用兵於安南的政治理念

一、前　言

　　中國與安南，疆域毗鄰，兩國關係，源遠流長：在地理上，實同一體；在文化上，則同出一源。自秦漢以降，安南即置於中國郡縣直接統治之下，歷經魏晉南北朝隋唐五百餘年，其間由於地方官吏的積極倡導，文教日益普及。唐末五代，中國本土動盪不安，安南遂乘機脫離中國而獨立，歷吳、丁、前黎、李、陳、後黎諸朝，約九百年，安南已由內郡變爲藩屬。安南雖然獨立，惟其歷朝君主對中國文教的推行，仍然不遺餘力，修建文廟，開科取士，使用漢字，奉中國正朔，採取中國式的政治制度。歷朝學者皆以漢文從事著作，尤其嗜讀漢文書籍，安南久已成爲中國文化圈的重要成員之一，也是儒家文化的分支。

　　在安南自主時期，其君主對內雖然維持獨立政權，但與中國始終保持名義上的宗屬關係，新君繼位，須經中國冊封，方能取得對內對外的合法地位。在後黎統治時期，定都昇竜，即今河內，習稱黎城。滿洲入關後，黎王即奉清朝正朔，遣使納貢，清廷亦承認黎王在安南的合法地位。安南與清廷仍然維持宗屬關係，與朝鮮、暹羅、琉球等屬邦，同樣受清朝禮部管轄，有一定的貢期，按規定的路線入境進京，貢使團的人數也有一定的限制，使臣覲見皇帝必須行跪拜禮。

　　後黎傳國雖然較久，臣服清廷亦頗恭順，但王權下移，權臣擅國，操廢立之權。乾隆末年，西山阮氏再陷城黎後，國王黎維祁棄城出奔，其眷屬及親信大臣窘迫內投，國破家亡，顛沛流離。黎王嗣統，既經清廷冊封，西山阮氏篡奪政權，公然向清廷挑戰，與體統攸關。清高宗爲維護安南黎氏的合法地位，遂以春秋伐叛之意，向阮氏聲罪致討，發兵擊敗西山阮氏，收復黎城，使黎維祁得以復位，實現興滅繼絕的理想。西山阮氏三陷黎城後，清軍敗退，撤回內地，清廷改封阮光平爲安南國王，清高宗處理安南問題的政治理念，是值得重視的。本文撰寫的旨趣，即就現存清代宮中檔、軍機處檔月摺包、上諭檔等資料，探討清高宗用兵於安南的政治理念，並分析清高宗改變態度，冊封阮光平爲安南國王的由來。

二、西山阮氏的崛起與黎王出奔

　　安南在後黎統治時期，定都於昇竜，習稱黎城。黎王對內雖然維持獨立政權，但安南境內長期陷於分裂狀態。廣南阮氏，習稱舊阮，控制南圻，號稱廣南王。北方鄭氏擅權，黎王徒擁虛位而已。西山阮氏，世居懷仁綏遠，後徙西山，至阮文岳、阮文惠、阮文呂兄弟時始崛起於西山，故稱西山阮氏。又因其新崛起於西山，故又稱新阮。據《大南實錄》記載：「岳，歸仁符籬（即今符吉）縣西山村人。初爲下吏，消沒巡稅，遂與其弟呂、惠共謀入山，憑險爲盜，黨夥日衆，地方不能制。」①阮文岳等兄弟雖極獷悍，但頗富機智，各地土豪，多聞風附從。

　　清高宗乾隆九年，即黎景興五年（1744），廣南阮福闊即王位於富春即順化後，雖奉黎朝年號，但另鑄錢幣，稱爲「天明通寶」，又興建宮殿，城外市街櫛比，商船往來不絕，富春遂成

一大都會。景興二十六年（1765）五月，阮福闊卒，世子阮福昊早故，孫阮福暘年幼，權臣張福巒擁立阮福淳，專恣暴虐，民心叛離。景興三十四年（1773）二月，阮文岳兄弟即以討伐張福巒為名，正式起兵，攻佔歸仁城。翌年五月，鄭森欲乘機攻滅廣南阮氏，乃命黃五福為統將，領士卒三萬，水路並進，進薄鎮寧壘。鄭森則自率大隊，居中策應。同年十一月，鄭森入乂安。十二月，廣南王阮福淳命阮文政率水陸各軍駐箚拜答江岸。黃五福密遣黃廷體等率兵由山後暗渡沈磨灘，腹背夾攻，阮文政力戰陣亡，全軍俱歿，遂陷富春，阮福淳南奔。景興三十六年（1775）正月，阮福淳至架津，立阮福暘為世子，稱東宮，屯俱低。二月，黃五福率軍越過海雲山進攻廣南，自中山，俱低而進。阮福淳以鄭森大軍壓境，於是乘船欲走嘉定，途中遇風覆沒，阮福淳身故②。東宮阮福暘為阮文岳所執，阮福淳族姪阮福映入嘉定。同年五月，黃五福大軍進次珠塢，阮文岳遣將持送金帛向黃五福乞降，鄭森即封阮文岳為前鋒將軍西山校長。是年十二月，黃五福因久駐珠塢，士卒多染時疫，乃退守富春，其升平、奠盤二府遂為阮文岳所據。

　　景興三十七年（1776）正月，阮福暘逃歸嘉定嗣統，是為新政王。翌年正月，阮文岳請求鎮守廣南，鄭森因憚於用兵，遂授阮文岳為廣南鎮守宣慰大吏，於是富安、平順等地，皆為阮文岳所有。阮文岳儲餉練兵，據守險隘，其勢益盛。是年三月，阮文惠進兵嘉定，下柴棍，新政王走橙江。阮福映集東山兵四千人抵抗，不支，奉新政王走芹苴、龍川。同年七月，阮文惠進兵巴越，阮福映寡不敵眾，新政王遇害，遂滅廣南舊阮政權。景興四十一年（1780）正月二十四日，阮福映即王位於柴棍。景興四十三年（1782）三月，阮文岳、阮文惠兄弟以東山人心不安，

於是率戰船數百艘，猛攻柴棍，法蘭西人幔槐（Monnel）率西
洋船力戰陣亡，阮福映遁往三埠，柴棍一帶復爲阮文岳兄弟所有。
景興四十五年（1784）二月，阮福映走暹羅借兵歸嘉定。但因
暹羅兵驕恣殘暴，民怨沸騰，且不知地勢，是年十二月，爲阮文
岳、阮文惠所敗，阮福映復奔暹羅。

　　鄭森爲昇竜黎朝權臣，專擅朝政。景興四十一年（1780）
九月，鄭森幽禁其長子鄭棟。翌年十月，改立少子鄭檊爲世子。
景興四十三年（1782）九月，鄭森卒，世子鄭檊嗣統。鄭檊年
幼多病，人情惶懼。是年十月，三府兵亂，擁立鄭棟爲元帥端南
王。景興四十六年（1785）三月，鄭棟鑒於安南政局不穩，西
山阮氏聲勢日盛，爲藉扶黎王以收攬人心，於是率百官上黎王徽
號。但安南境內連年荒旱，盜賊蠭起，兵驕將惰，兵民仇殺，如
同寇讎，紀綱蕩然無存，臣工束手無措，國事遂益不可爲。

　　阮文岳滅廣南舊阮後，聲勢既盛，遂自立爲帝，僭稱天王，
以景興三十九年（1778）爲泰德元年。景興四十七年（1786）
五月，阮文岳以鄭棟專國，人心不附，藉口伐鄭扶黎，命其弟阮
文惠爲龍驤將軍，節制水陸各軍，分道北上，過海雲山，直趨富
春，鎮守范吳俅開城乞降。阮文惠命其弟阮文呂留守富春，自驅
大軍進逼黎城，縱兵掩殺，鄭棟兵潰被執，自刎而死，阮文惠入
黎城，時爲景興四十七年（1786）六月二十六日。阮文惠爲表
示尊扶黎王，乃議設大朝儀，獻上兵民簿籍，國王黎維禕力疾御
殿接受簿籍，頒降一統詔書，冊封阮文惠爲元帥扶正翊運威國公，
下嫁公主玉訢③。七月十五日，阮文惠請黎王接受一統朝賀，次
日，黎王病重，七月十七日，崩於萬壽殿，在位四十七年，享年
七十歲，皇太孫黎維祁即位，以明年爲昭統元年（1787）④。景
興四十七年（1786）七月二十九日，阮文岳馳抵黎城，以大軍

倉卒深入，勢難防守，而與阮文惠密議南歸。八月初七日夜間，密令水陸各軍滿載珍寶撤往歸仁城，黎城遂成一座空城⑤。

　　當阮文岳、阮文惠兄弟南返後，黎城內部又起了變化。鄭棟雖然兵敗自刎，遺失國印，但其親族鄭檊執政後，不理政事，其士卒白晝肆掠居民，無所約束，眾人失望，朝廷政令，紛然雜沓，黎維祁深表不滿，密詔勤王。是年十一月，鄭檊竟以兵圍黎城。黎維祁急召親信阮有整入朝保衛，鄭檊兵敗，出奔京北。昭統元年（1787）四月，阮文岳於歸仁自稱中央皇帝，封其弟阮文惠爲北平王，居富春，阮文呂爲東定王，居嘉定。阮文惠勢力日盛，爲阮文岳所忌，兄弟有隙，以兵相攻。是年十一月，阮文惠遣兵進攻清花，乘勝據青厥江，黎廷震驚。

　　昭統元年（1787）十二月，黎維祁命其弟黎維袖護送母后、王妃、王子、宮嬪等出城避難。阮有整收拾散卒殘兵數千人擁黎維祁渡河奔京北，阮文惠親信武文仕入據黎城，縱兵搶奪，追殺阮有整，爲所欲爲，自鑄印信，不受阮文惠約束。昭統二年（1788）四月，阮文惠自率親兵馳抵黎城，計縛武文仕，以吳文楚爲大司馬，代領其眾。阮文惠任黎城召黎氏文武舊臣詣闕勸進，參知政事阮輝濯等拒不應召，仰藥而死。阮文惠知悉黎城人心不附，乃以崇讓公黎維祗監國，留兵八千駐守黎城，自引兵南下富春。阮文惠二次攻陷黎城，國王黎維祁出奔，黎朝已失去領導中心，亟待外力援助。

三、王師出關與興滅繼絕理想的實現

　　昭統元年（1787）十二月，黎氏舊臣迪郡公黃益曉、懽忠侯范廷權等保護黎氏眷口男婦二百餘人，走諒山，因土民卷簪等欲劫王眷爲質，以阻義兵，眷口等人乃至武崖縣博山社避亂。高

平鎮督同阮輝宿聞知後，即前往迎至高平。其後，黎維祁又命長
派侯黎侗、黎維祁妻舅阮國棟、梅忠侯阮廷枚等幫同保護。昭統
二年（1788）春間，高州舊藩目閉阮儔等先已歸順阮文惠，至
是遂引阮文惠屬將菊澳等至博山追拏王眷。阮輝宿等保護眷口同
逃，是年五月初四日，逃至廣西邊界博淰地方⑥，因非關口，不
能進入內界避亂。五月初九日，阮文惠所遣將弁煥義侯等率領追
兵約三百人隨後追逐。五月十二日酉刻，因追殺急迫，無處奔逃，
王眷及舊臣等逃至廣西龍州斗奧隘外水口關大河對岸，王眷等隔
河呼救。因追兵已至，阮輝宿等即背負老幼眷口涉水過河⑦，其
不及渡河者，俱為追兵所殺。是時龍州通判陳松、護都司陳洪順
等人正在隘口巡查，斗奧隘守兵弁目黃成鳳、隘目鄒陞等首先聽
到王眷等喊聲⑧。陳洪順即會同陳松帶兵前往河岸查看，正在盤
問之際，隔河追兵百餘人仍欲前來刦眷，因見北岸兵勇甚盛，不
敢過河，隨即退去。陳松等查點王眷男婦老幼共六十二名，其中
阮玉素是黎維祁母后，阮玉端是王妃，黎維詮是王子⑨。王眷等
由水口關入隘，陳松等於龍州暫撥房屋棲止。阮輝宿等遞呈稟明
安南內亂，黎城淪陷，王眷避難，越壞投生的經過。其原呈指出
「竊思本國黎王累世臣事天朝，仰蒙聖天子柔懷涵育。今遭此變，
故越壞投生，統祈列台上堂垂顧，轉呈上憲，以事題奏，仰惟天
覆地載，非所不容，軫及南服，國王黎維祁一門母子，均在矜恒，
庶得穿喫有依，偷生歲月，待國王憑仗天朝威德，幸克旋京，仍
修禮祈請奉迎還國，恢恢蕩蕩難名天皇帝至仁盛德，亦由列台厚
鄰憫窮之賜也。」⑩阮輝宿等請求憑仗天朝威德，使國王黎維祁
能返回黎城。

　　廣西巡撫孫永清據太平府稟報安南王眷避難內投後，即前往
查辦。昭統二年（1788）六月初三日，廣西提督三德馳抵龍州。

因龍州一帶逼近關隘，地方偏僻窄小，兼值酷暑盛瘴，恐內投王眷不服水土，三德即與左江鎮總兵尙維昇酌商，將王眷移至南寧府城安插。兩廣總督孫士毅一面將王眷內投情形奏聞清高宗，一面飭左江鎮道多撥兵勇防衛。六月初四日，孫士毅馳赴龍州調度。清高宗據奏後，即令軍機大臣傳諭孫士毅將黎維祁的眷屬及其隨從人員等妥爲撫恤，加意防護，就近親加照料，優給廩餼，並告知黎維祁母后等，內地各關隘，均有重兵防守，無虞傷害，可暫在龍州居住，不必過於憂念。安南境上，並未盡歸阮氏，且人心戴舊足恃，內地各關隘，已檄調重兵，助其聲援。黎維祁若趁機招集義兵，無難恢復，俟其國內稍寧，即可護送歸國，使其安心居住內地⑪。清高宗對內投王眷的安頓保護，欲俟黎維祁復國後，即將王眷護送歸國的措施，頗符合柔遠字小的政治理念。

　　兩廣總督孫士毅是一位識輕重，知大體的封疆大吏，頗受清高宗的器重。孫士毅具摺分析安南政情後指出安南政權，久爲阮鄭二姓把持，但因黎氏恭順天朝，阮鄭二姓有所忌憚，不敢遽行篡奪，而阮文惠兼併鄭氏，竊據黎城，追殺王眷，並誘令高平、諒山等處士民歸順阮文惠，其防備天朝興師問罪的態度，已極顯然。此時，若內地仍不動聲色，阮文惠將以天朝不復用兵安南，益得肆逆戕害黎維祁以絕衆望，黎氏舊臣及地方鎮目見黎王既滅，無可依歸，必致相率附逆。阮文惠勢力既盛，地位鞏固，恐轉難措手。安南是中國屬邦，屬邦內訌，宗主國向不干涉其內政，不值據費內地兵馬錢糧，大張撻伐。孫士毅主張先聲後實，飭令左江、高廉、開化、臨元等鎮各於本處整頓兵馬船隻，操練揚威，聲言剋期分道進討，並檄諭安南各路鎮目去逆效順，協力討伐阮文惠，護送黎維祁返回黎城復位。如此，不獨未經從逆者可以堅定心志，即已從逆者震聾風聲，亦必反戈相向，以期「弔伐之師

未動，興繼之業可成。」⑫清高宗認爲孫士毅所辦是「不動聲色
之舉」，實屬可嘉。但若黎朝國祚將絕，仍視若無睹，置之不辦，
則非天朝字小存亡之道。乾隆五十三年（1788）六月十九日，
清高宗頒諭指授方略，諭旨內指出「朕意此次該國嗣孫窘迫內投，
呈內雖無請兵語句，但其鎮目等果能糾集兵民，掃除凶逆，迎還
嗣孫，固屬甚善。若阮姓僅占黎城一帶地方，而他處尙爲黎姓所
有，其鎮目等雖不能殄滅阮姓，事定後仍可迎還嗣孫，另爲佈置
安頓，是黎姓國祚不至斷絕，亦不值興師代爲大辦。若阮姓攻破
黎城後，竟將安南地方盡行占據，或黎姓子孫俱被其戕害，是該
嗣孫將來竟無國可歸。安南臣服本朝，最爲恭順，茲被強臣篡奪，
款關籲投，若竟置之不理，殊非字小存亡之道，自當厚集兵力，
聲罪致討矣。」⑬黎朝是由天朝冊封的屬邦，黎氏國祚若將斷絕，天
朝即以春秋伐叛之義，向阮文惠聲罪致討，方是天朝興滅繼絕字
小存亡之道。

　　清高宗認爲黎城被阮姓攻佔後，因黎維祁下落，尙無確信，
若遽聲言進討，不免太早，只能飭令廣西、雲南邊境各鎮整飭兵
馬器械，朝夕操練，以壯其聲勢，使黎維祁借此聲援，糾集兵民，
徐圖恢復。安南高平、諒山等處，因接近內地，恐阮氏先行誘引
「從逆」，清高宗即令孫士毅作爲己意，檄諭高平、諒山鎮目，
略謂「阮岳恃強篡奪，該鎮目等俱係黎氏舊臣，又與天朝接壤，
理應幫同嗣孫勤賊，何得甘心附逆。黎氏臣事天朝最久，今該國
臣下，膽敢肆行竊據，天朝已派重兵，預備興師問罪。該鎮目等
距內地尤近，倘能改邪歸正，擁戴舊主，不但可以轉禍爲福，必
邀大皇帝厚賞，若不速知悛悔歸正，將來大兵進討，必首就誅夷，
決不寬貸。」⑭清高宗對於用兵安南，雖然認爲時機尙未成熟，
但已向高平、諒山等安南鎮目明確表示滅阮扶黎的堅決態度，阮

氏恃強篡奪，自當聲罪致討。

　　雲南蒙咱一路，與安南接壤，恐該處頭目為阮姓所用，佔據要害地方，清高宗又諭令滇省一面檄諭各頭目，一面派兵駐箚邊境，遙為廣西幫助聲勢，雲貴總督富綱當率領勇往曉事鎮將酌帶官兵，往蒙咱駐箚，聲言會同粵省兩路進兵，會同協勦，使安南邊境各頭目聞風震懾，知悉天朝大兵雲集，務欲復立黎氏，自必仍思戴舊，以孤立阮氏的勢力⑮。在廣西、雲南邊境上的安南廠丁，為數眾多，若為阮氏所煽惑，則阮氏勢力更盛，孫士毅、富綱又檄諭各廠頭人，許以恩賞，免其廠稅，以出力協勦。阮氏兵卒若闌入邊境，開化、臨元等處官兵即四路截殺，盡數擒拏。孫士毅、富綱等人在廣西、雲南邊境上的戒備措施，充分表示滅阮扶黎的決心。乾隆五十三年（1788）七月初八日，孫士毅具摺指出屬邦面臨存亡之秋，宗主國應伐暴討罪，其原摺略謂：

　　　查黎阮仇殺，由來已久，雖詢之阮輝宿等，阮岳係西山小姓，並非輔政大族，但彼此攻殺，亦已歷有年所，即使安南地方此時半歸阮岳，如嗣孫尚在山南一帶，有地可守，有兵可戰，是黎氏國祚未絕，即我朝封爵猶存。至地土之廣狹，國勢之衰旺，我天朝外藩甚多，勢不能為伊等尺寸計算，自不值以內地兵馬錢糧代為大辦。倘阮岳竟欲全踞安南，不容嗣孫得階寸土，則百幾十年來，朝貢之國，忽焉漸滅，實與我天朝體統攸關，不得不調集官兵伐暴討罪（硃批：朕之所以躊躇正為此爾）。諭旨大公至正，臣惟有隨時隨事恪遵辦理。至臣詳微輿論，細訪夷情，咸以阮岳包藏禍心，必欲全踞安南而後已，如此時內地不為黎氏助勢揚威，恐舉國以嗣孫難與圖存，漸就渙散。其時阮岳盡有安南之地，氣局已成，非大費內地兵力，不能迅速蕆

功，轉致上縈宵旰，是以臣愚請於附近各省多撥兵弁，訓
練操防，聲言約定師期，分道進勦。臣聞阮岳雖極獷悍，
頗曉事體，自問有何力量，豈能抗拒各路王師，斷不比林
爽文等一味冥頑不知生死，勢必讓出黎城，仍赴賊巢潛匿，
以避各路之鋒，以伺安南之隙。黎城既復，嗣孫即日仍列
藩封，而我皇上興滅繼絕，自可申大義於天下萬世（硃批：
若果如此，亦可完事矣）⑯。

孫士毅已指出安南黎朝爲天朝所冊封的屬邦，忽焉澌滅，實
與天朝體統攸關。朝廷若能宣示弔民伐罪的決心，聲言調集大軍，
分道進勦，阮文惠必不能抗拒王師，勢必退出黎城，國王黎維祁
仍列藩封，則天朝必能興滅繼絕，申大義於天下萬世。清高宗也
認爲「我國家幅員廣闊，亙古未有，朕臨御五十餘年，平定伊犁、
回部、兩金川等處，拓地不下二萬餘里。武功赫奕，計區區廣南
賊巢，豈能負固抗拒。然此事辦理之始，原爲安南臣服已久，猝
被土酋占奪，不得不加征討，爲之繼滅存亡，初非利其境土，亦
並無好大喜功，窮兵黷武之見。」⑰中國與安南是宗主國與屬邦
的關係，黎氏政權既由天朝冊封，黎維祁國祚將絕，若竟置之不
理，殊非字小存亡之道，因此，清高宗用兵於安南，並非好大喜
功，窮兵黷武之舉。

清高宗命軍機大臣將孫士毅奏摺及寄信諭旨抄寄差赴荊州勘
水的大學士軍機大臣阿桂閱看。阿桂指出安南政局反覆，由來已
久，朝廷不值興師大辦，而且黎維祁出奔，迄無信息，必俟孫士
毅具奏到日再權衡輕重緩急⑱。安南國王黎維祁下落問題，既爲
清廷所重視，故當孫士毅抵達南寧府時，阮輝宿等六人即議定留
三人隨侍王眷，黎侗、阮國棟、阮廷枚三人，分作兩路返回安南。
黎侗等由廣東水路出口，向安廣道前進。乾隆五十三年（1788）

九月初八日，抵達安南海陽道下洪府四岐縣民家面謁黎維祁，九月十五日，黎侗攜帶黎維祁所繕寫的申文，由四岐縣起程轉回內地。其申文中有「聖人一怒，玉石俱焚，伸大義於普天，扶綱於屬國，祁幸得苟延殘喘，竄伏草間。惟皇聖德如下，立予存亡繼絕，傾聽王師入境，親攜簞食壺漿，祁雖糜身粉骨，不足以仰報天朝大造之恩。」⑲黎維祁於申文中正式請求朝廷遣派王師，立予存亡繼絕，則願粉身碎骨以報再造之恩。除申文外，黎侗亦遞進親筆呈詞，他指出「安南有國以來，惟黎氏得國爲正。」「如蒙天朝垂字小之仁，施恤窮之德，偏師壓境，即可以爲下國之聲援，而國人聞得消息，便能內攻，必不煩天朝兵力之加。」⑳

阮輝宿等屢稱安南人心戴舊，義兵可恃，俱欲滅阮扶黎，若清軍入勦阮文惠，安南兵民必聞風響應。乾隆五十三年（1788）七月間，安南民人陸文明等率領千人向廣西守關將弁具呈情願自備口糧衝鋒殺敵。阮文惠心腹牧馬兼管高平鎮朱文琬獲悉清軍將次進討，即乘夜逃回黎城，留督同阮遠猷等在牧馬駐守。牧馬土司閉阮豪等招集土勇將阮遠猷等擒送內地，孫士毅用言撫慰，從優給賞，諭令糾約該處土官滅阮扶黎。文淵等七州地方官亦願意興黎滅阮，並繪七州地圖呈獻㉑。諒山鎮目潘啓德也是阮文惠的心腹，於接獲孫士毅檄諭後，亦背阮歸黎。潘啓德入關謁見孫士毅時表示「身爲黎氏人民，誤從阮姓，今伏讀天朝檄文，愧悔交集，情願迎還故主，以贖前愆。」㉒八月二十四日，黎維祁等具稟請內地發兵救援，稟中指出「今傳聞天師且至，他尙不知悔罪，勢必盡民爲兵，盡室爲糧，斷送一方性命，以試鋒鏑。伏乞特派元戎，及早撲滅。水陸並進，四面夾攻。彼勢分力弱，救應不暇，即本國臣民，咸願應義前驅，賊徒不攻自潰。」㉓

安南民心戴舊，義兵四起，征討阮文惠的時機已經成熟。乾

隆五十三年（1788）八月二十八日，孫士毅已奉清高宗諭旨酌量情形，令廣西提督許世亨等帶兵前往進勦。十一月初一日，孫士毅與許世亨商定分兩路進兵：一路由諒山左側枚坡地方前進；一路從諒山右側江漢地方前進。因諒山左側道路叢雜，又分兩隊：一隊由枚坡前進；一隊由菊椿前進，兩隊在嘉觀會齊。十一月十九日，清軍抵達富良江北岸，次日五鼓，清軍乘筏直衝南岸，阮文惠軍不戰自潰，當日收復黎城。孫士毅、許世亨入城宣慰後，即箚營於城外富良江岸。十一月二十二日，孫士毅進城傳旨冊封黎維祁爲安南國王，錫以新印。在冊文中有「朕惟撫馭中外，綏請邇遐，義莫大於治亂持危，道莫隆於興滅繼絕」等語㉔。阮文惠攻破黎城後，國王黎維祁出奔在外，已無寸土，王眷顚沛流離，清高宗以阮氏逐主亂常而聲罪致討，孫士毅親率大軍出關，收復黎城，敕封黎維祁爲國王，實現了興滅繼絕的理想。

四、天厭黎氏與興滅繼絕思想的轉變

黎維祁恢復王位後，一方面對親信人員大加封賞，另一方面對異己大肆誅戮報復。《欽定越南史通鑑綱目》記載說「帝性褊刻，宗室女有嫁賊將而孕者，命刳之，又刖其皇叔三人，投於宮市，人情稍稍疑貳。」㉕孫士毅在黎城時亦聞得「黎維祁在城內誅戮叛臣中數人，大概係隨從出奔之黎個等在旁慫恿。臣即向黎維祁禁止，並面寫數百言，諭以此時務須寬大，收拾人心，以安反側，萬不可日圖報復，致令眾叛親離。」㉖清軍進入黎城時，廣西右江道宋文型曾隨軍辦事，據宋文型稱「黎個並不幫輔黎維祁，惟日事屠殺，報復平日睚眦之私。」㉗乾隆五十三年（1788）十二月除夕，王眷從內地返回黎城，母后阮玉素見黎維祁行動乖戾，專以喜怒誅賞，即當面告誡稱「我辛苦請得援兵來，國家能經幾

番恩儺破壞，亡無日矣。」

　　安南黎朝，數世以來，一切國事，既由輔政鄭氏把持，官民不畏黎氏，而畏鄭氏。黎維禟在世時，已不過徒擁虛位而已，並未辦理國事，是以黎維祁於用人行政，一概茫然不知，左右亦無一二得力舊臣爲之料理。黎維祁怯弱無能，優柔成性。而且安南連年戰亂，久經兵燹，用度匱乏，不得不取之於民，輿情不服。清高宗據奏後指出黎維祁就是所謂「天厭之者」，「如此之人何必護助」，天命既去，事勢已不可爲，「看來必致亡國」。

　　乾隆五十三年（1788）十二月初十日，孫士毅接獲大學士阿桂寄信上諭，命孫士毅於收復黎城後令黎維祁加意自強振作，即可撤兵回至內地，不必在安南久駐。同年十二月二十七日，清高宗又命軍機大臣寄信孫士毅等，略謂「黎氏近年以來，搆亂多故，而黎維祁又復懦怯無能，優柔廢弛，左右亦無可恃之人，安南雖屬彈丸僻壤，然立國已久，亦未必不關氣運。今其國運如此，看來天心已有厭棄黎氏之象，此時即將阮惠等擒獲正法，而黎維祁不能振作自強，安知三五年後，不又有如阮惠其人者復出，豈有屢煩天朝兵力，爲之戡定之理？即使不令黎維祁主持國事，而伊子若弟內，又未必有勝於黎維祁之人。朕從來辦理庶務，無不順天而行，今天厭黎氏，而朕欲扶之，非所以仰體天心，撫馭屬國之道，朕不爲也。況黎維祁業經復國，安南大局已定，又何必因屬國逋逃未獲，將天朝錢糧兵馬，徒滋勞費，久駐炎荒，是進勦廣南一事，現在非不能辦，揆之天時地利之事，實有不值。」㉘阮文惠爲維繫南北人心，乃自稱帝於彬山，改泰德十一年爲光中元年（1778），並親率將士渡河北上，過乂安、清花，徵兵達八萬名。孫士毅自出關至收復黎城，所至克捷，而啓輕敵之心，疏於防守，又貪俘阮文惠之功，未能遵旨班師。昭統三年即乾隆

五十四年（1789）正月初二日，阮文惠大軍過江逼近黎城，清軍倉皇禦敵。初五日五更，阮文惠親自督戰，驅軍大進，以雄象百餘頭爲前隊，有進無退，勁兵乘勝掩殺，清軍傷亡枕藉，孫士毅棄城北走，撤回內地，陣亡及失蹤官兵多達五千餘名㉙。

孫士毅統率官兵出關征討安南，收復黎城，冊封黎維祁爲安南國王，實與天朝字小存亡興滅繼絕體統攸關，厥功至偉，在漢大臣中有此全材者究屬罕見。當孫士毅兵敗退回內地後，清高宗不但未治以失律之罪，轉爲憐惜，多方撫慰。清高宗認爲安南雖然是蕞爾一隅，然而黎氏立國既久，政令廢弛，氣數已盡，爲天所厭棄。而且安南人情反覆，阮文惠屢陷黎城，其中不乏反側之人附從阮文惠，孫士毅不能留心偵察，竟爲所乘，尙非調度乖方所致。福康安也指出孫士毅提兵出關，三戰三捷，讀書人能如此實心肩任，一往無前，心可對皇上，可對天地。」㉚但因孫士毅威望已損，不足彈壓，清高宗改調福康安爲兩廣總督，馳赴鎮南辦理善後事宜。

阮文惠雖然三陷黎城，擊潰清軍，黎朝覆亡，惟造邦伊始，人心尙未貼服，廣南阮福映的復興勢力仍然存在，北方鄭氏亦伺隙而動，阮文惠又與其兄阮文岳各不相容，且與暹羅搆兵，阮文惠果欲號召國人，輯綏鎮撫。必須仰仗天朝封號，經由天朝的承認與冊封，正名定分，取得合法的地位，因此，阮文惠屢次遣使乞降請封。乾隆五十四年（1789）正月二十二日、二月初九日、二月二十二日、三月十九日四次遣使到關呈進表文。阮文惠於表文中自稱是西山布衣，並非竊據人國，其抗拒於前，輸款於後，雖然跡似抗衡，實不敢得罪天朝，故特遣其姪阮光顯詣關請降。福康安於昭德台按收表文，阮光顯請求進京瞻覲，並稱曾目睹安南將戕害天朝提鎮的兇犯正法示衆。福康安見其誠心悔罪，已不

復深究，但須在安南建立祠宇，向陣亡將士春秋虔祭。阮文惠得罪天朝，為表示肉袒求降，故議定於乾隆五十五年（1790）八月清高宗八旬萬壽時親詣闕廷，輸誠納款。阮文惠呈進兩廣督撫的表文，俱署名阮光平，因此當清高宗接受阮文惠乞降後，清廷頒給安南的文書亦改書阮光平字樣。清高宗以阮光平恭謹殷切出於至誠，即於乾隆五十四年（1789）六月二十二日明降諭旨，正式冊封阮光平為安南國王。

　　清高宗於寄信上諭中屢次指出黎氏立國已久，其興衰未必不關乎氣運。安南搆亂頻仍，黎維祁復怯懦無能，足見天厭黎氏，孫士毅不能作速撤兵，知進而不知退，以致有此挫失。清高宗認為出師以定亂，班師以知退，黎維祁昏懦無能，難以自立，不值復加扶植。清高宗在《御製安南記事文》謂：

> 安南雖南瀛小邦耶，然亦有民人焉，有社稷焉，且奉本朝正朔，稱外藩者百餘年，其邦遭亂，興滅繼絕，禮亦宜之，是蓋奉天道也。然彼邦之遭亂，豈無所由，且其據黎城而擅號召者，原非一姓也，則自古至今，主中華而稱正統者，率可知矣。雖乘除有命，而興亡在人，順天者昌，逆天者亡，吁！是不大可畏乎？黎城既復，嗣孫重封，其陷於阮之土地，以次傳檄而定，二阮窮蹙，竄歸廣南。廣南去黎城又二千餘里，是役也，官軍裹糧以進，設台站以運，不資安南一草一木，而安南荒亂之餘，亦不能供軍儲也。官軍纔萬餘，而台站運糧之夫，將用至十餘萬，則勞內地矣。因護外小邦，為之掃穴執醜而勞內地，是大不可也，且既已為之興滅繼絕，則彼之竄寇，應付彼平之。夫以國家之力，抵廣南，執二醜，亦優為之。但權其輕重，知止不殆，佳兵不祥。且安南亦一小邦也，黎氏近代以來，鮮有能為

> 自強之君，或者天將厭其德乎？夫天厭其德之邦，而予助
> 之，則予豈敢，出師以定亂，班師以知退，或者不違天道，
> 而有合於王者之師乎③？

　　清高宗認爲辦理庶務，必須順天而行，黎朝已爲天厭其德的
屬邦，倘若知進不知退，仍助黎氏，則將違悖天道。易言之，興
滅繼絕，字小存亡，必須順天而行，合乎天道。黎維祁因天厭其
德而自喪其國。阮光平以獲罪天朝，悔過求降，並請詣闕乞討，
清高宗認爲「斯則不勞師而寧衆，與封黎氏無異。」②

五、結　語

　　安南是中國的屬邦，其臣服中國已有悠久的歷史，滿洲入關
後，清廷與安南仍然維持名義上的宗屬關係，安南新君繼位，須
經清廷冊封，方能取得對內對外的合法地位。然而天朝對安南僅
止於維持體制而已，對屬邦的內政並不加以干涉。

　　乾隆年間，安南內亂，西山阮氏崛起，既滅廣南，復敗鄭氏，
恃強篡奪，攻陷黎城，逐主亂常，國王黎維祁出奔，已無寸土，
王眷窘迫內投，顛沛流離，叩關籲救。清高宗以安南久列藩封，
恪共職貢，於是命將統師，以春秋伐叛之意，聲罪致討，擊敗阮
氏，收復黎城，敕封黎維祁爲國王，並送回王眷。清廷興滅繼絕，
濟弱扶傾的措施，不僅與天朝維持體制攸關，也是王師弔民伐暴
之舉，其於安南字小存亡之道，實爲史冊所罕見。清高宗不得已
用兵於安南，並非好大喜功之舉，不當存窮兵黷武書生之見。

　　興滅繼絕，字小存亡，一方面與宗屬關係的維持有關，黎氏
政權既經天朝冊封，鑄頒國印，屬邦國破家亡，宗主國不能置之
不問。另一方面則與天道轉移有關，黎維祁怯懦無能，不知振作
自強，天厭其德，扶助爲天所厭棄，氣數已盡的黎氏，並不合乎

天道，順天而行，知進知退，仰體天意，就是清高宗撫馭屬國之道。清高宗鑒於天時地利人事，爲求息事寧人，改封阮光平爲安南國王，其轉變頗值玩味。

【註　釋】

① 《大南實錄》，前編（日本，日本有鄰堂，昭和三十六年三月），卷一一，頁17。

② 岩村成允著，許雲樵譯《安南通史》（星洲世界書局，1957年11月），頁156，謂阮福淳在景興三十八年九月卒於龍川。

③ 《大南實錄》，正編，第一紀，卷二，頁21。

④ 《宮中檔》（臺北，國立故宮博物院），第2774箱，205包，50867號。乾隆五十二年五月初八日，孫士毅奏摺。

⑤ 《宮中檔》，第2727箱，218包，54215號。乾隆五十三年六月初七日，孫士毅奏摺。據廣西太平府知府陸有仁面向阮輝等手寫問條答稱阮文岳等於八月初七日遁去云云。

⑥ 《軍機處檔‧月摺包》（臺北，國立故宮博物院），第2778箱，162包，38890號。乾隆五十三年六月初七日，孫士毅奏摺錄副，陸有仁手寫問條。

⑦ 《軍機處檔‧月摺包》，第2778箱，163包，39025號。乾隆五十四年六月初四日，孫士毅奏摺錄副，阮輝宿等供摺。

⑧ 《明清史料》（臺北，中央研究院歷史語言研究所，民國四十九年五月），庚編，第二本，頁107，移會。

⑨ 《宮中檔》，第2727箱，218包，54285號。乾隆五十三年六月十三日，孫永清等奏摺。

⑩ 《軍機處檔‧月摺包》，第2778箱，163包，39031號。乾隆五十三年五月十二日，呈文。

⑪　《清高宗純皇帝實錄》，卷一三〇八，頁3。乾隆五十三年七月辛
酉，諭旨。

⑫　《宮中檔》，第2727箱，218包，54338號。乾隆五十三年六月十九
日，孫士毅奏摺。

⑬　《清高宗純皇帝實錄》，卷一三〇七，頁9。乾隆五十三年六月庚
戌，諭旨。

⑭　《清高宗純皇帝實錄》，卷一三〇八，頁25。乾隆五十三年七月庚
午，諭旨。

⑮　《清高宗純皇帝實錄》，卷一三一一，頁29。乾隆五十三年八月丙
辰，諭旨。

⑯　《宮中檔》，第2727箱，219包，54476號。乾隆五十三年七月初八
日，孫士毅等奏摺。

⑰　《清高宗純皇帝實錄》，卷一三一九，頁16。乾隆五十三年十二月
己酉，諭旨。

⑱　《軍機處檔‧月摺包》，第2778箱，162包，38886號。乾隆五十三
年七月初五日，阿桂奏摺。

⑲　《軍機處檔‧月摺包》，第2778箱，163包，39026號。乾隆五十三
年九月十五日，呈詞。

⑳　《軍機處檔‧月摺包》，第2778箱，163包，39039號。乾隆五十三
年九月十五日，呈詞。

㉑　《軍機處檔‧月摺包》，第2778箱，163包，39027號。乾隆五十三
年七月二十九日，安南七州原稟。

㉒　《軍機處檔‧月摺包》，第2778箱，163包，38910號。乾隆五十三
年八月十二日，孫士毅奏摺錄副。

㉓　《軍機處檔‧月摺包》，第2778箱，163包，39024號。乾隆五十三
年八月二十四日，黎維祁柬文。

㉔　《上諭檔》(臺北，國立故宮博物院)，方本。乾隆五十三年冬季檔，頁
　　295。

㉕　陳文為等奉敕撰《欽定越南史通鑑綱目》(臺北，國立中央圖書館，
　　民國五十八年一月)，卷四七，頁38。

㉖　《欽定安南紀略》，卷二六，頁2。乾隆五十五年正月初三日，抄
　　錄孫士毅奏摺。

㉗　《欽定安南紀略》，卷二五，頁13。乾隆五十四年十二月十一日，
　　抄錄福康安奏摺。

㉘　《上諭檔》，方本。乾隆五十三年分，頁269，十二月二十七日，
　　寄信上諭。

㉙　《宮中檔》，第2727箱，226包，56526號。乾隆五十四年二月十五
　　日，孫士毅奏摺。

㉚　《軍機處檔・月摺包》，第2778箱，162包，39011號。乾隆五十四
　　年四月初五日，福康安奏摺錄副。

㉛　《清高宗純皇帝實錄》，卷一三二七，頁29。乾隆五十四年四月癸
　　丑，諭旨。

㉜　《清高宗純皇帝實錄》，卷一三三五，頁20。乾隆五十四年七月戊
　　申。

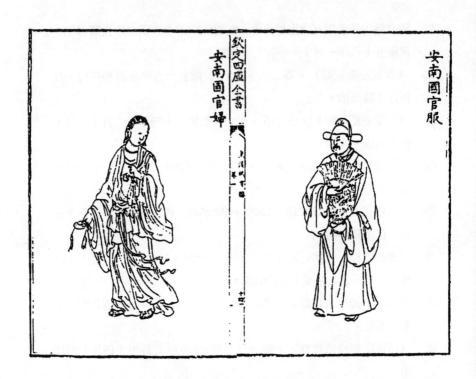

安南官服、官婦《欽定四庫全書》

清代滿文族譜的史料價值
——以托雲保、李佳氏興墾達爾哈族譜爲例

一、前　言

　　族譜雖然只是一個家族歷史紀錄，但因族譜所記載的內容，細緻入微，往往可以補充正史的不足。滿族重視修譜的原因，除了受漢族的影響，可以追本溯源，光宗耀祖以外，更重要的原因，似乎與滿洲八旗制度有著密切的關係。在有清一代，滿族的人丁身分地位、官職的承襲，都需要族譜作爲重要憑證。《滿族家族選編》一書已指出：「一六三四年開始授予世襲佐領與公中佐領敕書。由於某些八旗官職可以世襲，因此有人在請求擔任世襲佐領時，必須以敕書說明承襲緣由，十七世紀後期還需要以家譜證有家世。」①清世宗雍正五年（1727），管理旗務大臣等議准，「凡係世職官員，令其預先繕造家譜，存貯都統衙門；其後若有應行增入者，令於歲底具保增入」②。由此可知雍正年間以來，族譜與敕書都是承襲世職的重要憑證。

　　滿族既珍視族譜，修譜風氣日益盛行，後世保存各氏族的族譜，仍極可觀，數量頗多，其中含有部分滿文族譜，彌足珍貴。例如國內故宮博物院、中央研究院、日本東洋文庫等機構，都藏有滿文族譜，值得重視。

　　滿洲八旗制度和戶籍制度，都助長了滿族修譜的風氣，滿文族譜的纂修，主要是依據旗署所存戶口冊、各旗檔冊、舊譜稿及

佐領根源等珍貴資料，其可信度頗高，不僅根據各氏族內部的資料，也參考官方檔案，不同於漢族傳統族譜，充分突顯了滿洲族譜的特點。

二、托雲保家譜與八旗佐領承襲制度研究

國立故宮博物院現藏清代檔案，主要是按照文物南遷以前各檔案原來存放的地點加以分類的，依其來源，大致可以分爲《宮中檔》、《軍機處檔》、《內閣部院檔》、《史館檔》等四大類，此外還有部分雜檔。《軍機處檔》以月摺包及各種檔冊，爲數最多。在光緒朝月摺包的附件內，就含有滿漢文家譜（booi dur-ugan）。光緒二十七年（1901）十一月初六日，管理鑲紅旗滿洲都統事務和碩親王善耆（sanki）等因旗下世管佐領（jalan halame bošoro niru）托雲保（toyūmboo）出缺，將托雲保所出之缺，爲承襲佐領事，將有房分人等內揀選擬正、擬陪及列名人員，具摺奏明，在原摺內附呈托雲保家族的滿漢文的家譜各一件。

在托雲保家譜內詳載承襲世職的次數、年分、年齡、現職、健康狀況及世系輩分等項，例如玉泰之子延祜（yanhu），表中注明"hūwasabure cooha, bethe jadagan"（養育兵、腿疾）。延祜之子托錦（togin），注明"sula, nadan se, faidaha, se ajigen ofi, kooli songkoi tuwame sindarakū"（閒散，七歲，列名，因歲小照例不驗看）。松年之子榮濤，注明"bošokū, nimembi"（領催，病）。其他如雲騎尉松連長子德馨，注明「閒散，十四歲」，次子德安是馬甲，多福之子多儒，文秀長子恆奎，也是馬甲，文秀次子恆桂是養育兵，三子恆喜，表中注明「將恆喜過繼與伊始祖舒通阿之三世孫文林爲嗣」。恆喜之子壽凌，注明「閒散，八

歲」。文林胞姪德勝是養育兵。伊連之子英奎、貴凌之子柏山，都是護軍。多祿長子春林，「閒散，五歲」；次子春培，「閒散，三歲」。驍騎校榮文的長子愛連，「閒散，十八歲」，次子愛仁，「閒散，十三歲」。由前舉注語，可以知道光緒二十七年（1901）諸人的年歲，因為善耆等人是在這一年十一月初六日具奏的，所以也能夠知道托雲保家譜的纂修或增修經過，至少可以知道光緒二十七年（1901）十月底至十一月初六日以前，其家譜曾經增修。

　　滿洲八旗制度是一種封建制度，它不僅是軍事的，而且也是民政與經濟的，《清史稿》以八旗入於兵志，同時在〈食貨志〉也列入八旗丁口，也就是說明八旗與戶籍有關。滿族繼承制度與八旗封建制度有著密切的關係，滿族把家庭的繼承制度擴大到政治上去，以家族繼承制度來維持八旗封建制度，但滿族的繼承制度，不同於周代的宗法，其世職的承襲，並不限於嫡長子，從托雲保家譜的記載，可以了解滿族家庭的繼承制度。

　　托雲保家族存有佐領根源（nirui da sekiyen），記載著其祖先分編佐領的經過，其記載如下：

ere niru dade toyūmboo i eshen da mafa age bayan warkasi golo be gaifi, taidzu dergi hūwangdi be baime dahame jihe manggi, fukjin niru banjibrurue de, ilan niru banjibufi, emu niru be age bayan i jui alanfu de bošobuha, emu niru be duici bayan i jui karhuji de bošobuha, emu niru be yangginu gahasan i jui langge de bošobuha, jalan halame bošoro niru.

此佐領原係托雲保之叔始祖阿格巴彥帶領瓦爾喀什部落人等，於太祖高皇帝時來歸，始行編給三分佐領：一佐領阿

格巴彥之子阿蘭福承襲；一佐領堆齊巴彥之子喀爾胡濟承
襲；一佐領揚吉努噶哈善之子郎格承襲，世管佐領。
由前引佐領根源的記載，可以了解托雲保始祖歸附及分編佐領的
情形。查《滿文老檔》天命八年（1623）七月初八日，有下面
一段記載云：

> warkasi langge iogi i jui dungsilu de sunja tanggū
> nikan bu, šangnara bade ama i iogi i hergen de baha-
> kini, langge i deo langse kadalame muteci encu sunja
> tanggū nikan bu, šangnara bade iogi i hergen de baha-
> kini.③

瓦爾喀什郎格遊擊之子棟什祿，給與五百漢人，賞給其父
遊擊之職。郎格之弟郎色，若能管轄，則另給五百漢人，
賞給遊擊之職。④

對照《滿文老檔》後，可以知道托雲保家譜所載世管佐領的淵源
是可以採信的。

據托雲保家譜記載及善耆奏摺，可以知道郎格陣亡以後，由
其胞弟郎色承襲世職，出缺後由其叔祖倭和斐揚武（wehe fi-
yanggū）之孫璋什巴（jangsiba）承襲，從璋什巴以下的承襲情
形，善耆奏摺也有詳細的記載，其原奏云：

> oron tucike manggi, langge i ahūngga jui dungsilu de
> bošobuha, oron tucike manggi, banjiha eshen unggu
> mafa wehe fiyanggū i omolo yangguri de bošobuha, oron
> tucike manggi, langge i jacin jui de bošobuha, oron tuc-
> ike manggi, banjiha eshen langse i jui artai de bošobuha,
> oron tucike manggi, jui dahabu de bošobuha, oron tuc-
> ike manggi, banjiha deo dabdai de bošobuha, oron tuc-

ike manggi, banjiha deo dabai de bošobuha, oron tucike manggi, banjiha amji mafa maktu i jai jalan i omolo arfa de bošobuha, oron tucike manggi, banjiha eshen unggu mafa langse i jai jalan i omolo sunfu de bošobuha, oron tucike manggi, jui sutungga de bošobuha, nakaha manggi, jui foking de bošobuha, oron tucike manggi, bonjiha deo fude i jui urgun de bošobuha, oron tucike manggi, jui donghing de bošobuha, oron tucike manggi, jui wenlin de bošobuha.

出缺，郎格之長子棟什祿承襲。出缺，伊叔曾祖倭和斐揚武之孫揚固禮承襲。出缺，郎格之次子霍托承襲。出缺，伊胞叔郎色之子阿爾泰承襲。出缺，伊子達哈布承襲。出缺，伊胞弟達普岱承襲。出缺，伊胞弟達拜承襲。出缺，伊伯祖瑪克圖之二世孫阿爾法承襲。出缺，伊叔曾祖郎色之二世孫遜福承襲。出缺，伊子舒通阿承襲。休致，伊子佛慶承襲。出缺，伊胞弟富德之子烏爾棍承襲。出缺，伊子東興承襲。出缺，伊子文林承襲。

郎格的曾祖父是滿通阿，滿通阿有子三人，長子是烏爾登額章京，次子是鄂隆武哈斯祜，三子是倭和斐揚武。鄂隆武哈斯祜有子二人，長子是揚吉努噶哈善，次子是阿格巴彥。倭和斐揚武有子二人，長子是堆齊巴彥，次子是遜札齊巴彥。揚吉努噶哈善有子三人，長子是郎格，次子是阿爾布呢，三子是郎色。阿格巴彥有子一人，名叫阿蘭福。堆齊巴彥有子一人，名叫喀爾胡濟。遜札齊巴彥有子二人，長子是璋什巴，次子是揚固禮。從郎格陣亡以後，至托雲保的承襲順序，可以列出簡表如下：

langge（郎格）……胞弟 langse（郎色）——叔之子

jangsiba（璋什巴）──長子 dungsilu（棟什祿）──叔
之子yangguri（揚固禮）……次子hoto（霍托）……胞弟
之子artai（阿爾泰）……胞弟之長孫dahabu（達哈布）
……胞弟之次孫dabdai（達普岱）……胞弟二世孫buk-
ada（布喀達）……胞弟三世孫fulehe（富樂賀）……三
世孫monggo（蒙武）……三世孫suka（蘇喀）……四世
孫mingboo（明保）……四世孫dekjingge（德克精額）…
…四世孫mingling（明凌）……五世孫murungga（穆隆
阿）……六世孫yargiyangga（雅爾吉揚阿）……七世孫
inggan（英安）……八世孫imiyangga（伊密揚阿）……
九世孫kisen（耆紳）……十世孫toyūmboo（托雲保）

由前表可知郎格陣亡後出缺，由胞弟郎色承襲，就是兄終弟及，
郎色出缺後，由其叔之子璋什巴承襲，璋什巴出缺後，由郎格長
子棟什祿承襲，棟什祿出缺後，又傳叔之子，郎格以下，或傳弟，
或傳叔之子，或傳弟之子，不限直系，從郎格三世孫以後始確立
直系孫承襲的習慣。

三、李佳氏族譜與滿族命名習俗研究

　　日本東洋文庫珍藏頗多清代滿洲家譜，有滿文家譜和漢文家
譜，例如《長白山李佳氏族譜》、《興墾達爾哈家譜》等，都是
滿文家譜⑤，具有高度學術價值，對研究清代滿文家譜提供了很
豐富的資料。其中《長白山李佳氏族譜》有乾隆二十九年（
1764）序文，寫本，共四卷。在族譜中有「收存佳譜」等字樣
的漢文注記，從這些注記可以知道在乾隆中葉李佳氏子孫中第九
世ude, minghing, lungguwang, cišiu（七十五）、第十世liošii（
六十一）、danjo, jiocengge，第十一世guwanggatai, dekni,

dooboo，第十二世yuboo, tekji等共十二人都各「收存佳譜一部」，由此可知在乾隆中葉，《長白山李佳氏族譜》共有十二份，分別由族中十二人收存。

清代滿族，俱隸屬八旗。在《長白山李佳氏族譜》中有各旗分的漢文注記，從這些注記可以知道李佳氏族人在八旗中的分布及旗分隸屬情形。爲了便於說明李佳氏族人在八旗中的分布情形，見列簡表於下：

長白山李佳氏旗分隸屬簡表

世別	名　　　字	旗　　　別
二	lii jirhai	正白旗滿洲
三	oron jacin	鑲白旗滿洲
四	acungga	正白旗滿洲
四	ajuhu	鑲藍旗滿洲
四	esu	鑲紅旗滿洲
四	kilhun	鑲黃旗滿洲
四	lailuhun	鑲紅旗滿洲
五	nomida	鑲白旗滿洲
五	duicin	鑲黃旗滿洲
五	gimasu	鑲黃旗滿洲
五	ningguci	正白旗滿洲
五	jaha	正白旗滿洲
五	botai	正白旗滿洲
五	hūwangguri	正白旗滿洲
五	waisan	正白旗滿洲
五	yarhaci	正白旗滿洲
五	dara	正白旗滿洲
五	tube	正白旗滿洲
五	dasibu	正白旗滿洲
五	dahan	正白旗滿洲
五	dambu	正白旗滿洲
五	kunitgge	正白旗滿洲

五	arbu	鑲藍旗滿洲
五	nomida	鑲白旗滿洲
五	jalari	鑲白旗滿洲
五	antun cahan	鑲白旗滿洲
五	cuyangga baturu	正白旗滿洲
五	aculan baturu	正白旗滿洲
五	batangga	正白旗滿洲
五	bayangga	正白旗滿洲
五	tabangga	正白旗滿洲
五	atuguwangdo	鑲黃旗滿洲
五	amila	鑲黃旗滿洲
五	dajuhubayan	鑲紅旗滿洲
六	siltan	正黃旗滿洲
六	fangkala	正黃旗滿洲
六	fangkala	正黃旗滿洲
九	mingsan	正藍旗滿洲
九	sordai	正白旗滿洲
九	fulu	正白旗滿洲
九	arsalan	正白旗滿洲
九	dzanghai	正白旗滿洲
九	sanding	正白旗滿洲
九	sampo	正藍旗滿洲
九	hiseo	正白旗滿洲
九	garhatu	正白旗滿洲
九	gartai	正白旗滿洲
九	wandung	鑲白旗滿洲
九	fiyanggu	鑲白旗滿洲
九	sahai	鑲白旗滿洲
九	weibii	鑲黃旗滿洲
九	fumosang	鑲黃旗滿洲
九	gartai	鑲白旗滿洲
九	laitsun	鑲白旗滿洲
九	dase	鑲白旗滿洲
九	samboo	鑲黃旗滿洲
九	sartu	正白旗滿洲
九	murtai	正白旗滿洲
九	salingga	正白旗滿洲

九	herdei	正白旗滿洲
九	ciowanboo	正白旗滿洲
九	yuwanping	正白旗滿洲
九	jitai	正白旗滿洲
九	jihing	正白旗滿洲
九	nadanju	鑲白旗滿洲
九	alkitu	鑲白旗滿洲
九	joohi	鑲白旗滿洲
九	otungbooelge	正黃旗滿洲
九	yangtsai	正黃旗滿洲
九	dingju	正黃旗滿洲
九	hesen	正白旗滿洲
九	wele	正白旗滿洲
九	dudu	正白旗滿洲
九	ciši	鑲紅旗滿洲
九	piyantu	鑲黃旗滿洲
九	tsaisoju	鑲黃旗滿洲
九	heyeng	鑲黃旗滿洲
九	guwaimboo	鑲黃旗滿洲
九	lide	鑲黃旗滿洲
九	besao	鑲黃旗滿洲
九	ocilan	鑲紅旗滿洲
九	oton	鑲紅旗滿洲
九	bage	鑲紅旗滿洲
九	cišiu	鑲紅旗滿洲

如前表所列八十三人，其隸屬於正黃旗者，共五人，佔六％；鑲黃旗共十四人，佔一七％；正白旗共三十九人，佔四七％；鑲白旗共十四人，佔一七％；鑲紅旗共八人，佔一〇％；正藍旗共一人，佔一％；鑲藍旗共二人，佔二％，其中正白旗所佔比例最高，幾佔總人數之半，而正紅旗卻無一人。

從《長白山李佳氏族譜》的註記，也可以知道李佳氏這一家

族的子孫在清代所充任的文武各職，包括：同知、郎中、員外郎、監生、蘇拉章京、筆帖式、正卿、少卿、庫掌、庫使、庫守、司庫、主事、苑副、苑丞、教習官、王府典儀、道員、守禦、千總、前鋒校、雲騎尉、飯上總領、輕車都尉、護軍參領、護軍都統、侍衛、步軍校、親軍校、騎都尉、鷹上頭目、催總、右衛、駐防協領、步軍都尉、關防等文武職。

　　從《長白山李佳氏族譜》的記載，也可以知道這一家族的祖居地、遷徙情形及其他理分布。其第一世始祖李圖門（lii tumen）名下注明"daci golmin šanggiyan alin i jakumu bade tehebihe, amaga jalan i niyalma fe ala i ligiya holo de gurifi tehebi."意即原居長白山扎庫穆地方，其後人徙居佛阿拉李佳溝。從家譜中的注記，可以知道其後世子孫因充任公職而分布各地，例如第五世dahan居住興京老城，jacinholo在杭州駐防。第七世 muriku是興京驍騎校，entei是杭州驍騎校。第八世guwanseo 是山海關守禦，cangseo是江南防禦，solhoto是西安佐領兼雲騎尉，oca是西安佐領，tuha是江南佐領。第九世tingju是杭州駐防協領，fulu是張家口蘇拉章京，suman是荊州同知，七十（cisi），六十（liosi），是荊州佐領，delun是江南道，hengguwang是霸昌道，guwanju, badase, tungboo, syšici（四十七），俱在天津，cangdzai, jioge, dingju, ertu, gertu等俱在西安，從人口移動及民族遷徙而言，都是珍貴的資料。

四、興墾達爾哈家譜的史料價值

　　北亞草原族群，有以父親或祖父年齡為新生嬰兒命名的習慣，這種名字，叫做數目名字，含有紀念的性質⑥，也是孝道觀念的具體表現。例如滿族《白氏源流族譜》記載第四世太真的長子叫

做七十八，五子叫做五十九，都是數目名字，七十八出生時，其祖父伯壽正好七十八歲，於是以祖父的當時年齡爲長孫命名；五十九出生時，其父親正好五十九歲，於是以父親的當時年齡爲初生的老么命名。《福陵覺爾察氏譜書》記載十二世祖明保的長子八十五，次子八十六的數目名字，長子大於次子，而其名字卻小於次子，就是因爲長子出生時，其祖父年齡才八十五歲，次子出生時，其祖父已八十六歲。十五世常春的次子名叫六十一，三子名叫六十五⑦，也是弟弟的數目名字大於哥哥的數目名字。從《長白山李佳氏族譜》的世系表，同樣可以發現許多數目名字，李佳氏從第八世以下，開始出現數目名字，其中第八世以 ušii（五十）ušii（五十一）、lioši（六十）、liošiu（六十五）、liošiba（六十八）、ciši（七十）、bašisan（八十三）、bašisy（八十四）等數目命名者，共十一人。第九世以 sysici（四十七）、lioši（六十）、ciši（七十）、nadanju（七十）、cišiu（七十五）、basilio（八十六）等數四命名者，共六人。第十世以 siu（十五）、ušisy（五十四）、ušiu（五十五）、liošii（六十一）、liošici（六十七）、cišii（七十一）、cišilio（七十六）、cišiba（七十八）、cisijio（七十九）、basi（八十）、bašisan（八十三）、bašilio（八十六）等數目命名者，共十二人，以上共二十九人的名字，都是數目名字，爲研究滿族命名習俗，提供了很多的民俗資料。

　　東洋文庫珍藏的《興墾達爾哈家譜》，具有很高的史料價值。陳捷先教授撰〈談滿洲族譜〉一文，已作扼要介紹。陳教授指出這一部譜書有其特別處：世系表與簡略記事同在一頁，記事部分在人名下；人名間有翻譯成漢字的，但仍以滿文爲主，記事則全寫滿文；每頁的左邊寫註一、二、三、四、五、六表示世代，並在漢字人名右上角也註明世代，很像歐陽氏的格式，但是譜表顯

然是屬於寶塔式的⑧。興墾達爾哈家族的事蹟，見於《滿文老檔》及
《清史稿》等文獻。《興墾達爾哈家譜》世系表記載這個家族的
第一世始祖是興墾達爾哈（singken darhan），二世祖是錫爾格
明阿圖（sirge minggatu），三世祖是齊爾哈那模爾根（cir-
hana mergen），四世祖爲珠孔額（jukungge）。珠孔額有子二
人，長子太杵（taicu）有子二人，長子是清佳砮（cinggiyanu），
次子是楊佳砮（yanggiyanu）。楊佳砮，《清史稿》作「楊吉
砮」，有傳。據〈楊吉砮傳〉記載說：「楊吉砮，葉赫部長，孝
慈高皇后父也。其先出自蒙古，姓土默特氏，滅納喇部據其地，
遂以地爲姓；後遷葉赫河岸，因號葉赫。其貢於明，取道鎮北關，
地近北，故明謂之北關。」⑨由此可知興墾達爾哈子孫所修的家
譜，也可稱爲葉赫那拉氏族譜，或叫做土默特氏族譜。《滿文老
檔》記載努爾哈齊於天命五年（1620）四月十七日致五部喀爾
喀諸貝勒書內有「明國萬曆帝以重賞財帛爲名，誘騙葉赫之布寨、
納林布祿之父青佳努、楊吉努至開原城殺之」等語⑩。

　　《清史稿》〈楊吉砮列傳〉記載其始祖世系，頗爲清楚，可
與滿文家譜互相對照。茲引其始祖至楊吉砮世系及簡單事蹟如下：

> 始祖星根達爾漢生席爾克明噶圖，席爾克明噶圖生齊爾噶
> 尼。正德初，齊爾噶尼數盜邊，斬開原市。八年，其子褚
> 孔格糾他首加哈復爲亂，旋就撫，授達喜木魯衛都督僉事。
> 褚孔格阻兵數反覆，爲哈達部長旺濟外蘭所殺，明賜敕書
> 及所屬諸寨，皆爲所奪。褚孔格子太杵子二：長，清佳
> 砮；次即楊吉砮。能撫諸部，依險築二城，相距可數里，清佳
> 砮居西城，楊吉砮居東城，皆稱貝勒。明人以譯音，謂之
> 二奴。⑪

由前引一段可知家譜中的第一世祖興墾達爾哈（singken darhan），

即星根達爾漢；二世祖錫爾格明阿圖（sirge minggatu），即席爾克明噶圖；三世祖齊爾哈那模爾根（cirhana mergen），滿文"mergen"是智者或賢人的意思，齊爾哈那即齊爾噶尼；四世祖珠孔額（jukungge），即褚孔格；珠孔額長子"taicu"，即太杵，是第五世；太杵二子；長"cinggiyanu"，即清佳砮；次"yanggiyanu"，即楊吉砮。由此可知家譜的世系表，與《清史稿》是相合的，也足以說明《興墾達爾哈家譜》具有很高的可信度。

在《興墾達爾哈家譜》的世系表內，從第六世以下注明其子孫所屬旗分，例如在清佳砮名下注明"erei omosi gulu fulgiyan i gūsade bi, damu emu gargan kubuhe lamun i gūsade bi." 意即「其子孫在正紅旗，惟一支在鑲藍旗。」在楊吉砮名下注明"erei omosi gulu suwayan i gūsade bi, damu emu gargan gulu sanggiyan i gūsade bi." 意即「其子孫在正黃旗，惟一支在正白旗。」在彥柱（yanju）名下注明 "erei omosi kubuhe lamun šanggiyan i gūsade bi." 意即「其子孫在正白旗。」在雅爾布（yarbu）名下注明"erei omosi kubuhe lamun i gūsade bi."意即「即子孫在鑲藍旗。」在雅巴蘭（yabaran）名下注明 " erei omosi gulu šanggiyan i gusade bi." 意即「其子孫在正白旗。」由表中的滿文注記，可知道興墾達爾哈這個家族在八旗的分布情形及其所屬旗分，這些資料，對研究清代滿洲八旗制度提供了珍貴的補充資料，值得重視。

五、結 語

李林先生在《滿族家譜選編》序言中指出滿族家譜與那些珍貴的古籍一樣，有極高的學術價值，歸納起來，有四個方面值得重視：

一滿族家譜都記載：祖居何地，遷徙時間，到達地區，以及
　世系戶口等項，這對了解遼寧地區滿族的來源，提供了極
　爲精確的文字資料，對研究遼寧滿族人口結構、變化情況
　提供了許多可靠數據。

二滿族家譜還記載：八旗土地狀況、官職品級、派遣駐防、
　八旗兵丁，這對了解滿族在遼寧開發中的貢獻，以及對清
　廷某些政策的了解提供了難得的資料。

三滿族家譜中都記載：滿族的婚喪嫁娶、祭祀、家規等習俗，
　並附以圖示說明，以及姓氏起源、演變、祖宗功德等等，
　爲了解滿族風俗、氏族提供了細緻入微的可靠資料。

四滿族家譜涉及到滿族社會的許多方面，將可彌補史書的不
　足，而且爲研究滿族的歷史開闢了新的途徑⑫。

　　滿族家譜爲研究滿族歷史，確實提供了珍貴的資料。乾隆九
年（1744），清高宗敕撰《八旗滿洲氏族通譜》，曾經綜述了
當時的滿族家譜概況。早在這個世紀的五十年代，學者已開始探
討滿族家譜，其後陸續有人進行研究，滿族家譜遂更加受到中外
學者的重視，但因存世的滿文家譜，爲數較少，學術界對滿文家
譜仍未進行系統的、全面的研究。

　　由於滿文家譜內容記載細緻入微，可以補充官書的不足，也
是滿族家譜的重要組成部分。在世管佐領托雲保家譜世系表中所
載世職的承職，家族成員的現職，承襲人員的年齡、健康狀況等，
都是研究八旗制度及滿族家庭繼承制度的具體資料。在滿文家譜
中也有佐領根源，可以了解各佐領的分編情形及其淵源關係。滿
文家譜多有滿文或漢文的注記，從這些注記的內容，可以知道家
譜的收存情形。清代滿族都隸屬八旗，從世系表中的滿漢文注記，
可以知道各家族所隸旗分及其在八旗中的分布概況。由於滿文家

譜多注明各家族始祖的祖居地及遷徒地點，可以知道各家族的來源及地理分布。因世系表中多注明各成員的官職，也可以了解其文武現職，以及在清代政治組織中所扮演的角色。滿文世系表中詳列各世代家族成員的名字，其中多有以數目命名者。在滿族社會中以數目命名的習慣，極為普遍，滿文世系表，對研究滿族命名習俗也提供了很珍貴的民俗資料，滿文家譜確實有它的特色。

【註　釋】

① 〈序言〉，《滿族家譜選編⑴》（瀋陽，遼寧民族出版社，1988年7月），頁3。

② 《軍機處檔·月摺包》，第2736箱，86包，145429號、145430號。光緒二十七年十一月初六日，善耆等奏。

③ 〈太祖⑵〉，《滿文老檔》（日本東京，東洋文庫，昭和三十一年八月），頁844。

④ "dungsilu"，按托雲保家譜作"dungsilu"，漢譯作「棟什祿」，中國第一歷史檔案館等譯註《滿文老檔（上冊）》（北京，中華書局，1990年3月），頁542作「東希祿」，同音異譯。

⑤ "Catalogue of the Manchu-Mongol section of The Toyo Bunko", The Toyo Bunko & The University of Washington Press. 1964. P. 257。

⑥ 莊吉發撰〈談滿洲人以數目命名的習俗〉，《滿族文化》，第二期，頁18。

⑦ 《滿族家譜選編⑴》，頁33、頁34、頁204。

⑧ 陳捷先撰〈談滿洲族譜〉，《第三屆亞洲族譜學術研討會會議記錄》（臺北，聯合報文化基金會國學文獻館，民國七十六年九月），頁67。

⑨　《清史稿》（臺北，國立故宮博物院），〈列傳十・楊吉砮〉，頁4。

⑩　《滿文老檔（上冊）》，頁141；《滿文老檔⑴》，頁229。

⑪　《清史稿》，（楊吉砮列傳），頁4。

⑫　《滿族家譜選編⑴》，〈序言〉，頁10。

附錄：世管佐領托雲保家譜㈠　光緒二十七年

附錄：世管佐領托雲保家譜㈡　光緒二十七年

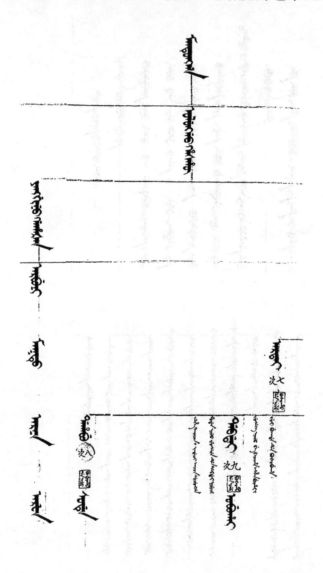

附錄：世管佐領托雲保家譜㈢
　　　光緒二十七年

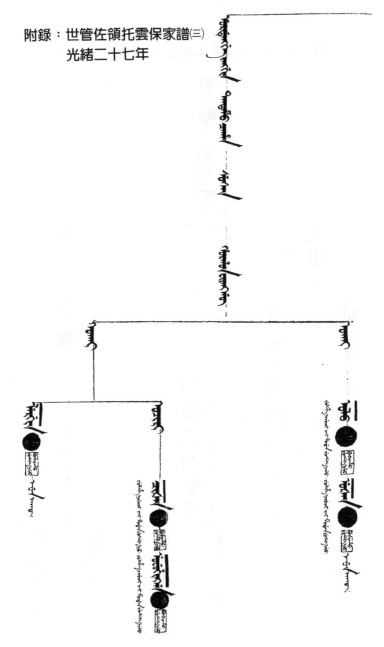

附録：世管佐領托雲保家譜㈣　光緒二十七年

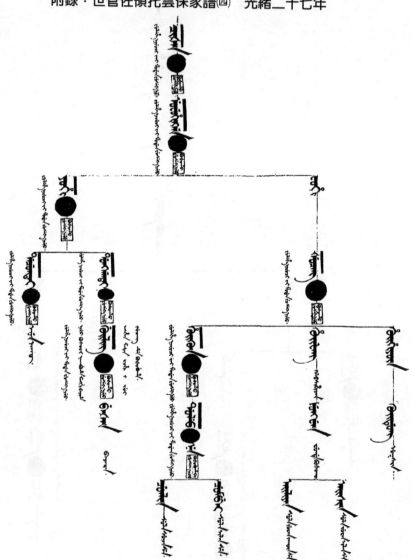

附錄：世管佐領托雲保家譜㈤　光緒二十七年

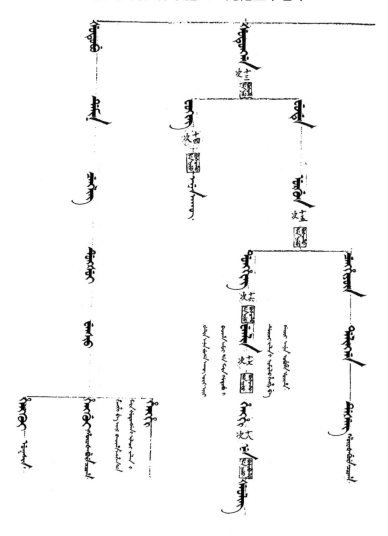

附錄：世管佐領托雲保家譜(六)　光緒二十七年

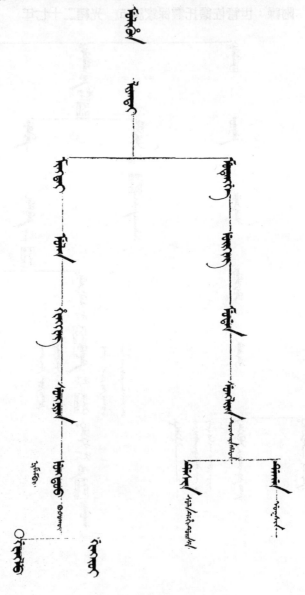

清初人口流動與乾隆年間（1736-1795）禁止偷渡臺灣政策的探討

一、前　言

　　人口的變動，包括人口的增減、人口的組合及人口的移動，都是社會變遷的主要因素。人口移動是人類對環境中的社會經濟及人口壓力的一種反應，可以引起社會結構的重大改變。

　　清代從十七世紀中葉以來，經過長期的休養生息，戶口與日俱增。由於食指眾多，人口與土地的分配，已經失去均衡的比例，地區性的人口壓迫問題，遂日趨嚴重，有許多人便從人口稠密的地區向外遷移。

　　在清代人口的流動中，福建、廣東是南方最突出的兩個省分。臺灣土沃人稀，可以容納內地過剩的人口，閩粵沿海州縣民人為謀生計，遂相繼東渡，或倚親友而居，或藉傭工為活，或墾種土地，或從事貿易，篳路藍縷，以啓山林，奠定中華民族在臺郡的開發基礎，提供了內地漢人一個適宜安居和落地生根的理想地方，緩和一部分內地人口壓迫的問題，頗具時代意義。

　　清廷領有臺灣後，對臺地的經營，其態度及政策，並不積極，祇是消極的防守與封禁而已[1]。由於福建泉、漳等郡兵民所食，多仰賴臺地米穀的接濟，限制臺郡人口的增加，就成為清廷解決泉、漳等郡兵民糧食的消極措施[2]。同時由於清廷對臺地漢人的防範，基於政治因素的考慮，限制臺郡人口的增加，也成為清廷

防範漢人以靖海疆的必要措施。

　　所謂偷渡，就是指無照移民，廣義的偷渡，包括國內的無照遷移與外洋的無照潛越，閩粵民人偷渡臺灣是屬於前者。無照私渡，例禁綦嚴，然而一方面由於官渡必經官方領給照票，海口查驗，胥役兵丁每多留難，勒索錢文；一方面由於沿海遼闊，港汊多歧，防範難周，易於偷渡。私渡僅須與客頭船戶說合，即可登舟出海，其費較官渡為省，又可省手續之繁。私渡既便於官渡，偷渡風氣，迄未稍戢。

　　閩粵民人偷渡臺灣，是清代人口流動下的產物。清初以來，為緩和人口壓力，積極獎勵墾荒，取消無地貧民的丁銀，增加貧民遷徙謀生的機會，閩粵沿海，地狹人稠，生計維艱，於是紛紛渡海入臺，清廷禁止偷渡臺灣，限制臺郡人口增長的消極措施，與清初以來獎勵墾荒緩和人口壓力的政策，是自相矛盾的。清廷雖然頒佈偷渡臺灣的禁令，三令五申，嚴加懲治，欲藉法令的力量，以限制臺郡人口的增加，但由於閩粵人口向外流動的趨勢，已經無法遏止，禁止偷渡臺灣的努力，終歸失敗，於是禁者自禁，渡者自渡，閩粵民人偷渡臺灣者，依然接踵而至。本文撰寫的旨趣即在就現存清代宮中檔、軍機處檔、內閣大庫檔等資料，以探討清代乾隆年間閩粵地區的人口流動與偷渡臺灣的背景、經過，並分析清廷禁止偷渡臺灣及限制搬眷過臺的政策對臺灣人口的增長及構成所產生的影響。

二、清初閩粵地區的人口流動

　　清代社會最顯著的特徵，就是人口的急遽增加。從十七世紀末葉到十八世紀末葉，經過長期的休養生息，其人口從一億五千萬增加到三億人以上，至少增加了一倍③。清代的人口壓迫問

題，從康熙、雍正年間（1662至1735），已經顯露端倪，乾隆年間（1736至1795），因人口急遽增加的問題而造成更大的社會壓力。羅爾綱先生將乾嘉道三朝民數與田畝進行比較以後，指出清代人口問題，歸根結蒂完全是人口與土地的比例問題。據估計每人平均需農田三畝至四畝，始能維持生活，但廣東每人平均祇得一畝餘，福建則不到一畝。人多田少，田地不夠維持當時人口最低的生活程度，由於人口與田地比例的失調，自然引起物價騰貴與生計艱維，糧食與人口的供求，已經失去均衡的比例，康熙末年，地方性的人口壓迫問題已經起來④。

　　生齒日繁，食指眾多，就是米貴的主要原因，在人口與田地比例失調的情形下，又有許多地方的耕地，普遍的開始稻田轉作，富戶人家以良田栽種煙草果樹等經濟作物，糧食生產面積日益縮減，其米穀供應，更形不足。即使在豐收之年，閩粵地區的米價，已較他省昂貴，偶逢偏災，米價更加騰貴。例如雍正四年（1726）春夏之交，霖雨過多，福建各府米價普遍昂貴，其中漳州府漳浦縣，泉州府同安縣等地方的米價，每石需銀二兩七八錢不等⑤。福建陸路提督吳陞具摺時指出「閩省幅員遼闊，生齒殷繁，惟是山多田少，歲產米穀，不足以資壹歲之需，即豐收之年，尚賴江浙粵省商船運到源源接濟，由來舊矣。」

　　廣東亦因生產殷繁，地狹人稠，歲產米穀，不敷民食。兩廣總督孔毓珣具摺時指出「廣東縣素稱魚米之鄉，然生齒繁庶，家鮮積蓄，一歲兩次收成，僅足日食，而潮州一府，界連福建，田少人多，即遇豐歲，米價猶貴於他郡。」⑥雍正四年（1726）十一月二十八日，福建巡撫毛文銓具摺指出南澳半屬福建，半屬廣東，向來只藉潮州米穀接濟，但因潮州米價騰貴，每石價銀三兩，所以不能接濟⑦。

　　乾隆初年以來，因人多米貴的問題日益嚴重，清高宗諭令各
省大吏繕摺覆奏，各抒所見。雲貴總督張允隨具摺奏覆米糧昂貴
的原因時指出偏災及商販囤積諸弊，自古皆然，並不足握米穀昂
貴之柄，而各省米價連歲有長無落，且到處皆然，豐歉無別，主
要原因就是由於長久以來的休養生息，生齒繁庶，所產之米不足
以供給日增的民食。張允隨指出天下沃野，首稱巴蜀，田多人少，
米價低廉，雍正八、九年間（1730～1731），每石僅四、五錢，
到乾隆初葉，動至一兩以外，一省如此，天下可知。質言之，「
食者日以益衆，而地不加闢，穀不加贏，此時勢之不得不貴者也。」
⑧閩浙總督喀爾吉善稽考福建誌乘後指出康熙初年，福建通省民
屯灶丁老幼男婦共一百四十餘萬，至康熙五十二年（1713），
頒降恩詔，滋生丁口永不加賦，是年福建通省查增盛世滋生丁口
共一十餘萬，合計通省民數不及一百六十萬。檢查乾隆十二年（
1747）奏報民數，則有七百五十餘萬，其滋生人口已四、五倍
於前。因此，喀爾吉善認爲「天之生人無窮，地之產穀有限，以
有盡應無窮，未有不見其日少而日貴者。」糧食生產面積有限，
人口增長無窮，以致民食不敷，因人多而米貴，民生日益艱難。
喀爾吉善又說：「民間米穀多則價賤，少則價貴，今生者寡，而
食者衆，無處不見不足，不足則有日貴之勢，難望其復賤，此戶
口繁滋爲米穀致貴之本也。」⑨地狹人稠的閩粵沿海地區，其人
多米貴的問題，較鄰近省分更加嚴重。福建巡撫潘思榘具摺覆奏
時，亦指出國家長期的休養生息，生齒日繁，而地不加闢，米價
勢必漸長。此外，人情不齊，惰窳者樂游閒，而坐棄地利，奢靡
者縱嗜慾而耗費物力，浮薄之民舍本逐末，都是不可忽視的原因。
所謂舍本逐末，主要是指福建農村社會普遍的稻田轉作，將耕地
改種經濟作物，「種煙藝蔗，踮麴造酒，惟圖一己之利，變膏腴

爲閒田，銷米穀於無用。」⑩由於經濟作物的大量種植，而引起的耕地緊張，已日益嚴重。

　　福建的精華區域主要是集中於福州、泉州、漳州沿海一帶，其西北內陸山區，因交通阻塞，開發遲緩，人口稀少。福建人口的流動方向，除了向海外移殖南洋等地外，其國內移徙方向，主要是向西北內陸及鄰近省分遷移。福建西北內陸延平、建寧、邵武等府山區，可以容納東南沿海精華區域過剩的人口，米價低廉，提供貧民謀生的空間，福建省的省內人口流動方向，就是由沿海人煙稠密地區流向西北內陸延平、建寧、邵武等府所屬各廳縣山區，或種茶，或墾荒，或傭趁，謀生容易。江西吉安、贛州、廣信、建昌等府所屬各縣，多鄰近福建，福建無業貧民進入江西沿邊丘陵地帶開山種地的流動人口，爲數極夥。此外，其流動方向，還遠至廣西、貴州、四川等省，開發中地區容納了福建眾多的過剩人口。

　　廣東亦因山多田少，食指眾多，其糧食生產和人口增長的比例，嚴重地失調。同時由於經濟作物與稻米奪地的結果，更嚴重地影響稻米供應的不足，越來越多無田可耕無業可守的貧苦小民，因迫於生計而出外謀生，成爲廣東地區的廣大流動人口。廣東人口的向外流動，除了移殖南洋等地外，多向鄰近省分遷移，其湧入福建西北內陸墾荒種地者，爲數頗多。廣西地廣人稀，可以容納廣東過乘的人口，廣東貧民多就食廣西。江西贛南盆地與廣東接壤，其沿邊丘陸坡地，茶園廣布，此外多栽種甘薯、橘樹，廣東湧入贛南盆地沿邊山區的流動人口，接踵而至，依山旁谷結尾而居。在江西沿邊搭棚居住的棚民，其來自廣東的流動人口，佔了很大的比重。此外，廣東流入四川、雲南、貴州等省的人口，爲數亦夥。

四川省經過明末張獻忠之亂以後，地廣人稀，故能容納外省大量過剩人口的移入。但就閩粵兩省而言，其流向四川的人口，以廣東爲最多，福建較少。廣州將軍署理廣東巡撫石禮哈具摺奏聞廣東民人接踵入川的原因云：「查粵省連年頗非荒歉，何致紛紛飄流川省，細推其故，祇緣川省浮於地，粵省滿於人，川地米肉多賤於粵，所以無識愚民趨利，日至衆多。」⑪石禮哈訪聞曲江山邨有人從川省返回原籍後口稱「川米三錢一石，肉一錢七劬」，以致鄉民竟有變產欲往四川者。包攬棍徒宣稱川省米肉平賤，一去落業，立可富饒，廣東無籍貧民遂攜老挈幼，每日二、三百，或四、五百名不等，前往四川覓食傭工種地⑫。雲貴總督張允隨檢查舊案後指出自乾隆八年（1743）至乾隆十三年（1748）五年之間，廣東、湖南二省人民由黔赴川就食者，共二十四萬三千餘口⑬，平均每年湧入四川就食的廣東、湖南二省貧民將近五萬人，其中以廣東人口所佔比例最大。

閩粵沿海州縣，由於地狹人稠，其無田可耕無業可守的貧民，因迫於生計而成爲流動人口，在清代人口的流動現象中，福建和廣東就是我國南方人口向外流動中最頻繁的兩個省分。臺灣與閩粵內地，一衣帶水，土地膏腴，人口稀少，明末清初之際，閩粵先民渡海入臺者，與日俱增，披荊斬棘，篳路藍褸，墾殖荒陬，閩粵人民在臺灣的拓展，終於奠定了穩固的開發基礎，爲中華民族提供一個適宜安居和落地生根的理想空間。康熙年間，清廷領有臺灣後，臺灣仍屬於開發中的邊遠地區，可以容納內地過剩的人口，閩粵人民計圖覓食，遂相繼渡臺謀生，臺灣人口因閩粵人民的大量湧入而迅速成長。福建巡撫鐘音於請編臺地保甲以防偷渡以靖海疆一摺奏稱：

臺灣一郡，孤懸海外，人民煙戶，土著少，流寓者多，皆

　　係閩之漳泉，粵之惠潮，遷移赴彼，或承瞨番地墾耕，或
　　挾帶貲本貿易，稍有活計之人，無不在臺落業，生聚日眾，
　　戶口滋繁，而內地無業之民，視臺地為樂土，冒險而趨，
　　絡繹不絕，請照以往者有之，私行偷渡者有之。到臺之後，
　　或倚親戚而居，或藉傭工為活，或本無可倚，在彼遊蕩者，
　　亦實蕃有徒⑭。

所謂偷渡，即指無照移民，廣義的偷渡包括國內的無照私渡與外
洋各地的潛越，閩粵人民偷渡臺灣是屬於前者。無照私渡，例禁
綦嚴，但官渡必經官府領給照票，海口查驗，胥役兵丁每多留難，
甚至勒索錢文，私渡便於官渡，其費亦省，閩粵人民為解決生計
問題，遂甘觸法網，無照私渡臺灣。

　　閩粵人民渡臺謀生者，接踵而至，臺灣人口迅速成長。但因
閩浙內地兵民所食，多仰賴臺地米穀的接濟，限制臺郡人口的迅
速成長，就成為清廷解決內地兵民糧食的消極措施。福建泉州、
漳州二府人多田少，民食維艱，雖遇豐年，僅足半年民食，其餘
六個月皆仰給於臺灣。定例臺灣每年自正月起至五月止，每月碾
米一萬石，以五千石運往泉州，以五千石運往漳州，交各道府平
價糶賣接濟。浙江寧波、臺州等地亦常資藉臺灣米穀，例如雍正
元年（1723）九月，浙江雨水不足，民食艱難，閩浙總督覺羅
滿保即與福建巡撫黃國材商議，由福州、臺灣各撥米五千石，共
一萬石，由海上運至寧波平糶。其後因象山、定海等處亦需米穀
接濟，福州撥米增為七千石，臺灣撥米增為一萬石。同年十二月，
臺灣續撥米二萬石運往寧波、臺州等府平糶。

　　雍正年間（1723～1735），臺郡流寓人口，與日俱增，食
指眾多，不僅臺灣米價日昂，且將減少接濟內地的米穀數量。雍
正十一年（1733）二月，福建總督郝玉麟已具摺指出：

> 向來臺粟價賤，除本地食用外，餘者悉係運至內地接濟，
> 亦緣粟米充足之故，漳泉一帶沿海居民賴以資生，其來已
> 久。若臺粟三五日不至，而漳泉米價即行騰貴。今臺地人
> 民既增，將來臺粟必難充足，價值必至高昂，運入內地者
> 勢必稀少，沿海一帶百姓，捕海爲生，耕田者少，臺粟之
> 豐絀，實有關內地民食也⑮。

乾隆年間，閩浙總督喀爾吉善亦指出臺灣戶口日增，已有人滿之
患。其原摺略謂「就臺灣穀價而論，康熙初年開臺時，戶口寥寥，
地土沃衍，每穀一石，值二三錢，現今雖嚴禁偷渡，彼地已有人
滿之患，穀價與內地相等，賤則六七錢，貴則兩許，從無二三錢
之價矣。」⑯臺灣食指眾多，人口壓力日增，米價日昂，閩浙內
地民食，接濟無資，不可不虞。喀爾吉善又奏稱「因臺郡生聚日
眾，恐有人滿之患，若不及早限制，不特於臺郡民番生計日蹙，
更於內地各郡接濟無資，偷渡一事，實爲臺郡第一要務，不得不
加整頓。」⑰臺郡稻米生產面積有限，地方大吏恐戶口日增，糧
食供不應求，必須及早限制臺灣人口的成長。福州將軍兼管閩海
關事務新柱對臺灣米價日昂的看法，就是認爲與偷渡臺灣有密切
關係，其原摺略謂「查臺灣一府，土地饒沃，產米最多，不獨全
臺民食有餘，即漳泉龍巖各府州屬亦資接濟。近年以來，偷渡日
眾，戶口滋繁，以致米價漸昂。」⑱偷渡日眾，人多米貴，人口
與田地的比例，必將失調。鎮守南澳總兵官張天駿具摺時亦稱
「臺灣地土雖廣，而出米是有定數，況漳、泉等郡，咸爲取資，若
查拿稍懈，則偷渡愈眾，不但奸頑莫辨，有擾地方，且慮聚食人
多，臺地米貴，所係匪細，是以奉旨嚴禁。」⑲地方文武大員以
臺郡生聚日眾，食指愈多，恐有人滿之患，不僅臺民生計日蹙，
內地閩浙各郡更慮接濟無資，嚴禁偷渡臺灣，就成爲清代地方大

吏限制臺灣人口迅速成長的當前急務。質言之，清初內地人口壓迫，是閩粵地區人口流動頻繁的主要原因，閩粵人民大量偷渡臺灣是閩粵人口流動的產物，清廷嚴禁偷渡，就是地方大吏限制臺郡人口過度膨脹的消極措施，也是清廷解決閩浙內地民食的消極辦法。

三、乾隆年間偷渡案件的分析

　　閩粵內地由於人口與田地比例的嚴重失調，人口壓迫問題日趨嚴重，田地不足以維持當時人口最低的生活程度，生計維艱，而臺灣則因地土膏腴，易於耕作，謀生容易，閩粵貧民遂甘觸法網，偷渡臺灣。乾隆年間，閩粵人口流動更加頻繁，偷渡臺灣的風氣更加盛行。兩廣總督陳大受具摺指出民人偷渡出洋，例禁甚嚴，守口文武員弁失察處分，亦復綦重。至於查驗牌照，定例已極周密。然而民人因內地資生乏策，輒思偷越出洋，或頂充水手，或俟洋船出口，乘夜私坐小艇，偷上大船，詭秘百出[20]。閩浙總督喀爾吉善亦痛陳肅清偷渡的重要性，其原摺略謂「近來流寓殷繁，已覺人滿，加以沿海奸匪又復偷越前往，良莠混淆，貽累地方，欲求頓理，肅清偷渡，首宜嚴禁。」[21]嚴禁內地人民偷渡臺灣是清初以來的既定政策，地方文武大吏遵奉諭旨查禁偷渡，毋許私行透漏一人，並將如何實力查禁？有無查出偷漏之人，於歲底彙奏一次，其防範偷渡，可謂不遺餘力，但偷渡案件仍然層見疊出。就現存檔案可將乾隆年間（1736～1795）的偷渡臺灣案件列出簡表如下：

乾隆年間閩粵人民偷渡臺灣案件簡表

時間 \ 地點・人數	福建省 查獲地點	人數	廣東省 查獲地點	人數	合計
十二年（1747）	詔安營	16			
	懸鐘汛	13			
	澎湖	148			
	諸羅縣	10			
	銅山營	12			199
十三年（1748）	福建通省	750			750
十四年（1749）	浯嶼	183			183
二十四年（1759）	福建通省	999			999
二十八年（1763）	臺灣	6			6
三十五年（1770）	泉州、漳州、臺灣	403	潮州	205	608
三十六年（1771）	泉州、漳州、邵武、汀州	213			213
三十七年（1772）			廣東通省	79	79
三十八年（1773）	臺灣	115			115
四十一年（1776）	臺灣	4			4
四十二年（1777）	臺灣	24			24
四十三年（1778）	海澄縣	29	陸豐縣	4	
	同安縣	185			218
四十四年（1779）	福建通省	58			58
四十五年（1780）	福建通省	1			1
四十七年（1782）	臺灣	4			4
四十八年（1783）	福建通省	5			5
五十一年（1786）			澄海縣	31	31
五十二年（1787）	鹿耳門	244			
	福建沿海	218			
	臺灣	19			481
五十三年（1788）	鹿仔港	77			77
五十四年（1789）	臺灣水裡港	36			
	臺灣大安港	144			
	臺灣南崁港	48			

	臺灣黃衙港	36			264
五十五年（1790）	臺灣淡水	20			
	臺灣笨港	27			
	臺灣東港	9			
	臺灣吞霄	18			74
五十六年（1791）	臺灣吞霄	21			
	臺灣中港	15			36
五十七年（1792）	臺灣南埔	28			
	臺灣雞籠	11			
	臺灣武絡	28			67
總　　　計		4177		319	4496

資料來源：國立故宮博物院現藏宮中檔、軍機處檔月摺包；中央研究院歷史語言研究所出版明清史料。

　　國立故宮博物院現存乾隆朝軍機處檔月摺包，主要是始自乾隆十一年（1746）以後，宮中檔則自乾隆十六年（1751）以後較完整。乾隆三十四年（1769），閩粵等省遵奉寄信上諭，嗣後每年年底彙奏偷渡臺灣案件，從現存地方大吏彙奏摺件，有助於了解閩粵人民偷渡臺灣的概況。如上表所列，可以看出乾隆年間查獲偷渡案件及人數，是以福建省為最多，廣東省所查獲者極少。從乾隆十二年（1747）至乾隆五十七年（1792），查獲偷渡人犯共計四四九六人，福建省共查七四一七七人，約佔總人數的百分之九十三，廣東省共查獲三一九人，僅佔總人數的百分之七，相差懸殊。據閩浙總督喀爾吉善的奏報，乾隆十二年（1747）五月十五日，澎湖通判拏獲廣東偷渡客民一百四十名，女眷三名，舵工五名㉒，由此可知在福建省轄內海口所獲偷渡人犯，並非俱籍隸福建省，其中實包含有來自廣東的偷渡客民。

　　從乾隆二十三年（1758）十二月起至二十四年（1759）十

月止，十個月間，福建省共拏獲偷渡人犯二十五起，老幼男婦共九九九名，為歷年查獲偷渡人數最多的一次，平均每個月查獲九九人偷渡臺灣。乾隆二十八年（1763），福建省拏獲偷渡臺灣人犯共六名，經閩浙總督楊廷璋等審理後繕摺奏聞。其原摺指出偷渡人犯鄭桂原籍在福建閩縣，投充福建巡撫衙門掛卯舍人。乾隆二十八年（1763）二月間，鄭桂母故，貧窘無聊，憶及從前武鄉試時，曾在教場為侯官縣武進士林上苑即林魁拉馬熟識，探知林上苑前往祖籍漳州，又赴廈門，欲往臺灣祀祖省墓，兼取其父所遺賬目。鄭桂趕赴廈門，懇求林上苑挈帶過臺。林上苑念其為同鄉，應允帶往。因林上苑族兄林得意的船隻，向託李老管駕出海，赴臺貿易，林上苑即同家人陳太老、范令及鄭桂共四人，俱懇李老附搭偷渡，李老應允，林上苑即頂林得意名字，鄭桂等分頂患病回家缺額的水手鄭發等姓名，共給李老船租番銀十四圓，伙食銀四圓，先付二圓，尚欠二圓。另有李老同族李力，因其父在臺開店生理，亦出銀二圓，頂補缺額幫梢方瑞姓名，一同偷渡，俱未請官給照。同年五月二十日，由大擔門掛驗出口，因風信不順，至六月初一始放洋。六月十一日，在洋遭風，斷桅折舵，隨風飄至八里坌，於六月十五日收港登岸，林上苑等帶同陳太老、范令前往彰化祀祖。七月十五日，鄭桂潛赴臺南府城，公然穿戴水晶頂帽，白鶴補服，門首懸掛中憲大夫燈籠，假官誆騙，因被地方人士識破而查出偷渡案件㉓。乾隆三十五年（1770）分，福建泉州、漳州、臺灣拏獲偷渡人犯共四〇三名，廣東潮州拏獲偷渡人犯共二〇五名，合計六〇八名，人數眾多。軍機處檔月摺包內容有閩省報獲各起人犯清單：淡水同知共拏獲三人，其中徐華賢是逃軍，徐宗斌是逃流；廈門同知拏獲二九四人；其中除船戶舵水三十人外，其餘二六四人，俱為民人眷口；漳浦縣拏獲船戶

舵水四名，民人眷口共十名；彰化縣拿獲船戶舵水八名，民人眷口共八十四名。㉔各起偷渡案件拿獲人犯的地點，主要在福建、廣東內地沿海及臺灣西部沿海港口，但從前列簡表中可以看出乾隆三十六年（1771）分，福建省所拿獲的偷渡臺灣人犯，除在泉州、漳州外，邵武、汀州二府，位於福建西北內陸，亦查獲偷渡臺灣的人犯，福建地區人口流動的頻繁是顯而易見的。乾隆四十六年（1781）六月，閩人陳昭，由蚶江偷渡過臺，在彰化賣魚生理。乾隆四十七年（1782）八月，漳泉民人械鬥，陳昭畏懼，於同年九月二十日自鹿仔港搭船回閩，仍至蚶江上岸，因聞查拿獲偷渡人犯，陳昭不敢回家，四度求乞，為同安縣兵役所獲。㉕閩粵人民渡臺聚居後，因臺地不靖，往往由臺灣返回內地原籍，前表所列偷渡人犯，未包括回籍人口。

閩浙總督喀爾吉善認為療病必拔其本，治水必究其源，客頭包攬就是偷渡的根株，汛口兵役則為客頭的屏蔽，客頭兵役狼狽為奸，偷渡風氣，遂更加盛行。就現存檔案所錄供詞，可將各船戶舵水的籍貫分佈及出入港口列表於下：

乾隆年間，地方大吏查辦偷渡案卷，雖然頗多，但現存供詞，為數有限。就供詞所述，可知福建省船戶舵水的籍貫，多分佈於海澄、同安、晉江、詔安、南安等縣，其中同安、晉江、南安等縣，屬於泉州府，海澄、詔安等縣，屬於漳州府。廣東省船戶舵水的籍貫，多分佈於澄海、潮陽、海豐等縣，其中澄海、潮陽等縣，屬於潮州府，澄海縣在汕頭東北，潮陽縣在汕頭西南，海豐縣屬於惠州府，地瀕南海。各船戶從內地沿海偷渡臺灣的出口，主要分佈於福建井尾、劉五店、松栢門、高浦、宮下、蚶江、安竹、內湖等港，以及廣東樟林、牌竹、塗弼等港，各船偷渡臺灣的入口，主要分佈於臺灣西部海岸的鹿耳門、黃衙港、水裡港、

大雞籠港、南嵌港、大安港、東港、呑霄港、中港、南埔、武絡
洋等處。

乾隆年間偷渡臺灣船戶舵工籍貫分佈表

年　　　　　　月	出　口	入　口	姓　名	籍　　　貫	職別
四十三年（1778）	福建海澄縣		王大興	福建海澄縣	船戶
四十三年（1778）	福建海澄縣		李再生	福建同安縣	船戶
四十三年（1778）	廣東陸豐縣		李秀輝	廣東海豐縣	船戶
五十一年（1786）	廣東澄海縣		余阿老	廣東潮陽縣	船戶
五十二年（1787）八月	福建井尾港	鹿耳門	李　淡	福建晉江縣	船戶
五十四年（1789）三月	福建劉五店	彰化黃衙港	許　旺		船戶
五十四年（1789）閏五月	廣東樟林港	水裡港	林紹聚		船戶
五十四年（1789）閏五月	福建松栢港	大雞籠港	王英貴		船戶
五十四年（1789）閏五月	福建劉五店	南崁港	林　榜		船戶
五十四年（1789）閏五月	廣東樟林港	大安港	余雄英		船戶
五十四年（1789）六月	福建高浦港	南嵌港	王儼然	福建同安縣	船戶
五十五年（1790）三月	福建劉五店	鳳山東港	蔡　牙	福建同安縣	船工
五十五年（1790）三月	福建劉五店	鳳山東港	王金山	福建同安縣	船戶
五十五年（1790）五月	福建宮下港	大安港	陳　水	福建海澄縣	船戶
五十五年（1790）五月	福建蚶江澳	呑霄港	蔡　丕	福建晉江縣	船戶
五十六年（1791）五月	廣東牌竹港	彰化武絡洋	鄭　智	廣東海豐縣	船工
五十六年（1791）六月	福建安竹港	呑霄港	高　何	福建詔安縣	船戶
五十六年（1791）六月	福建安竹港	呑霄港	陳　順	廣東澄海縣	船戶
五十六年（1791）五月	廣東塗弼港	中港	黃阿扶	廣東潮陽縣	船戶
五十七年（1792）五月	福建內湖港	南埔	吳　好	福建南安縣	船戶
五十七年（1792）七月	廣東潮陽縣	大雞籠港	馬　輔	廣東潮陽縣	船戶

資料來源：國立故宮博物院藏宮中檔奏摺、軍機處檔月摺包；中央研究院歷史語言研
　　　　　究所出版明清史料。

　　從各船戶的供詞，可以了解各船戶客頭攬客偷渡經過及其出
入港口。乾隆五十二年（1787），鹿耳門拏獲無照偷渡船一隻，
船戶李淡攬客偷渡來臺，欲到北路五條港入口，遇風飄到鹿耳門。
李淡被拏獲後供出其原籍在福建晉江縣，向開布舖，久經歇業。

　　乾隆五十二年（1787）八月間，李淡探知縣民周媽益有領照商船一隻，無力出海。李淡即與素相認識的同縣人蔡水商允共出錢四十千文合租駕駛，將船寄泊井尾外海邊，意欲置貨運赴臺灣售賣，停泊多日，資本無措，原配舵工水手俱各散歸。李淡計無所出，於是起意偷渡獲利，另顧周佳爲舵工，議給工資番銀十圓，又雇伍庇等七人爲水手，各議給番銀三圓。民人張桃又名張源韜等人，先在臺灣居住多年，或置有田地，或傭佃耕種，或開張店舖，林爽文起事以後，張桃等人因被擾害，陸續攜眷避回原籍，因人地生疏，無可謀生，當臺地逐漸平靜後，又欲來臺復業。李淡即招引張桃等一百二十七人，蔡水招引蔡法等九十四人。另有王收等二十四人，因窮苦無奈，聽聞臺郡招集義民，各給口糧，得功另可領賞，意欲來臺充當義民，亦自行赴船附搭，以上共二四五人，俱從僻路上船，除幼孩十五名不收船價外，其餘各給錢五、六百文不等。八月二十三日放洋後，原擬駛至臺灣五條港僻處登岸，但於二十五日忽起大風，船隻遭風飄擱鹿耳門汕外被拏獲⑳。

　　乾隆五十三年（1788）正月，福建同安縣人王儼然向素識的呂琛租賃小商船一隻，每年議給船租番銀七十圓，領取同安縣牌照，牌名陳振元。王儼然另僱王奮爲舵工，呂最等八人爲水手，於次年閏五月二十日起意販貨攬客偷渡，於是購買薯絲三百擔，攬載客民蔡祿等五人，六月二十七日早晨，從高浦港偷駕出洋，七月初三日晚間，駛至淡水廳南崁港僻處，客民蔡祿等人上岸，七月初五日，王儼然駕船在八里坌港口遊移被兵役拏獲㉑。王儼然雖領有牌照，但因攬載無照客民，故被查拏。

　　販貨船戶因貪利攬載客民，以致偷渡案件層見疊出。福建同安縣人蔡牙，與王金山熟識，王金山姊丈陳次，舊置商船一隻，

領有同安縣牌照，牌名陳裕金。乾隆五十四年（1789）五月間，陳次身故。次年二月內，陳次之母陳蘇氏將牌照赴縣繳換，仍使用陳裕金姓名。同年三月間，陳蘇氏託王金山置買布疋，往海山售賣。但王金山聽聞臺灣布疋價昂，地瓜價賤，於是起意將布疋運臺變賣，置買地瓜回至內地，希圖獲利。僱蔡牙把舵，議給工食番銀六圓。王金山將空船駕至劉五店汛掛號出口，購買布疋運載上船，水手陳內購買煙布紙扇棕簑等貨附搭上船，舵工蔡牙攬載客民陳文滔一名，議給船價番銀三圓，錢二百文。三月二十七日，船隻在鳳山東港汕外被拏獲㉘。

福建海澄縣人陳水，於乾隆四十四年（1779）渡海來臺，乾隆五十四年（1789），置買雙桅商船一隻，領取嘉義縣牌照，牌名陳發金，僱陳盛爲舵工，林相等人爲水手。乾隆五十五年（1790）四月二十四日，在鹿耳門掛驗出口，往淡水生理。四月二十六日夜間，陡遇東南強風，將船隻飄至泉州府晉江縣宮下港收泊。次早，陳水上岸僱船匠修理船桅。有縣民許貴夫妻及堂弟等十四人，欲往臺灣尋親生活，懇求陳水搭載。陳水應允，議定男客每名給番銀一圓，女客每名錢八百文。五月初一日傍晚，陳水將船駛至僻處，許貴等人先後上船。五月初三日午刻，抵達淡水廳大安港南埔海面時被兵役拏獲㉙。

船戶固然攬客偷渡，舵工亦往往貪利私載客民。鄭智籍隸廣東海豐縣，於乾隆五十六年（1791）二月內受僱在海豐縣船戶施奇會船上把舵，兼爲出海操捕，惟因捕魚獲利不敷食用，鄭智起意攬客偷渡。族奇會應允，隨後陸續攬得客民林喜等二十四人，俱欲過臺灣尋親覓食，每人許給船租番銀二、三圓不等。正欲開船，施奇會因病不能同行，將牌照交給鄭智收執管駕。五月二十三日，由海豐牌竹港出口，五月二十九日，駛至彰化縣武絡洋面

時被兵役拏獲㉚。各船戶雖領有牌照，但多非船戶本人姓名，各汛口掛驗後即放行，更助長偷渡風氣的盛行。

　　由於汛口員弁兵役的賣放，得贓故縱，偷渡風氣，更難遏止。乾隆五十四年（1789）五月初間，廣東船戶林紹聚與崔阿駱租賃鄭阿耍漁船一隻，另僱林阿魯等五人為水手。林紹聚起意攬載客民，托客頭張敏招引客民二十八人。同年閏五月初八日，從廣東澄海縣樟林港海邊出口，閏五月十二日到臺灣水裡港。林紹聚攜帶番銀上岸，向汛兵商量賣放客民上岸，其中兵丁鍾朝英包收四十五圓，自得二十圓，鄭保生得五圓，曾成得四圓，郭財得十二圓，黃佑得四圓。此外，又有陳進假冒臺防廳差役，亦索去番銀十六圓㉛。林紹聚用於賣放的番銀共計六十一圓，偷渡客民繳付船租，每人以番銀三圓半計算，二十八人共付番銀九十八圓，其行賄賣放的番銀約佔全商船租收入的百分之六十二。

　　臺郡沿海各港，不僅兵丁輒行賄縱偷渡船隻，其文武汛弁無不得贓縱放各船偷越入口。笨港守備李文彩從乾隆五十三年（1788）八月初一日到笨港汛，至乾隆五十四年（1789）五月初一日奉調到臺灣府，其間內地有五船，澎湖有四船收入笨港，李文彩俱得贓縱放。據李文彩供稱乾隆五十三年（1788）十一月內有蚶江船二隻偷渡臺灣，收入笨港，由文汛口胥方陞及兵丁劉世雄、林耀春向每船各索番銀二十四圓，交給守備李文彩，並告知各船戶如武汛不拏，縣丞衙署離港口四、五十里不能得知，即無妨礙，李文彩收取番銀後，縱放偷越。乾隆五十四年（1789）二月內，有同安縣偷渡船一隻收入笨港，口胥方陞等收取船戶番銀四十二圓，轉交李文彩收受。同年四月十一、十二等日有內地船兩隻收入笨港，方陞等收取船戶番銀共九十圓，轉交李文彩收受。此外，澎湖入港船共四隻，李文彩每隻收取陋規銀二圓，四

船共銀八圓,合計共銀一百八十八圓,其中一百八十圓俱係向內地偷渡船戶索取的贓銀。此外,口胥方陞另向偷渡入港船戶每船索取番銀各十四圓,五船共計索取入己番銀七十圓㉜。除笨港外,海豐港文武員弁得贓縱放偷渡船隻的情形,亦有過之而無不及。乾隆五十四年(1789)閏五月初一、初三、初十、十一等日,有內地偷渡四隻收入海豐港,俱由文口書辦方大義帶領船戶到汛,交給汛弁外委歐士芳番銀共七十圓,歐士芳將番銀以四六扣分分給兵丁劉國珠等人,汛弁兵丁得贓後,即將偷越船隻縱放出口㉝。清廷禁止森嚴,地方大吏亦屢奉諭旨嚴拏偷渡,但各港口文武員弁胥役兵丁卻於內地偷渡船隻到港時,公然向船戶索取番銀得贓縱放,偷渡風氣遂屢禁不絕。

四、搬眷過臺禁令的制訂與廢止

鄧孔昭先生撰「清政府禁止沿海人民偷渡臺灣和禁止赴臺者攜眷的政策及其對臺灣人口的影響」一文中指出禁止偷渡和禁止攜眷畢竟不是一回事情,將它們統在一起考察,很容易出現強調了某一方面而忽視另一方面的傾向。清廷在禁止攜眷方面雖然有過一些鬆動和調整,但在禁止偷渡的政策規定方面,卻只有不斷加嚴加苛,沒有任何的鬆動,並無所謂嚴禁和弛禁之分,把清廷禁止沿海人民偷渡臺灣和攜眷的政策,總的分為若干時期,其中某些時期稱為「嚴禁時期」,某些時期又稱為「弛禁時期」,這種處理方法不免帶有很大的主觀隨意性。因此,只有將它們分別加以考察,才有利於說明問題的真相㉞。

清初以來,對搬眷過臺的限制,屢禁屢開,很容易使人誤解清廷對偷渡臺灣的規定,曾經數度放寬,而有所謂嚴禁和弛禁之分,其主要原因就是把搬眷和禁止內地民人無照偷渡臺灣混為一

談。爲了便於說明問題的眞相，把禁止內地民人偷渡臺灣和禁止搬眷過臺分別加以考察，確有其必要。但因開放搬眷過臺期間，無照偷渡婦女，仍屢見不鮮，搬眷期限已過，流寓臺郡者，其在內地的父母妻子多有偷渡來臺就食者，廣義的禁止偷渡臺灣，包含禁止內地民人無照渡海入臺及禁止搬眷過臺，所以探討禁止偷渡臺灣，不能忽略禁止搬眷過臺的問題。

　　就現存文獻資料而言，清廷禁止內地沿海民人偷渡臺灣及搬眷過臺的政策，最早似始自康熙四十一年（1702），而不是始於康熙二十三年（1684）清廷領有臺灣之初㉟。周鍾瑄修《諸羅縣志・雜記志》謂「男多於女，有邨莊數百人而無一眷口者。蓋內地各津渡婦女之禁既嚴，娶一婦，動費百金。」㊱周鍾瑄《諸羅縣志》，成書於康熙五十八年（1717），這就說明在康熙五十六年（1717）以前，內地婦女渡海入臺已經遭到禁止。閩粵沿海民人多於春時渡臺耕種，秋成回籍，隻身去來，習以爲常。自從康熙中葉以後，海禁日益嚴厲，一歸不能復往，而且漂洋過海，浪濤危險，在臺流寓之人，漸成聚落，定居者日夥，雍正年間（1723e～1735），內地民人在臺立業者已數十萬人，因不能搬眷過臺，其眷屬偷渡來臺就養者，與日俱增，偷渡問題更形嚴重，而引起地方大吏的重視。

　　閩粵大吏對內地民人渡海來臺的態度，因人而異，彼此不同，以致清廷對搬眷過臺的規定，或嚴或弛，屢開屢禁。從雍正末年至乾隆末年，其政策常有改變，爲了便於說明清廷對搬眷過臺限制的因時制宜，先列簡表於下：

雍乾年間搬眷過臺開禁簡表

年　　　分	事　　　　　　　由
雍正十年（1732）	廣東總督鄂彌達奏准攜眷過臺。
乾隆四年（1739）	閩浙總督郝玉麟奏請搬眷定限一年。
乾隆五年（1740）	清廷頒諭停止搬眷之例。
乾隆九年（1744）	巡臺給事中六十七奏請開放搬眷。
乾隆十一年（1746）	清廷准許臺民搬眷過臺。
乾隆十二年（1747）	閩浙總督喀爾吉善奏請搬眷定限一年。
乾隆十三年（1748）	自六月起清廷停止給照搬眷過臺。
乾隆二十五年（1760）	福建巡撫吳士功奏准搬眷過臺。
乾隆二十六年（1761）	閩浙總督楊廷璋奏准停止搬眷。
乾隆五十三年（1788）	福康安奏准搬眷過臺毋庸禁止。

資料來源：宮中檔、軍機處檔、內閣大庫檔。

從上表可以看出自雍正十年（1732）至乾隆五十三年（1788）前後五十七年之間，准許搬眷過臺的命令，共頒過四次，其開放搬眷過臺的時間包括：雍正十年（1732）至乾隆四年（1739），計八年；乾隆十一年（1746）至乾隆十二年（1747），計二年；乾隆二十五年（1760）五月至乾隆二十六年（1761）五月，計一年，合計十一年，其餘四十六年，俱遭禁止，其正式開放搬眷的時間，僅佔五十七年的百分之一九，限制搬眷的時間，約佔百分之八一。

閩粵內地民人移殖臺灣者，與日俱增，清廷禁止搬眷過臺，並非安輯臺地之道。雍正十年（1732）五月，經廣東總督鄂彌達奏准臺灣流寓民人可以搬取家眷，俾得天倫聚首，樂業安居，此爲准許搬眷過臺之始。乾隆初年，大學士張廷玉具題指出臺地自從准許搬眷後，其戶口已增數萬之衆㊲。乾隆四年（1739），

閩浙總督郝玉麟，以搬眷過臺定例已經數年，流寓良民眷口，均已搬取，奏准定限一年，逾限不准給照，搬眷之例，遂於乾隆五年（1740）停止。乾隆九年（1744），巡視臺灣給事中六十七具摺奏陳禁止搬眷過臺後所產生的流弊，其原摺略謂：

> 內地民人，或聞臺地親年衰老，欲來侍奉，或因內地孤獨無依，欲來就養，因格於成例，甘蹈偷渡之愆，不肖客頭奸梢將船駛至外洋，如遇荒島，詭稱到臺，促客登岸。荒島人煙斷絕，坐而待斃，俄而洲上潮至，群命盡歸魚腹，因礙請照之難，致有亡身之事[38]。

巡視臺灣給事中六十七一方面爲了安輯臺地，一方面顧及情理，於是奏請准許在臺民人回籍搬取家口。其具體辦法爲：

> 嗣後內地游曠之民，仍照例嚴禁偷渡，不准給照外，其有祖父母、父母在臺，而子孫欲來侍奉；或子孫在臺，置有產業，而祖父母、父母內地別無依靠，欲來就養；或本身在臺置有產業，而妻子欲來完聚者，准其呈明內地原籍地方官，查取地鄰甘結，給與印照來臺，仍報明臺籍廳縣，俟到臺之日，查取確實，令伊祖父母、父母及子孫，認令編入家甲安插[39]。

巡視臺灣給事中六十七奏請准許臺民回籍搬眷過臺一摺，於乾隆十一年（1746）四月十九日，奉旨「依議」。

　　禁止搬眷的禁令解除後，其攜眷過臺者，源源而往，絡繹不絕。據閩浙總督喀爾吉善指出過臺眷屬每歲不下二三千人，以致在臺漢人，「其人已眾，其勢已盛，人數益繁，更增若輩梟張之勢，將來無土可耕，漸次悉成莠民，殊與地方不便。」[40]據喀爾吉善統計，自雍正十二年（1734）起至乾隆五年（1740），計七年之間，大小男婦紛紛給照，不下二萬餘人。喀爾吉善進一步

指出巡視臺灣給事中六十七雖然奏准給照搬眷，但因未定有年限，滋弊甚深，例如在臺之人，或捏稱妻媳姓氏，或多報子女名口，非掠販頂冒，即潛行拐逃。因此，具摺奏請自乾隆十二年（1747）五月爲始，定限一年，出示曉諭，在臺民人尙有家眷未搬及內地祖父母、父母、妻子欲往就養者，照例給照過臺，逾限不准給照⑪。

按照閩浙總督喀爾吉善原奏所定搬眷期限，是以乾隆十二年（1747）五月爲始，定限一年，扣至乾隆十三年（1748）五月止，一年限期即滿，自乾隆十三年（1748）六月爲始，正式停止給照。自從搬眷過臺期限公布後，客頭船戶包攬接引偷渡的弊病，更甚於前，據統計，福建省自乾隆十三年（1748）四月至六月止，沿海文武拏獲偷渡過臺人犯共十五起，每起拏獲男婦有至七八十人者，最少亦有一二十人，總共約拏獲男婦七百五十餘人⑫。

乾隆十七年（1752）臺灣縣知縣魯鼎梅修成臺灣縣志，書中對於停止給照搬眷過臺後，內地父母妻子冒險偷渡的情形，敘述頗詳，其原書略謂：

> 按內地窮民，在臺營生者數十萬，囊鮮餘積，旋歸無日；其父母妻子，俯仰乏資，急欲赴臺就養。格於例禁，群賄船戶，冒頂水手姓名掛驗。女眷則用小漁船夜載出口，私上大船。抵臺復有漁船乘夜接載，名曰灌水。一經汛口覺察，奸梢照律問遣，固刑當其罪；而杖逐回籍之愚民，室廬拋棄，器物一空矣。更有客頭串同習水積匪，用溼漏小船，收載數百人，擠入艙中，將艙蓋封頂，不使上下；乘黑夜出洋，偶值風濤，盡入魚腹。比到岸，恐人知覺，遇有沙汕，輒趕騙離船，名曰放生。沙汕斷頭，距岸尚遠，

行至深處，全身陷入泥淖中，名曰種芋。或潮流適漲，隨
波漂溺，名曰餌魚。在奸梢惟利是嗜，何有天良；在窮民
迫於饑寒，罔顧行險。相率陷阱，言之痛心㊸。

清廷停止給照搬眷，偷渡案件更是層見疊出。乾隆二十五年（
1760），福建巡撫吳士功指出自從閩浙總督喀爾吉善奏准於乾
隆十三年（1748）停止給照搬眷過臺後，十餘年間，凡有渡臺
民人，禁絕往來，不能搬眷，在臺民人數十萬，其身居內地的父
母妻子，正復不少。流寓臺民思念內地父母，繫戀妻孥，冀圖完
聚的隱衷，實有不能自已的苦情，以致冒險偷渡，百弊叢生。因
此，吳士幼具摺奏請准許臺民回籍搬眷，內地父母妻孥亦准許開
放探親。其原摺略謂：

> 臣既深知臺民之搬眷，事非得已，而奸梢之偷渡，貽害無
> 窮，實有不敢不直陳於聖主之前者，合應仰懇敕命定議，
> 嗣後除內地隻身無業之民，及並無嫡屬在臺者，一切男婦
> 仍遵例，不許過臺，有犯即行查拏遞回外，其在臺有業良
> 民，果有祖父母、父母、妻子、子女、婦孫男女及同胞兄
> 弟在內地者，許先赴臺地，該管縣報明將本籍住處暨眷口
> 姓氏年歲開造清冊，移明內地原籍，查對相符，覆到之日，
> 准報明該管道府給與路照，回各原籍搬接過臺。其內地居
> 住之祖父母、父母、妻妾、子女、婦孫男女及同胞兄弟等
> 如欲過臺探視相依完聚者，即先由內地該管州縣報明造冊，
> 移明臺地查確覆到，再行督撫給照過臺㊹。

福建巡撫吳士功原摺所指眷屬，除直系血親的祖父母、父母、子
孫及配偶外，也包括同胞兄弟，俱准臺民搬眷過臺。同時也開放
內地家眷過臺探視，相依完聚。經閩浙總督楊廷璋奏准搬眷過臺，
定限一年，即自乾隆二十五年（1760）五月二十六日起至乾隆

二十六年（1761）五月二十五日止。據署廈門同知張採造報各
廳縣限期一年內給照搬眷到廈配船過臺民人共四十八戶，計男婦
大小共二七七名口㊺。

　　清廷對臺民回籍搬眷的政策，自雍正十年（1732）至乾隆
二十五年（1760），共二十九年之間，屢開屢禁，始終徘徊在
禁而復開，開而復禁之間。閩浙總督與福建巡撫、巡視臺灣給事
中及廣東督撫的態度並不一致，閩浙總督同意開放，但都規定一
年爲期，朝廷的態度，與閩浙總督是一致的。乾隆二十六年（
1761），閩浙總督楊廷璋奏請定限一年後，搬眷之例，即永行
停止。但嗣後挈眷過臺者，仍然絡繹不絕。奉命渡臺進勦林爽文
的將軍福康安經留心察訪後具摺指出挈眷來臺者始終未絕的緣故，
總因內地生齒日繁，閩粵民人皆渡海耕種謀食，居住日久，置有
田產，自不肯將其父母妻子仍置原籍，搬取同來，亦屬人情之常，
若一概嚴行禁絕，轉易啓私渡情弊。乾隆五十三年（1788）五
月初九日，福康安具摺奏請搬眷之例，毋庸禁止，嗣後安分良民
情願攜眷來臺者，由地方官查實給照，准其渡海，一面移咨臺灣
地方官，將眷口編入民籍，其隻身民人亦由地方官一體查明給照，
移咨入籍㊻。同年六月，福康安原奏經大學士九卿議准，搬眷過
臺的限制，從此正式廢除，對杜絕偷渡臺灣風氣的盛行，無疑是
一項突破性的措施。

五、禁止偷渡臺灣政策的影響

　　清廷禁止閩粵內地民人偷渡臺灣的原因很多，其中經濟因素
是不可忽視的，禁止偷渡及搬眷過臺就是地方大吏解決內地民食
的消極措施。閩粵沿海，地狹人稠，食指浩繁，本地所產米穀，
不敷本地民食，多貿米而食。其中福州民食，向來資藉建寧、邵

武、延平三府所產米穀，泉州、漳州二府則資藉臺灣所產米穀。臺田肥饒，適宜種植稻穀，清初領有臺灣之始，人口稀少，地利有餘，臺米價賤，除本地食用外，其餘多運至內地接濟民食，其後由於內地民人渡臺者與日俱增，地方大吏深慮臺郡人滿爲患，稻米生產，供不應求，價值必至高昂，運入內地者勢必稀少⑰。清廷禁止內地民人偷渡臺灣及搬眷過臺的主要原因，就是爲了限制臺地人口的增加。究竟臺灣米價的變動，與偷渡人口的增加有何直接關係？清廷嚴禁偷渡，臺米價值是否仍維持低廉不變？分析臺灣米價的變動是探討清廷禁止偷渡臺灣及搬眷過臺政策的重要課題。爲了要了解臺灣米價的變動，可以先列簡表如下：

清代前期臺灣府米價一覽表

年　　　　　　月	府　縣	米　色	月平均	年平均
康熙四十六年（1707）八月			1.90	
康熙四十六年（1707）十一月			1.10	1.50
康熙四十七年（1708）八月			1.15	1.15
康熙五十八年（1719）六月			0.85	0.85
雍正元年（1723）三月			0.75	
雍正元年（1723）五月			0.85	
雍正元年（1723）七月			0.75	
雍正元年（1723）八月			0.90	
雍正元年（1723）十月			0.75	1.80
雍正二年（1724）三月			0.75	
雍正二年（1724）四月			0.75	
雍正二年（1724）閏四月			0.85	
雍正二年（1724）五月			0.85	
雍正二年（1724）六月			0.85	
雍正二年（1724）十一月			0.98	0.84
雍正三年（1725）十月	臺灣縣		1.29	
	鳳山縣		1.29	

	諸羅縣	0.90	
	彰化縣	0.90	
雍正三年（1725）十一月		0.73	1.02
雍正四年（1726）十一月		1.30	1.30
雍正五年（1727）四月		1.55	
雍正五年（1727）六月	臺灣縣	1.92	
	鳳山縣	1.60	
	諸羅縣	1.60	
	彰化縣	1.60	
雍正五年（1727）十月	臺灣縣	1.17	
	鳳山縣	1.16	
	諸羅縣	1.18	
	彰化縣	1.15	1.44
雍正六年（1728）一月		1.10	
雍正六年（1728）九月		1.08	
雍正六年（1728）十一月	臺灣縣	1.30	
	鳳山縣	1.20	
	諸羅縣	1.20	
	彰化縣	1.00	1.15
雍正七年（1729）四月		0.94	
雍正六年（1729）閏七月		1.35	
雍正七年（1729）十月	臺灣縣	1.14	
	鳳山縣	0.83	
	諸羅縣	0.84	
	彰化縣	0.79	0.98
雍正八年（1730）六月		0.75	
雍正八年（1730）八月		0.78	0.77
雍正九年（1731）六月		0.75	0.75
雍正十年（1732）二月	臺灣縣	1.20	
	鳳山縣	0.87	
	諸羅縣	0.81	
	彰化縣	0.79	
雍正十年（1732）十月	臺灣縣	1.20	
	鳳山縣	1.85	
	諸羅縣	0.85	
	彰化縣	0.72	

	淡水廳	0.70	1.00
雍正十年（1733）十一月	臺灣縣	1.11	
	鳳山縣	0.91	
	諸羅縣	1.06	
	彰化縣	0.85	
	淡水廳	0.50	
雍正十一年（1733）十二月	臺灣縣	0.91	
	鳳山縣	0.74	
	諸羅縣	0.74	
	彰化縣	0.74	0.84
雍正十二年（1734）四月		0.75	
雍正十二年（1734）十一月	臺灣縣	1.20	
	鳳山縣	0.93	
	諸羅縣	0.79	
	彰化縣	0.85	
	淡水廳	0.78	0.88
雍正十三年（1735）閏四月		1.08	1.08
乾隆十六年（1751）七月	臺灣縣	1.50	
	鳳山縣	1.60	
	諸羅縣	1.40	
	彰化縣	1.30	
	淡水廳	1.10	
乾隆十六年（1751）八月		1.35	
乾隆十六年（1751）十二月		1.35	1.37
乾隆十七年（1752）三月		1.66	
乾隆十七年（1752）四月		1.90	
乾隆十七年（1752）九月	臺灣縣	2.10	
	鳳山縣	1.60	
	諸羅縣	1.60	
	彰化縣	1.60	
乾隆十七年（1752）十二月	臺灣府	2.00	
	鳳山縣	1.55	
	諸羅縣	1.55	
	彰化縣	1.50	1.71
乾隆十八年（1753）十一月	臺灣府	2.00	
	南　路	1.50	

	北　路			1.50	1.67
乾隆十九年（1754）六月	臺灣府			2.00	
	南　路			1.55	
	北　路			1.55	
乾隆十九年（1754）九月				2.30	
乾隆十九年（1754）十一月	臺灣府			2.25	
	鳳山縣			1.90	
	彰化縣			2.53	
	淡水廳			1.90	
乾隆十九年（1754）十二月				2.35	2.04
乾隆二十年（1755）七月	臺灣府			1.75	
	鳳山縣			1.75	
	諸羅縣			1.75	
	彰化縣			2.00	
	淡水廳			1.25	
乾隆二十年（1755）十月				1.40	1.69
乾隆二十一年（1756）四月				1.25	
乾隆二十一年（1756）七月				1.30	
乾隆二十一年（1756）九月				1.23	
乾隆二十一年（1756）閏九月				1.25	1.26
乾隆二十八年（1763）三月		上　米		1.45	
		中　米		1.40	
		下　米		1.20	
乾隆二十八年（1763）五月		上　米		1.45	
		中　米		1.30	
		下　米		1.20	1.33
乾隆二十九年（1764）五月				1.60	
乾隆二十九年（1764）二月	臺灣府			2.30	
	南　路			1.55	
	北　路			1.55	
乾隆二十九年（1764）六月				1.70	
乾隆二十九年（1764）十一月				1.80	1.75
乾隆三十年（1765）四月				1.55	
乾隆三十年（1765）六月				1.60	
乾隆三十年（1765）十月				1.50	1.55
乾隆三十二年（1767）七月				1.50	

乾隆三十二年（1767）八月	臺灣府	上　米	1.70	
		中　米	1.60	
		下　米	1.50	
	鳳山縣	上　米	1.60	
		中　米	1.50	
		下　米	1.40	
	諸羅縣	上　米	1.50	
		中　米	1.40	
		下　米	1.30	
	彰化縣	上　米	1.50	
		中　米	1.40	
		下　米	1.30	
	淡水廳	上　米	1.40	
		中　米	1.30	
		下　米	1.20	
乾隆三十二年（1767）十月			1.45	1.44
乾隆三十三年（1768）十月			1.45	1.45
乾隆三十四年（1769）十月			1.55	1.55
乾隆三十九年（1774）四月			1.50	
乾隆三十九年（1774）六月			1.45	1.48
乾隆四十二年（1777）五月			1.40	
乾隆四十二年（1777）七月			1.45	1.43
乾隆四十三年（1778）五月			1.35	
乾隆四十三年（1778）七月			1.30	
乾隆四十三年（1778）十月			1.25	1.30
乾隆四十四年（1779）一月		上　米	1.43	
		中　米	1.33	
		下　米	1.23	
乾隆四十四年（1779）四月			1.30	
乾隆四十四年（1779）十一月			1.30	1.32
乾隆四十五年（1780）五月			1.35	
乾隆四十五年（1780）十一月			1.35	1.35
乾隆四十六年（1781）五月			1.60	1.60
乾隆四十八年（1783）三月		上　米	1.85	
		中　米	1.75	
		下　米	1.65	

乾隆四十八年（1783）四月	上　米	1.90		
	中　米	1.80		
	下　米	1.70		
乾隆四十八年（1783）五月	上　米	1.94		
	中　米	1.84		
	下　米	1.74		
乾隆四十八年（1783）六月	上　米	1.89		
	中　米	1.79		
	下　米	1.69		
乾隆四十八年（1783）十月	上　米	2.04		
	中　米	1.74		
	下　米	1.64		
乾隆四十八年（1783）十二月	上　米	1.79		
	中　米	1.71		
	下　米	1.61	1.78	
乾隆四十九年（1784）一月	上　米	1.79		
	中　米	1.71		
	下　米	1.61		
乾隆四十九年（1784）二月	上　米	1.79		
	中　米	1.71		
	下　米	1.61		
乾隆四十九年（1784）三月	上　米	1.79		
	中　米	1.71		
	下　米	1.61		
乾隆四十九年（1784）五月	上　米	1.77		
	中　米	1.69		
	下　米	1.62	1.65	

資料來源：國立故宮博物院現藏宮中檔、軍機處檔月摺包。

　　從上表可以看出臺灣米價波動的情形，雍正年間（1723～1735），臺灣米價平均每石約九錢九分，乾隆年間（1736～1795），平均每石約一兩五錢四分。臺灣米價變動不大的原因很多，例如田地面積廣闊，稻穀生產量頗大，除稻穀外，其餘番

薯、黃豆、大小麥等產量亦大，由於雜糧豐收，使米價不至昂貴。影響臺灣米價波動的原因很多，雨水收成就是主要因素之一，例如康熙四十六年（1707）夏秋，雨澤愆期，八、九月間，米價每石需銀一兩八、九錢至二兩不等，米價騰貴的主要原因，是由於「因旱米貴」⑱。乾隆十九年（1754）九月初間，臺灣、諸羅、彰化三縣被風成災後，米價上揚，每石驟至二兩以上，有穀富室，一聞歉收，爭先閉糶，以圖厚利，市價益昂，同年九、十月間，臺郡米價，竟長至三兩以上⑲。閩粵等省資藉臺米甚殷，除每年照常撥運外，舉凡駐防臺地兵丁眷口米石、各營歲支兵米等項，俱由臺地撥運，商民為圖厚利，往往偷渡販運，兵丁胥役亦有私自赴臺買米運回泉、漳等地私糶者，以致臺郡米價漸昂。地方不靖，影響米價波動更大。乾隆五十二年（1787），福州所屬米價，每石僅二兩二錢，而臺郡反至二兩五錢以上，其主要原因就是由於臺地民變所引起。臺灣鎮總兵官奎林具摺時指出臺灣歷來所出稻穀原較內地充裕，糧價甚賤，自林爽文滋擾後，民間率多失業，米價因而昂貴。乾隆五十三年（1788），平定林爽文後，百姓陸續歸莊耕種，糧價漸減，每石價銀二兩至三兩二錢，乾隆五十四年（1789）十月份，每石自一兩九錢至三兩一錢，以後逐月平減⑳。據閩浙總督伍拉納奏報，乾隆五十五年（1790）六月分臺郡上米每石自一兩七錢六分至二兩三錢，七月分上米自一兩七錢六分至二兩二錢，較之六月分又減銀一錢㉑。林爽文起事後，臺灣南北兩路同時震動，稻穀生產量驟減，糧價昂貴。因此，閩粵內地民人偷渡臺灣，與臺灣米價的波動，並無直接關係，內地人偷渡臺灣及臺民回籍搬眷，並非臺灣米價波動的唯一因素。乾隆年間，臺灣米價都在一兩以上，較雍正年間有增無減，仍非因偷渡臺灣盛行所引起，為了便於說明乾隆年間臺灣米價的變動，

可將臺灣、泉州、漳洲三府的米價列表於下：

乾隆四十八年分台灣泉州、漳州米價比較表

月分	米 色	臺灣府	泉州府	漳州府	備 註
三月分	上 米	1.85	2.15	2.00	
	中 米	1.75	2.08	1.93	
	下 米	1.65	1.98	1.83	三府價中
四月分	上 米	1.90	2.15	2.03	
	中 米	1.80	2.08	1.95	
	下 米	1.70	1.98	1.85	三府價中
五月分	上 米	1.94	2.15	2.03	
	中 米	1.84	2.08	1.95	
	下 米	1.74	1.98	1.88	三府價中
六月分	上 米	1.89	2.15	1.98	
	中 米	1.79	2.08	1.88	
	下 米	1.69	1.98	1.84	三府價中
十月分	上 米	2.04	2.08	1.98	
	中 米	1.74	1.98	1.88	
	下 米	1.64	1.88	1.84	三府價中
圭月分	上 米	1.79	2.08	1.97	
	中 米	1.71	1.98	1.87	
	下 米	1.61	1.88	1.82	三府價中
平 均		1.78	2.04	1.94	

資料來源：國立故宮博物院藏，軍機處檔月摺包，奏摺錄副米價清單。

　　乾隆四十八年（1783）各月分，臺灣、泉州、漳州三府，米價情形都是「價中」，宜於比較，就表中所列各月分平均米價加以觀察，臺灣各月分米價，俱較泉州、漳州二府低廉。因此，

福建泉、漳等府米貴，也是臺灣米價日益上揚的重要原因之一。
陳弘謀在福建巡撫任內已具摺指出「臺灣米價，因漳、泉昂貴，
是以不能獨賤，然究竟比漳、泉平減。」⑫就乾隆年間而言，臺
灣並未感受到人口的壓力，淡水廳可耕地的面積仍廣，稻穀產量
亦大，米價更覺平賤，臺郡一廳四縣的米價平均在二兩以下，地
方百姓，「共樂昇平」。隨著閩粵內地民人的移墾淡水廳，臺郡
稻穀總產量，亦逐年增加。質言之，閩粵民人偷渡臺灣不是影響
臺灣米價波動的唯一因素，同時清廷想藉限制臺郡人口的增加，
以維持臺灣米價低廉的努力，並未奏效。

　　清廷禁止偷渡和搬眷的政策，對臺灣的開發、人口成長、人
口結構，都有極大的影響。明清時期的經濟發展，主要是外延性
的成長，即以人口的增加和耕地面積的擴充成為國民生產總額的
增加。臺灣屬於開發中區域，可以容納內地過剩的人口，內地民
人移殖臺灣，對臺灣的開發與經營，具有重大的意義。在鄭氏時
代的拓墾區域，雖然南至恆春，北至雞籠，惟其拓墾重心，仍舊
是承荷蘭人的餘緒，是在以臺南為中心一帶地方⑬。由於鄭氏時
代的大量開拓，正好提供了內地漢人一人個適宜安居和落地生根
的理想地方。清廷領有臺灣後，閩粵民人仍大量渡海過臺，臺灣
耕地面積亦日益擴充。但是由於清廷的禁止偷渡臺灣和限制搬眷
過臺，而延緩了對臺灣的開發與經營。

　　臺灣南部，因其地理位置恰與福建泉州、漳州二府相當，所
以當內地民人移殖臺灣初期，即先在南部立足，清初領有臺灣後，
臺灣已由一個海外的邊疆成為中國本土的延伸。康熙年間（
1662～1722），設臺灣府治，領臺灣、鳳山、諸羅三縣，當時
的拓墾重心，主要是在臺灣南部。其後由於南部本身人口的自然
增殖，以及內地民人的不斷湧進，戶口頻增，拓墾方向便由南部

逐漸向北延伸。北部人口的增加和耕地面積的擴充是齊頭並進的。
雍正元年（1723），彰化縣及淡水同知的增設，就是表示彰化
以北在整個臺灣開拓史上確已顯出其區域性發展的重要意義。雍
正九年（1731），割大甲以北刑名錢穀諸務歸淡水同知，改治
竹塹，自大甲溪起至三貂嶺下遠望坑止，計地三百四十五里，劃
歸淡水同知管轄。北部平原可種植稻米，山區可種茶及生產樟腦，
移殖人口日增。但由於清廷嚴禁內地民人偷渡臺灣，北部開發仍
極遲緩，社會經濟的發展，尤其落後，其深谷荒埔，迄未開拓。
北部三貂嶺，原住民稱爲摩天嶺，懸崖陡壁，禽鳥聲絕，輿馬不
通，只能攀藤援葛而上，逾嶺而南，稱爲後山，行三日始抵蘇澳
㉤。臺灣後山的開發，更是遲緩，直到嘉慶十五年（1810），始
以遠望坑迤北而東至蘇澳止計地一百三十里設噶瑪蘭通判。甚至
遲至同光年間，始有沈葆楨等人奏請解除偷渡禁令，招徠墾戶，
以開發後山的建議。沈葆楨於「奏爲臺地後山急須耕墾，請開舊
禁以杜訛索而廣招徠」一摺略謂：

> 全臺後山除番社外，無非曠土，爾者南北各路雖漸開通，
> 而深谷荒埔，人蹤罕到，有耕之地，而無入耕之民，草木
> 叢雜，瘴霧一垂，兇番得以潛伏狙殺縱鬥，蹊徑終爲畏途，
> 久而不用，茅將塞之，日來招集墾戶，應者寥之。蓋臺灣
> 地廣人稀，山前一帶，雖經蕃息，百有餘年，戶口尚未充
> 牣。內地人民向來不准偷渡，近雖文法稍弛，而開禁未有
> 明文，地方官思設法招徠，每恐與例不合。今欲開山，不
> 先招墾，則路雖通而仍塞，欲招墾，不先開禁，則民裹足
> 而不前。臣等查舊例稱，臺灣不准內地民人偷渡，拏獲偷
> 渡船隻，將船戶等分別治罪，文武官議處，兵役治罪。又
> 稱如有充作客頭在沿海地方引誘偷渡之人，爲首者充軍，

爲從者杖一百，徒三年，互保之船戶，及歇寓知情容隱者
杖一百，枷一個月，偷渡之人杖八十，遞回原籍，文武失
察者分別議處。又內地商人置貨過臺，由原籍給照，如不
及回籍，則由廈防廳查明取保給照，該廳濫給，降三級調
用。又沿海村鎮有引誘客民過臺數至三十人以上者，壯者
新疆爲奴，老者煙瘴充軍。又內地民人往臺者，地方官給
照盤驗出口，濫給者分別次數罰俸降調。又無照民人過臺
失察之口岸官照人數分別降調，隱匿者革職，以上六條皆
嚴禁內地民人渡臺之舊例也。又稱凡民人私入番境，杖一
百，如在近番處所抽藤釣鹿伐木採者杖一百，徒三年。又
臺灣南勢、北勢一帶山口勒石爲界，如有偷越軍貨者，失
察之專管官降調，該管上司罰俸一年。又臺地民人不得與
番民結親，違者離異治罪，地方官參處，從前已娶者毋許
往來番社，違者治罪，以上三條皆嚴禁臺民私入番界之舊
例也。際此開山伊始，招墾方興，臣等揆度時勢，合無仰
墾天恩，將一切舊禁，盡與開豁，以廣招徠，俾無瞻顧⑤。

清初以來，鑑於臺郡生聚日眾，恐有人滿之患，爲了及早限制臺
地人口的迅速成長，所以嚴禁內地民人偷渡臺灣。清廷的消極措
施，固然限制了臺地人口的增加，但同時也延緩了臺地的開拓與
經營，沈葆楨奏請開豁舊禁而廣招徠以開拓後山的建議，頗具時
代意義。

　　從臺灣人口增長的情形，可以了解清廷禁止偷渡臺灣的政策
所產生的影響。根據現有的資料估算，在鄭氏末期，過臺漢人，
約爲十二萬人⑯。清廷領有臺灣後，由於鄭氏文武官員士卒及難
民相率還籍，臺灣漢族人口銳減，據估計，康熙二十三年（
1684），臺灣漢族人口約爲七萬人。康熙中葉以後，內地漢人

過臺覓食者，與日俱增。雍正十年（1732）五月，據廣東巡撫鄂彌達具摺指出閩粵民人在臺立業者多達數十萬人㊼。乾隆年間，臺灣府各廳縣的戶口，已經編定保甲，其漢族與原住民的實數，亦另款具報，但府志並未編列，其人口統計亦不可信。依據現存清代宮中檔及軍機處檔月摺包福建巡撫奏摺原件及奏摺錄副，可將乾隆年間的臺灣人口總數列表於下：

清代乾隆年間台灣人口總數一覽表

年　　　　分	人　口　數	備　　　　註
乾隆二十一年（1756）	660,147	
乾隆二十八年（1763）	660,040	
乾隆二十九年（1764）	660,210	
乾隆三十　年（1765）	660,380	
乾隆三十二年（1767）	687,290	
乾隆三十三年（1768）	691,338	
乾隆三十八年（1773）	765,721	
乾隆四十二年（1777）	839,803	
乾隆四十三年（1778）	845,770	
乾隆四十四年（1779）	871,739	
乾隆四十五年（1780）	888,516	
乾隆四十六年（1781）	900,940	
乾隆四十七年（1782）	912,920	
乾隆四十八年（1783）	916,863	
乾隆五十三年（1788）	920,836	
乾隆五十四年（1789）	932,420	
乾隆五十五年（1790）	943,414	

資料來源：國立故宮博物院藏宮中檔奏摺，軍機處檔月摺包錄副。

　　如表中所列人口數字，乾隆四十七年（1782），臺灣人口共912,920人，康熙二十三年（1684），以七萬人計算，則從康

熙二十三年（1684）至乾隆四十七年（1782）的九十八年間，臺灣人口約增加840,000人，年均增長率為2.655％，同時期全國人口的年均增長率為1.276％。鄧孔昭撰〈清政府禁止沿海人民偷渡臺灣和禁止赴臺者攜眷的政策及其對臺灣人口的影響〉一文，以全國人口的年均長率為自然增長率，將臺灣人口的年均增長率2.655％，減去全國人口的自然增長率1.276％，則臺灣人口的年均移民增長率為1.379％，易言之，從康熙二十三年（1684）至乾隆四十七年（1782）的九十八年間，臺灣人口的增長有一半以上是由於大陸移民而造成的，也就是說在840,000人中，有420,000人以上是移民形成的增加，平均每年增加約4,300人，所增加的人口，基本上都屬於偷渡。由此可見清廷禁止內地人民偷渡臺灣的政策是十分低效的，清廷的政策並未遏止閩粵沿海人民向臺灣的遷徙。從乾隆末年取消禁止搬眷過臺的政策及設立官渡後，開始出現移民高潮。因此，清廷禁止偷渡臺灣和搬眷過臺的政策，延緩了移民高潮的出現，對臺灣人口的增長產生了阻礙的作用，對清代臺灣人口的結構也產生了重大的影響，造成了人口結構中男多於女性比例的嚴重失調㊸。人口的性別結構，是人口自然結構的一個基本要素，它反映出在一定時間內人口總數中男女人數的比例關係。從康熙末年以來，已有頗多的記載指出臺灣人口性別結構的嚴重失調，諸羅縣境內往往有「村莊數百人而無一眷口」㊹，在十八重溪旁的大埔莊，有居民二百五十七人，其中有女眷者僅一人，六十歲以上者六人，十六歲以下者無一人㊺。臺灣人口的年齡結構，同樣也是嚴重地失調，老年人口和童年人口所佔的比例極低。雍正、乾隆年間，臺灣人口性別結構，仍然男多於女，單身獨漢的比例偏高，其年齡則為精壯者多於倚賴性者，老者幼稚的比例極低，臺灣人口結構的不健全，都與清廷禁止內地民人

偷渡臺灣及搬眷過臺有極密切的關係。

六、結　論

　　清初以來，中國社會史最顯著的特徵，就是人口的增長與流動，清代中期的許多社會現象，幾乎都可以用人口壓迫及人口流動來加以說明。康熙年間以降，由於長期休養生息的結果，食指愈衆，人口壓迫日益嚴重。清廷爲了緩和人口壓力，先後推行幾項政策，例如積極獎勵墾荒，改土歸流，開拓苗疆，丁隨地起，免除無地貧民的人頭稅，減輕人身依附土地的關係，准許無地貧民自由遷徙，增加他們謀生的機會，都有利於人口的流動，開發中的邊陲地區，可以容納核心地區的過剩人口。閩粵沿海州縣，地狹人稠，人口壓迫最爲嚴重，貧民爲謀生計，遂紛紛向地曠人稀的開發中區域遷徙，他們除了向鄰近省分如江西沿邊，廣西、雲南、貴州等省邊境移徙外，也移殖於一衣帶水的臺灣。閩粵內地民人渡臺後，或開山種地，或從事貿易，或傭工度日，無形中緩和了內地部分的人口壓力。但一方面基於經濟因素，內地兵民所食，多仰賴臺地米穀的接濟，一方面基於政治因素，即清廷對臺地漢民的防範，爲限制臺郡人口的增長，清廷乃議定章程，嚴禁內地漢人無照偷渡臺灣，搬眷過臺的限制，也是屢開屢禁。清廷嚴禁內地民人偷渡臺灣的政策，是與清初以來緩和人口壓力的政策自相矛盾的。

　　無照私渡臺灣，例禁綦嚴，但官渡必經官府給照，胥役兵丁從中勒索錢文，私渡便於官渡，其費亦省，閩粵沿海民人爲解決生計問題，遂相繼渡台就食，偷渡案件，層見疊出，其偷渡人口，以福建省爲最多，廣東省所佔比例較少。包攬偷渡的客頭船戶舵水，多分隸福建泉州同江、晉江、南安等縣，漳州海澄、詔安等

縣，廣東潮州澄海、潮陽等縣，惠州海豐等縣。各船偷渡到臺的入口，主要分佈於臺灣西部海岸的鹿耳門、黃衙港、水裡港、東港、大安港、南埔港、武絡洋、吞霄港、中港、南崁港、大雞籠港等處。

　　廣義的禁止偷渡臺灣，包含禁止內地民人無照渡海入臺及禁止搬眷過臺。福建泉州、漳州二府兵民糧食，向來資籍臺灣所產米穀。由於內地民人渡臺者與日俱增，清廷深恐臺米日昂，供不應求，運入內地者勢必稀少，於是禁止內地民人偷渡臺灣，以限制臺郡人口的增加。但就乾隆年間而言，臺灣並未感受到人口的壓力，閩粵民人偷渡臺灣並不是影響臺灣米價波動的唯一因素。清廷嚴禁內地民人偷渡臺灣的消極措施，固然限制了臺郡人口的增加，但同時也延緩了移民高潮的出現，對臺灣人口的增長產生了阻礙的作用，因而延緩了臺地的開拓與經營。至於清廷禁止搬眷過臺的政策，對清代臺灣人口的結構產生了男多於女性比例的嚴重失調，老年人口及童稚人口所佔的比例極低，臺灣人口結構的不夠健全，也是造成早期臺灣移墾社會穩定性相對減低的原因之一。清廷禁止內地民人偷渡臺灣及搬眷過臺的政策，既與清初以來緩和內地人口壓力的政策自相矛盾，更與內地人口流動的方向形成逆勢，由此可以說明清廷禁止偷渡臺灣的政策十分低效的原因，禁令雖嚴，但是並未能歇止閩粵民人向臺灣的遷徙。

【註　釋】

① 　莊金德撰〈清初嚴禁沿海人民偷渡來臺始末〉，《臺灣文獻》，第十五卷，第三期，頁1。

② 　莊吉發撰〈清世宗禁止偷渡臺灣的原因〉，《食貨月刊》，復刊第十三卷，第七、八合期，頁28。

③ Denis Twitchett. John K. Fairbank 主編，《劍橋中國史》（The Cambridge History of China），第十冊，〈晚清篇〉，上（臺北，南天書局，民國七十六年九月），頁133。

④ 羅爾綱撰〈太平天國革命前的人口壓迫問題〉，《中國近代史論叢》，第二輯，第二冊（臺北，正中書局，民國六十五年三月），頁43。

⑤ 《宮中檔雍正朝奏摺》，第六輯（臺北，國立故宮博物院，民國六十七年四月），頁14。雍正四年五月十四日，福建巡撫毛文銓奏摺。

⑥ 《宮中檔雍正朝奏摺》，第六輯　，頁73。雍正四年五月二十九日，兩廣總督孔毓珣奏摺。

⑦ 《宮中檔雍正朝奏摺》，第七輯　，（民國六十七年五月）頁38。雍正四年十一月二十八日，福建巡撫毛文銓奏摺。

⑧ 《軍機處檔・月摺包》（臺北，國立故宮博物院），第2772箱，16包，2191號。乾隆十三年三月十三日，雲貴總督張允隨奏摺錄副。

⑨ 《軍機處檔・月摺包》，第2772箱，19包，2667號。乾隆十三年元月二十六日，閩浙總督喀爾吉善奏摺錄副。

⑩ 《軍機處檔・月摺包》，第2772箱，19包，2692號。乾隆十三年七月二十一日，福建巡撫潘思榘奏摺錄副。

⑪ 《宮中檔雍正朝奏摺》，第六輯，頁553。雍正六年正月初八日，廣州將軍署理巡撫石禮哈奏摺。

⑫ 《宮中檔雍正朝奏摺》，第二十一輯（臺北，民國六十八年七月），頁546。雍正十一年五月初十日，廣東總督鄂彌達奏摺。

⑬ 《軍機處檔・月摺包》，第2772箱，16包，2191號。乾隆十三年三月十三日，雲貴總督張允隨奏摺錄副。

⑭ 《宮中檔雍正朝奏摺》，第十二輯（民國七十二年四月），頁478。乾隆二十年九月十一日，福建巡撫鐘音奏摺。

⑮ 《宮中檔雍正朝奏摺》，第二十一輯（臺北，民國六十八年七月），

頁158。雍正十一年二月二十日，福建總督郝玉麟奏摺。

⑯　《軍機處檔‧月摺包》，第2772箱，19包，2667號。閩浙總督喀爾吉善奏摺錄副。

⑰　《軍機處檔‧月摺包》，第2772箱，19包，2735號。閩浙總督喀爾吉善奏摺錄副。

⑱　《軍機處檔‧月摺包》，第2772箱，8包，1037號。乾隆十二年七月初四日，福州將軍兼管閩浙事務新柱奏摺。

⑲　《宮中檔雍正朝奏摺》，第二十四輯（民國六十八年十月），頁741。雍正十三年五月二十八日，南澳總兵張天駿奏摺。

⑳　《宮中檔乾隆朝奏摺》，第一輯（民國七十一年五月），頁239。乾隆十六年七月二十四日，兩廣總督陳大受奏摺。

㉑　《軍機處檔‧月摺包》，第2772箱，8包，1095號。乾隆十二年七月二十四日，閩浙總督喀爾吉善奏摺錄副。

㉒　《軍機處檔‧月摺包》，第2772箱，7包，977號。閩浙總督喀爾吉善奏摺錄副。

㉓　《宮中檔乾隆朝奏摺》，第十九輯（民國七十二年十一月），頁657。乾隆二十八年十一月二十一日，閩浙總督楊廷璋奏摺。

㉔　《軍機處檔‧月摺包》，第2765箱，89包，16775號。乾隆三十五年，暫署閩浙總督鐘音奏摺錄副清單。

㉕　《宮中檔乾隆朝奏摺》，第五十六輯（民國七十五年十二月），頁672。乾隆四十八年七月初四日，福建巡撫雅德奏摺。

㉖　《宮中檔乾隆朝奏摺》，第六十七輯（民國七十六年十一月），頁662。乾隆五十三年三月二十八日，福康安奏摺。

㉗　《軍機處檔‧月摺包》，第2744箱，177包，43091號。乾隆五十五年正月二十八日，臺灣鎮總兵奎林奏摺錄副。

㉘　《明清史料》（臺北，中央研究院歷史語言研究所，民國四十七年

四月），戊編第四本，頁398。乾隆五十六年四月十九日，奎林等
奏移會。

㉙　《明清史料》，戊編第二本，頁147。乾隆五十五年七月二十七日，
奎林等奏移會。

㉚　《明清史料》，戊編第二本，頁153。乾隆五十六年，奎林奏摺。

㉛　《宮中檔乾隆朝奏摺》，第七十三輯（民國七十七年五月），頁
826。臺灣鎮總兵奎林奏摺。

㉜　《軍機處檔・月摺包》，第2778箱，172包，41467號。《宮中檔乾
隆朝奏摺》，第七十二輯　（民國七十七年四月），頁697。乾隆五
十四年六月二十八日，臺灣鎮總兵奎林奏摺。

㉜　《軍機處檔・月摺包》，第七十三輯（民國七十七年五月），頁
520。乾隆五十四年九月二十六日，臺灣鎮總兵奎林奏摺。

㉝鄧孔昭撰〈清政府禁止沿海人民偷渡臺灣者攜眷的政策及其對臺灣人
口的影響〉，《國際臺灣經濟歷史文學及文化學術會議論文》（民
國七十七年六月），頁9。

㉟　同註㉞。

㊱　周鍾瑄修〈諸羅縣志〉，《臺灣叢書》，第一輯，第二冊（臺北，
國防研究院，民國五十七年十月），頁284。

㊲　《明清史料》，戊編第一本，頁63。乾隆八年，張廷玉題本。

㊳　《明清史料》，戊編第二本，頁108。乾隆二十五年二月初六日，
吏部為內閣抄出福建巡撫吳士功奏。

㊴　《明清史料》，戊編第三本，頁207，乾隆九年八月初三日，巡視
臺灣戶科給事中六十七等奏。

㊵　《軍機處檔・月摺包》，第2772箱，6包，744號。乾隆十二年五月
二十一日，閩浙總督喀爾吉善奏摺錄副。

㊶　《軍機處檔・月摺包》，第2772箱，6包，753號。乾隆十二年五月

二十一日，閩浙總督喀爾吉善奏摺錄副。

㊷ 《軍機處檔・月摺包》，第2772箱，19包，2735號。乾隆十三年七月五日，閩浙總督喀爾吉善奏摺錄副。

㊸ 《明清史料》，戊編第二本，頁108。乾隆二十五年二月初十日，吏部爲內閣抄出福建巡撫吳士功奏移會；王必昌修〈臺灣縣志〉，《臺灣叢書》，第一輯，頁70。

㊹ 《明清史料》，戊編第二本，頁108。

㊺ 《明清史料》，戊編第二本，頁109。乾隆二十六年九月，刑部爲內閣抄出浙閩總督楊廷璋奏移會。

㊻ 《宮中檔乾隆朝奏摺》，第六十八輯（民國七十六年十二月），頁216。乾隆五十三年五月初九日，福康安奏摺。

㊼ 《宮中檔雍正朝奏摺》，第二十一輯，頁158。雍正十一年二月二十日，福建總督郝玉麟奏摺。

㊽ 《宮中檔康熙朝奏摺》，第一輯（民國六十五年六月），頁535。康熙四十六年十一月二十一日，閩浙總督梁鼐奏摺。

㊾ 《宮中檔乾隆朝奏摺》，第十輯（民國七十二年二月），頁268。乾隆十九年十二月初十日，閩浙總督喀爾吉善奏摺。

㊿ 《軍機處檔・月摺包》，第2744箱，184包，45315號。乾隆五十五年七月二十二日，臺灣鎭總兵奎林奏摺錄副。

(51) 《軍機處檔・月摺包》，第2744箱，185包，45477號。乾隆五十五年八月二十七日，閩浙總督伍拉納奏摺錄副。

(52) 《宮中檔乾隆朝奏摺》，第七輯（民國七十一年十一月），頁825。乾隆十九年三月二十六日，福建巡撫陳弘謀奏摺。

(53) 曹永和著《臺灣早期歷史研究》（臺北，聯經出版公司，民國七十年七月），頁825。

(54) 《月摺檔》（臺北，國立故宮博物院）。光緒二年十二月二十二日，

福建巡撫丁日昌奏摺抄件。

(55)　《月摺檔》。光緒元年正月初十日，辦理臺灣等處海防兼理各國事務沈葆楨奏摺抄件。

(56)　陳奇祿撰〈中華民族在臺灣的拓展〉，《臺灣文獻》，第二十七卷，第二期，頁1。

(57)　《明清史料》，戊編，第二輯，頁107。

(58)　鄧孔昭撰〈清政府禁止沿海人民偷渡臺灣和禁止赴臺者攜眷的政策及其對臺灣人口的影響〉，頁24。

(59)《諸羅縣志》，〈雜記志〉，頁284。

(60)　同註(58)引文，頁26。

清代臺灣自然災害及賑災措施

一、前　言

　　史料是人類活動的紀錄，它記載了人類社會生活的發展過程。大致而言，史料可以分爲直接史料與間接史料。直接史料又稱爲第一手史料，或稱爲原始史料；間接史料又稱爲第二手史料，或稱爲轉手史料。以檔案資料與官書方志爲例，檔案資料是屬於直接史料，而官書方志則爲間接史料。充分掌握間接史料，努力發掘直接史料，比較公私記載，進行有系統的論述與分析，使記載的歷史，儘可能符合歷史事實，始可稱爲信史，沒有史料，便沒有史學。

　　檔案資料的整理與開放，可以帶動歷史學的研究。有清一代，檔案資料，浩如煙海。民國十四年（1925）十月十日，北平故宮博物院正式成立後，即著手整理清宮檔案。民國三十八年（1949）以後，北平故宮博物院文獻館原藏明清檔案，分存海峽兩岸。對日抗戰期間，文獻館南遷的明清檔案，共計三、七七三箱，其中遷運來臺，現由臺北國立故宮博物院典藏者，計二〇四箱，其餘檔案，仍運回北平故宮博物院，由中國第一歷史檔案館保存，共七十四個全宗，約一千餘萬件。其中明代檔案只有三千餘件，以清代檔案佔絕大多數。從時間上看，包括清朝入關前明神宗萬曆三十五年（1607）至入主中原清朝末年宣統三年（1911），此外還有溥儀退位後至民國二十九年（1904）的部分檔案。從所屬全宗看，有中央國家機關的檔案，有管理皇族及宮

廷事務機關的檔案，有軍事機關的檔案，有地方機關的檔案，也有個人全宗的檔案。從檔案種類和名稱來看，其上行文書、下行文書、平行文書及特定用途的文書，包括：制、詔、誥、敕、題、奏、表、箋、咨、移、札、片、呈、稟、照、單、函、電等。從文字上看，絕大部是漢文檔案，其次是滿文檔案，此外也有其他少數民族文字的部分檔案。

　　臺北國立故宮博物院現藏檔案，主要是清代檔案，按照清宮當年存放的地點，大致可以分爲《宮中檔》歷朝御批奏摺、《軍機處檔》月摺包和檔冊、《內閣部院檔》詔書及各種檔冊、《史館檔》紀志表傳各種稿本及相關資料等四大類，此外，還有各種雜檔。從時間上看，包括明神宗萬曆三十五年（1607）至清朝宣統三年（1911）的檔案資料，此外，也有宣統十六年（1924）的部分檔案。從文字上看，絕大部分是漢文檔案，其次是滿文檔案，此外也有少量藏文、蒙文、回文、蘇祿文、緬文、俄文等檔案。從文書的性質看，有上行文書、下行文書、平行文書等，將近四十萬件，亦可謂品類繁多。

　　內閣大庫檔案是清代全國庶政的眞實紀錄，其內容除了清初徵集的天啓、崇禎兩朝的明檔以及由瀋陽移至北京的盛京舊檔外，主要是清朝入關以後至宣統年間二百八十餘年積存的各種文件。臺北中央研究院歷史語言研究現藏內閣大庫檔案，共一百箱，計約三十一萬件。其內容主要是帝王的制、詔、誥、敕；臣工進呈的題本、揭帖、奏本、奏摺、啓本、賀表；外藩各國表章；試卷、金榜；內閣各項檔案、文移、稿件。歷史語言研究所刊印的《明清史料》，或《明清檔案》，就是內閣大庫檔案的重要資料，成爲研究明清史極其珍貴的素材。

　　近數十年來，海峽兩岸由於檔案資料的不斷發現與積極整理，

使清代史的研究，逐漸走上新的途徑，清代臺灣史是清代史中不
可少的一部分，現藏上行文書及下行文書中含有頗多清代臺灣史
料。其中閩浙總督、福建巡撫、福州將軍、福建布政使、福建水
師提督、福建臺灣鎮總兵官、臺灣道、巡視臺灣監察御史及給事
中等人的奏摺原件、錄副抄件，以及題奏本章中，其涉及臺灣自
然災害的檔案資料，爲數相當可觀，本文僅就已經整理的現存檔
案資料，考察清廷領有臺灣期間，臺灣地區所發生的自然災害現
象及政府的賑災措施。

二、地震災害及賑恤措施

　　清代地方大吏認爲臺灣因爲地土鬆浮，所以時有地震，稍動
輒止，習以爲常。其實，臺灣位於環太平洋地震帶上，是一個具
有地槽和島弧雙重地質特性的島嶼，在構造上屬於一個活動地帶，
造山作用極爲活躍，地震發生的頻率較高，災害頻仍。從清朝領
有臺灣至臺灣割讓於日本爲止，其間經常有大小幅度的地震，多
見於官書、方志的記載。例如康熙五十年（1711）九月十一日
戌時，彰化、嘉義（諸羅）、臺灣、鳳山及淡水廳等縣廳地震，
民房、倉廒，坍塌甚多。康熙五十九年（1720）十月初一日，
嘉義、臺灣、鳳山三縣地震，災情以嘉義爲較重。同年十二月初
八日，又發生強烈地震，連續十餘日，房屋傾倒，壓斃居民，施
琅祠亦損毀。雍正八年（1730）七月初十日，臺灣發生地震。
同年八月初十日，又發生地震。雍正十三年（1735）十二月十
七日丑時（上午一點至三點），彰化、嘉義、臺灣等縣發生大地
震，歷時頗久，坍塌民房五百五十六間，傾斜二百三十五間，壓
斃男婦大口一百六十四人，小口一百零二人，壓傷男婦大小口一
百二十人。乾隆十九年（1754）四月，淡水發生大地震，毛少

翁社陷入大海中。乾隆三十九年（1772）三月，臺灣南部發生
強烈地震。乾隆五十年（1785）六月，鳳山縣港東里地震，連
續數次。乾隆五十七年（1792），臺灣發生大地震。據《重修
臺灣省通志》記載，是年六月，臺灣郡城地震。翌日，嘉義大地
震，損壞房舍，繼之以火，死者多人①。同書〈土地志自然災害
篇〉記載是年六月二十二日，臺灣南部、中部地震，嘉義、彰化
災情較重，鳳山、臺南次之。共倒壞瓦房二萬四千一百四十九間，
草房九百五十三間。壓斃男婦大口五百四十七名，小口六十一名。
壓傷男婦大口六百一十一名，小口一百二十九名②。現存檔案中
含有福建水師提督兼臺灣鎮總兵官哈當阿、福建臺灣道楊廷理奏
摺抄件，對臺灣地震情形，奏報頗為詳盡，可資比較。

　　乾隆五十七年（1792）六月二十二日申時，臺灣府城地震，
災情嚴重。總兵官哈當阿、臺灣道楊廷理即飭委員弁分赴城廂內
外查勘。申時是地支的第九位，下午三點鐘至五點鐘。據所委員
弁報告，府城倒壞民房五十四間，所幸地震的時間發生在日間，
人多奔逸，僅止傷斃男婦三人。據臺灣、鳳山二縣稟報，倒壞民
間瓦房五十六間，壓斃男婦大口四名。鳳山縣阿公店街倒壞營房
三間，店屋三間，阿里港街坍倒草屋八間。據嘉義縣稟報，二十
二日未申時，連次地震，申末尤甚，東西北三門倒壞民房十分之
八，南門倒壞民房十分之四，人口俱有壓斃。據統計，嘉義城鄉
共坍塌民間瓦房一萬四千四百二十六間，倒壞草房四百三十八間，
壓斃男婦大口三百十二名口，小口三十九名，壓傷男婦大小共四
百十四名口。塌倒各汛營房一百八十一間，壓斃兵丁一名，壓傷
兵丁十八名。據彰化縣稟報，二十二日未時，地震數次，其勢甚
重，文武衙署民房坍倒十居其六。彰化縣自從乾隆五十一年（
1786）林爽文起事之後，民間新建房屋，大都建築泥土牆垣，

木料細小，易於倒壞，災情頗重。據統計，彰化縣城鄉共坍塌民間瓦房九千七百二十三間，倒壞草房五百零七間，壓斃男婦大口三百三十人，小口二十二人，壓傷男婦大小口三百二十六人。倒塌各汛營房一百七十八間，壓斃兵丁五名，壓傷兵丁二十三名。合計彰化、嘉義、鳳山三縣震倒各汛卡兵房三百六十二間。就災情而言，嘉義、彰化二縣，近山村莊災情較重，沿海各莊稍輕。官府賑災撫卹方面，臺灣、鳳山二縣倒壞民間瓦房五十六間內，除查明有力之家計瓦房三十五間，未予撫卹外，其餘二十一間，俱得到撫卹。嘉義縣坍塌瓦房一萬四千四百二十六間內，除抄封翁雲寬、楊文輝、林爽文各案入官房屋二百六十八間及查明有力之家及尚未全倒房屋計九千九百七十二間，未予撫卹外，其餘瓦屋四千一百八十六間，俱得到撫卹。彰化縣坍塌瓦房九千七百二十三間內，除抄封翁雲寬、楊光勳、林爽文各案入官房屋五十三間及查明有力之家和房屋尚未全倒計五千九百一十九間未予撫卹外，其餘倒壞瓦房三千七百五十一間，俱得到撫卹。其撫卹金的發放情形，所有震倒民間瓦房，每間給銀五錢，草房每間給銀二錢五分。至於壓斃人口，無論男婦，每大口給銀一兩，小口給銀五錢③。鳳山、嘉義、彰化三縣地震倒塌兵房三百六十二間，自嘉慶七年（1782）八月初三日興工修建，至同年十月初一、二等日完工，在府庫備公項下共用過工料銀五千一百七十七兩一錢六分九釐④。

　　嘉道時期，臺灣也是地震頻仍，據志書記載，嘉慶十一年（1806）十月，臺灣發生大地震。嘉慶十五年（1810）十一月，臺灣北部發生大地震。嘉慶二十年（1815）六月初五日，噶瑪蘭地震多次，牆屋傾倒。艋舺龍山寺因大地震，除佛堂外，其他建築物悉皆倒壞。同年九月十一日夜九、十時，臺灣大地震，嘉

義以北，災情較重，倒塌瓦房一百四十四間，壓斃男婦大小口一
百一十三人。道光三年（1823）正月初三日夜間，臺灣發生強
烈地震。道光十三年（1833）十一月初三日，淡水地震，數日
始止。道光十九年（1839）五月十七日，全臺灣發生大地震，
嘉義、臺灣府城災情甚重。《重修臺灣省通志土地志自然災害篇》
記載是年五月十七日、十八日地震，在嘉義每日皆有一、二十次
大震，餘震持續有一個月之久，嘉義、臺南災情嚴重，共倒壞民
房七千五百一十五間，壓斃大小口一百一十七名，壓傷六十三名。
現藏檔案中含有署理閩浙總督魏元烺、福建巡撫吳文鎔等人奏摺
抄件，可供參考。

　　署理閩浙總督魏元烺、福建巡撫吳文鎔等具摺指出，道光十
九年（1839）四月二十六日以後，臺灣霖雨兼旬。同年五月十
七日辰刻（上午七點至九點）及十八日丑刻（上午一點至三點），
臺灣府城地震兩次，災情較昔嚴重。據臺灣縣知縣裕祿查勘城郭
內外官民署舍，都已坍壞。據嘉義縣知縣范學恆稟稱，五月十七
日辰刻，嘉義地帶忽大震，十八日丑刻復震，城垣衙署、監獄、
倉廠，以及兵民房屋，無不傾倒，傷斃人口頗多。臺灣鎮總兵官
達洪阿等前往嘉義縣查勘，行至四十里的茅港尾，見民房倒塌數
間，往北行走，愈遠愈重。抵達嘉義縣城後，看見礫瓦棟樑填衢
塞路，立即會同嘉義縣知縣范學恆等先赴城垣查勘。其中東西北
三門月城樓及窩鋪堆房，俱已倒壞，城身坍塌六丈有餘，城垛僅
存四百二十九堵，計倒九百八十一堵。文廟前後左右一帶圍牆，
各有歪斜倒塌，書籍祭器，被牆壓壞。總兵官達洪阿等出城沿街
察看民房，倒塌民房共計一千六百三十五間，壓斃男婦大小六十
八名口，受傷者共四百五十三人，倒壞廟宇六座。次早，總兵官
達港河等赴營會勘衙署、伙房、庫局，俱已倒塌，壓斃兵丁一名，

受傷九名，隨後查勘縣署所有住屋、監獄、倉廠及典史衙署，有
的樑柱尚存，有的倒成平地，壓斃知縣家丁二名，受傷九人。總
兵官達洪河等繼續查勘四鄉，共計倒塌民房五千零三十三間，廟
宇五座，汛房三間，公館一所，瓦窯六座，壓斃男婦大小四十五
人，重傷者計六十三人。統計嘉義縣地震倒塌房屋共六千六百餘
間，壓斃一百十餘人。所有壓斃大小名口內，其貧戶每名給銀四
圓，以便殮埋⑤。由總兵官達洪河等人的查勘資料，可知嘉義地
震災情的嚴重。道光二十年（1804）十月，嘉義大地震，山崩
地裂，屋毀人傷。道光二十五年（1845）正月，彰化大地震，
現藏檔案中含有閩浙總督劉韻珂等人的奏摺。

　　道光二十五年（1845）正月間，彰化縣境內發生大地震。
閩浙總督劉韻珂、護理福建巡撫布政使徐繼畬據彰化縣知縣黃開
基稟報後，即繕摺具奏。節錄一段內容如下：

　　該縣地方於本年正月二十六日午刻陡然地震，聲勢迅烈，
　　倏忽之間，屋瓦飛騰，牆垣搖動，官民人等，趕赴空地暫
　　避，幸免覆壓，其地勢偪窄，並無空隙，各處亦有不及逃
　　避之人，逾時震止。該縣查勘衙署、城垣、倉廠、監獄、
　　營汛、兵房暨各祠廟，多有倒壞，城內及附近城外居民，
　　震塌房屋二十餘戶，壓斃大小男婦一十二名口。又馳赴各
　　鄉逐一履勘，彰屬地方共十三保半，內揀東保、貓頭保、
　　被震最重，大肚保、燕霧保、南北投保、半線保，次之，
　　共震塌民房四千二百餘戶，壓斃大小男婦二百六十八名口。
　　其被壓受傷者，為數甚多，又分駐南投縣丞暨貓霧捒巡檢
　　各衙署，俱有坍倒，巡檢署內並被壓斃家丁一名，各處汛
　　房，亦有坍塌。此外各保地方被震稍輕，民居尚無倒壞。
　　除將壓斃人口酌給埋葬銀圓，其受傷之人，亦酌給錢文，

俾資醫治外，稟請核辦⑥。

由引文內容可知近山各保，地震災情，較為嚴重，統計倒塌民房約四千二百二十餘戶，壓斃男婦約三百八十餘人，受傷人數更多。閩浙總督劉韻珂據稟後，即飭福建布政使在藩庫內籌撥銀五千兩，委令試用縣丞黃體元解往臺灣，飭委署鹿港同知史密會同彰化縣知縣黃開基，親赴被災各處確勘倒坍民房實共若干間，分別有力無力瓦房草房，照例核實散給，事竣後逐一造冊報銷，至於倒塌衙署、城垣、倉廠、監獄、營汛、兵房及各祠廟等，即由彰化縣分別緩急，次第重修。閩浙總督劉韻珂等繕摺具奏時指出，臺灣地方，四面環海，土性鬆浮，地氣轉運，震動原屬常有之事。道光二十八年（1848）十一月初八日辰刻，臺灣府城地震，由南而北⑦，全臺震動，彰化縣災情最重，嘉義縣次之。彰化縣共坍塌瓦房一萬三千零一十四間，倒壞草房七千三百零三間，壓斃大小口一千零八人。嘉義縣共坍塌瓦房九百七十九間，倒壞草房一千三百六十八間，壓斃大小口二十二人⑧。

大小幅度的地震，確實是臺灣常有之事。清廷領有臺灣的後期，臺灣地震頻仍，其中咸豐十年（1860）十月，淡水大地震。同治元年（1862）正月，臺灣大地震，同年五月初九日，地復大震，臺灣府城民房倒塌五百戶，壓斃三百人。嘉義災情亦重，曾文溪地盤陷落。同治六年（1867）十一月，淡水大地震。據《淡水廳志》記載，是年十一月二十三日，雞籠頭、金包里沿海，山傾地裂，海水暴漲，屋宇傾壞，部分土地沉入水中，溺斃多達數百人。臺北士林街等地，過半遭地震崩塌，災情慘重⑨。《聯合報》刊載李春雄撰〈淡北大地震，百年前大震撼〉一文指出，同治六年（1867），臺灣北部發生一場相當大的地震，稱為「淡北大地震」。由於當時科技不發達，並未有詳細官方記載。據

現今地震學家推測，這一場地震震央在基隆金山外海，造成當時萬里、金門、石門一帶房子幾乎全部倒塌，目前基金公路旁的萬里鄉加投礦窟，也是當時形成的。作者引外國史料記載指出，金包里地中出聲，水向上冒，高達四十尺，一部分土地沉入海中。作者另據金包里堡文史工作室田野調查資料指出，同治六年（1867）十一月二十三日巳時，連續劇烈振動，房子在搖，桌子在跳，煙囪倒塌。山崩地裂，山洪爆瀉，本來一條小溪，突然變成廣闊的大礦溪。金山水尾本是小漁村，因海水暴漲，沖走漁民，死亡慘重。金包里街往基隆，約半公里，大埔路滰，有一家住戶，因火山爆發，被埋沒於地下，此住戶遂變成終年礦霧不散的礦窟⑩。文中的描述，可信度頗高，惟現存檔案未見原始資料。光緒六年（1880）、光緒七年（1881）、光緒八年（1882）、光緒十八年（1892）等，臺北、新竹、苗栗、宜蘭等地的地震，多見於志書的記載。根據可查考的史料顯示，自明思宗崇禎十七年，清世祖順治元年（1644）至光緒二十一年（1895）二百五十二年間，臺灣在儀器觀測以前發生了二十二次破壞性強烈地震，都造成重大災害。

三、颱颶災害及救濟方式

臺灣位於大陸與大洋之間，孤懸外海，東臨廣闊的太平洋，西距亞洲大陸不遠，海陸性質相差懸殊，多夏兩季有強勁的季風，夏秋兩季則常有颱風的侵襲，加上臺灣的山岳高峻，又有增加地形性降雨的可能。因此，臺灣不僅多暴風豪雨，也容易引起洪水，而形成水災。這種以氣候現象為直接或間接的原因所造成的災害，就是所謂氣象災害。臺灣常見的氣象災害，其形成的原因，大致與風、雨、氣溫、氣壓等各種氣象要素有關，譬如風災、水災、

旱災、冰雹等，都是災害頻仍。

凡是因風所引起的氣象災害，通常稱爲風災。在臺灣的風災中，較常發生的主要是颱風侵襲所造成的風災，以及強勁季風所引起的風災。臺灣位於北太平洋西側颱風路徑的要衝，每年夏秋之時，經常受到颱風的侵襲。臺灣颱風，清代文書，多作颶風。康熙年間，閩浙總督覺羅滿保曾繕寫滿文奏摺向康熙皇帝奏報臺灣颶風災情，原摺指出，康熙五十四年（1715）九月十五日，臺灣沿海風強雨大，兵船、商船、漁船多遭風撞毀沉沒，兵丁淹斃百餘名。臺灣陸地，亦因風雨交加，稻穀俱濕倒，所種西瓜，藤斷花落，損傷大半。臺灣、澎湖兩地民船十餘隻被風摧毀⑪。

據志書記載，康熙六十年（1721）八月十三日，因大風雨吹襲，郡城房屋都被吹毀，被壓斃、淹斃官民總計有數十人⑫。在北京中國第一歷史檔案館典藏滿文硃批奏摺內含有閩浙總督覺羅滿保滿文奏摺，其具奏日期爲康熙六十一年（1722）正月二十一日。原摺對臺灣風災情形，奏報詳盡，其譯漢內容如下：

> 奴才於臺灣來人詢問，去年糧收成情形。據言臺灣縣、鳳山縣地方糧、糖、番薯等物，因去年八月被風，收成略薄，窪地或有四、五分收成，諸羅縣近處或有五、六分收成，收成各不相同。問及地方形勢，告知要犯皆被拿獲，地方太平。殷實之家或存有陳糧，貧苦民人生計多爲艱難，難繳錢糧。荷蒙聖主天地洪恩，將六十年錢糧數萬、田賦數十萬，皆予蠲免，凡被風倒房戶各賞銀一兩，受傷民每人賞銀二兩，兵丁每人五兩，無食者，放倉賑濟。故臺灣民人老少俱獲再生，無不歡呼舞躍，感激聖恩，恭祝聖主萬歲。查得臺灣、鳳山二縣被風倒塌房屋八千餘間，牆倒受壓、溺水之大小口約有七百人。諸羅縣尚未查明來報。查

進剿水師各營船共計九十三隻，是夜均爲風摧毀，大半沉於水底。奴才等分派水師官員額外雇力，已將沉船俱皆撈出，挨次查檢，其中尚有三十餘隻可以修葺，隨即派人從廈門、漳州攜修船材料及銀兩馳赴修葺。現修船十三隻工竣，其餘二十隻正在趕修。再有船五十餘隻據官員來報，俱已被風沉於水底，船體四分五裂，無法再修等情⑬。

由引文內容可知八月十三日風災情形，臺灣、鳳山二縣災情較重，房屋倒塌八千餘間，壓斃及溺斃民人約七百人，進剿朱一貴的水師戰船九十三隻，一夜之間，大半沉沒，守夜船兵溺斃二百三十二人。災害撫卹方面，康熙六十年（1721）分錢糧、田賦俱予蠲免，被風吹倒民房，每戶各賞銀一兩，傷亡民人每人各賞銀二兩，溺斃兵丁每人各賞五兩。民人無食者，放倉賑濟。

雍正二年（1724）七月二十三、二十四日，臺灣府各縣都遭受颶風豪雨的侵襲。巡視臺灣監察御史禪濟布、丁士一等親身查勘災情後繕摺奏聞。原摺指出，臺灣府城近郊草房多有倒塌，瓦房無恙，早稻吹損十分之一、二，芒、蔗、菁靛及西瓜等作物被風吹損頗爲嚴重。鳳山、諸羅、彰化等縣，災情較重⑭。據志書記載，雍正六年（1728）七月二十日，臺灣發生強烈颶風。閏七月二十三日，又再度遭到颶風襲擊；損壞商哨船隻，兵民亦有溺死者⑮。惟查曆書，是年無閏月，閏七月在雍正七年（1729），志書記載，顯然有誤。雍正七年（1729）閏七月二十四日，據署理福建總督史貽直奏報，臺灣自是年六月初旬以後，雨水稀少，正在望雨之際，卻於七月二十六日夜間颶風大作，雨勢甚暴，海水漲溢數尺，黑夜之中，猝不及防，商哨船隻多被颶風吹打沙灘岸上，災情甚重。史貽直原摺引臺協水師副將祁進忠稟文云：

七月二十六日酉刻，大雨，陡起東南颶風，查有擊碎哨商

船隻，並吹倒民居、營房、衙署、房屋，湖水驟長數尺，軍工廠中梘木板料漂失澳中，支廠變價船擊碎三隻，破壞五隻。次早水退，卑職親至海邊查點三營單船，亦有漂失槓棋，或擊傷船舨水底，俱堪修理，現在修整，以備哨防。惟定字十四號被風擊碎，淹死兵丁五名。澄字八號、十六號，防守鹿耳門，被風擊碎，淹斃兵丁，尚未查明⑯。

署理臺灣府知府沈起元彙報各縣災情較詳，據知府沈起元稟稱，南北一帶海口，颶風擊破民船一百餘隻，溺斃船戶水手二百餘名，俱經署海防同知劉浴逐一收埋處理。臺灣府治木城吹到一百三十餘丈。臺灣縣各坊里吹倒瓦房二百餘間，草房被吹倒六百餘間，溺斃海口二人。鳳山縣吹倒草房七十五間，諸羅縣吹倒房屋三十八間，擊碎民船十隻，飄去塭丁六人。彰化一縣，澎湖一島，風小無損。臺灣鎮總兵官王郡咨報災情指出，安平鎮水師各營擊碎營船三隻，重大損壞二隻，輕微損毀十五隻，溺失兵丁十一名，南北陸路墩臺營房倒壞十五、六處⑩。後來，署理福建總督史貽直具摺時又指出，七月二十六日颶風吹壞營房三百餘間，戰船損壞定字十四號等五船，溺斃在船兵丁王輝等十四名，溺斃及壓斃民人五名。

同年閏七月二十三日，東南海風復起，是日夜晚三更時分，風向忽然轉向西北，疾風驟雨，災情嚴重。據署淡水海防同知劉浴報稱，臺灣府治海邊擊破民船三隻，溺斃水手十二名，北路海豐港、鹿仔港、三林港，共損損民船十七隻，溺斃十一人，各處吹倒房屋數十間。諸羅縣知縣劉良璧稟報，諸羅縣禾稻無損，臨海地方吹倒房屋三十四間，壓斃民人一名，擊碎民船十一隻，溺斃水手三名。彰化縣知縣湯啟聲稟報，縣境禾苗、倉廒，並無損傷，倒壞各社房屋二十八座，壓斃原住民老婦二口，彰化縣城內

外草房，共吹倒八十餘間，澎湖通判王仁稟報，閏七月二十三日，澎湖一區，風勢狂烈，民間房屋吹倒甚多。澎湖副將陳勇稟報，澎湖協右營寧字四號、十五號戰船二隻，衝礁擊碎，片板無存，淹斃在船兵丁施佐等十名。澎湖協左營綏字十六號，因斷椗壓斃兵丁三名⑱。署理福建總督史貽直據報後，即於總督養廉銀內捐銀一千兩，遣員星夜齎銀前往澎湖、臺灣賑濟，並令臺灣、澎湖地方文武各員加意賑卹。是年秋間，臺灣連續遭受兩次颶風侵襲，雍正皇帝披覽史貽直奏摺後，以硃筆批諭云：「覽，被災兵民，加意撫卹之，此捐賑者為數似少，若不敷用，可向準泰將稅務盈餘動用，一面奏聞。」史貽直具摺覆稱：

> 查臺、澎兩處地方，孤懸海外，每遇颶風一起，即多次吹壞民居，是以民間蓋屋，多係草房，以其價廉工省，每間所費不過三錢，即赤貧之家，旋吹旋蓋，亦易於為力，惟今歲之風勢較大，吹壞之房屋頗多。臣見兩次被風，惟恐民力不足，故特捐銀前往賑卹。然沿海居民皆以颶風為每歲恆有之事，絕不驚駭，風定之餘，各家早已自為修葺。臣於委員齎銀到彼時，臺、澎兩處居民，業將房屋修整如舊。臣檄飭該地方官復又分別有力無力之家，量加賑卹。兵民喜出望外，無不感頌皇仁，其被溺身故之哨兵、番婦及淹故之商船戶水手人等為數不多，亦用銀無幾，已按名賑卹，俱各得所，此一千兩儘足敷用，實無庸再動稅務盈餘。至於吹倒之營房塘汛木城煙墩等項，臣已動撥臺灣存公銀六百餘兩，飛飭該地方文武各邑作速勘估補葺修整，如有不敷，再請撥正項動用⑲。

地方大吏賑卹災民時，按照有力無力，分別辦理，貧窮無力災民，則量加賑卹。在地方官發放救濟金以前，災民已自行修整房屋。

　　雍正年間，除了風災外，也發生了火災。雍正十一年（
1733）五月十九日夜間亥時，臺灣府臺灣縣西定坊水仙宮地方，
有燭舖陳寶店中失火，火勢蔓延，比屋延燒，燒燬店房三百餘間，
地方兵壯拆燬房屋十一間，以截斷火路，燒至丑刻方得救息。巡
視臺灣兼學政吏科給事中林天木等具摺指出，臺灣縣知縣路以周，
對平日消防器材，雖備有舊桶，但於緊要救火水銃等項，全不置
備，以致火勢蔓延⑳。

　　乾隆年間，臺灣風災，屢見不鮮。據志書記載，乾隆三年（
1738）秋，臺灣、鳳山二縣因颶風襲擊，朝廷下詔免繳丁糧。
乾隆五年（1740）閏六月二十二日，臺灣中南部大風雨四日，
沿海民居多毀，鹽水港災情最重，澎湖亦起颶風，吹毀各汛兵房。
乾隆十年（1745）秋，澎湖大風雨，衙署科房倒塌，民居田園，
損壞無數。據志書記載，乾隆十九年（1754）十月，彰化發生
颶風㉑。查閱現存檔案，是年十月，臺灣並未發生風災。據臺灣
鎮總兵官馬大用奏報，是年七月三十日、八月初七日及二十三日，
臺灣遭受三次暴風，廬舍船隻，雖然略被損毀，但田禾無恙。九
月初二日，又起颶風，風力猛烈，連宵達旦，至初三日，亥刻始
息，各港商漁船隻，或遭擊碎，或棄舵柂，間有漂失舵水、官粟、
民貨，其當風民居、營房，亦有吹刮損壞。臺灣縣屬園多田少，
以田而論，統計被災五分，諸羅、彰化二縣被災有七分、六分不
等㉒。同年十月十五日，福州將軍新柱具摺指出，九月初二日午
後又起颶風，夜間更甚，至九月初三日亥時停止。除鳳山縣東港
以南風勢稍緩以後，其餘各廳縣廬舍、官署、營房，多被飄刮損
傷。鹿耳門外遭風擊碎商船三十餘隻，澎湖各澳先後被風漂沒商
漁各船四十餘隻㉓。因臺灣各廳縣遭受颶風嚴重破壞，米價昂貴，每
石賣至二兩三錢。據臺灣道府稟報，九、十月間，米價竟長至三

兩以上。由此可知，志書所載十月彰化颶風的記載，似指奏報入京的時間，不是歷史事件發生的時間。

　　據志書記載，乾隆二十三年（1758）十月，諸羅縣大風三晝夜，晚稻多損，詔緩徵租粟銀米。乾隆二十八年（1763）九月十一日，臺灣颶風大作，從北到南，為十餘年來所未有，壞屋傾舟，流失田園，不計其數。乾隆三十年（1765）八月，淡水大風雨。同年九月二十三日，臺灣西南部大風，覆沒商船無數。乾隆三十一年（1766）八月，臺灣大風，船隻多覆溺。據現存檔案的記載，乾隆四十七年（1782）四月二十二日，臺灣猝被颶風，海潮驟漲，衙署、倉廒、營房等項多有倒塌，官商船隻，課鹽積穀，多有損失。據臺灣府知府蘇泰詳稱：

> 臺灣縣向不種植早禾，鳳山縣先已收穫，諸羅縣雖同經風雨，並不猛疾，田廬無損，淡水、澎湖、彰化三廳縣，是日並無風雨，實不成災。惟臺灣縣地方，經風吹損瓦房九十七間，倒塌草房四十一間，吹損草房九十四間，除有力修復外，無力之家，每間經該縣捐給銀一兩，及七錢、三錢不等。淹斃人口，計撈獲一百三十四名口，分別大小，捐給銀一兩及六錢不等。其擊破商船內有陳協等十三號各船，載有每年額運內地給與班兵眷口官穀八十石，共計一千四十石，俱經沉失。又陳崇利等五十九船擱汕損壞內鍾茂發等共載積穀九千五百四十三石四升，亦經漂失㉔。

除有力修復外，其無力之家，分別按照瓦房、草房倒塌、吹損情形捐給銀一兩或七錢、三錢不等，淹斃撈獲人口按大小分別捐給銀一兩及六錢不等。除民房倒塌外，鹽場亦坍損鹽房三十六間，計消化鹽一千五百九十三石。

　　據志書記載，乾隆五十五年（1790）六月初六日，大風雨，

挾火以行,滿天盡赤;毀屋碎船,澎湖尤烈。知府楊廷理來澎勘
賑㉕。現藏檔案中含有臺灣鎮總兵官奎林、臺灣道萬鍾傑、閩浙
總督覺羅伍拉納奏摺錄副及工部題本。據覺羅伍拉納奏報,乾隆
五十五年(1790)六月初六日申刻,澎湖颶風陡作,繼以大雨,
至初八日晴霽,民間房屋,多有倒塌,壓斃兵丁洪國平一名,衙
署、倉廒、營房、庫局,亦有坍塌,哨船三隻,篷索刮損,船身
無壞,擊碎商船三隻㉖。臺灣鎮總兵官奎林先已委派原署臺灣縣
知縣羅倫配船赴澎湖協同澎湖通判王慶奎、護理副將黃象新查勘
造冊,清冊內開列災情如下:

> 倉廒倒壞二間,其餘二十間瓦片全行掀落;鹽倉瓦片亦俱
> 掀落;軍裝庫、火藥局及砲臺九座,全行吹倒;文武衙署
> 坍塌過半;城內及各汛兵房塌倒過半,餘俱損壞,壓斃兵
> 丁洪國平一名;大小民房共倒壞一千六百五十六間,損壞
> 九千五百六十二間,人口間有被傷,尚無壓斃;該協營哨
> 船三隻,篷索刮損,船身尚無損壞;又擊破商船三隻㉗。

澎湖水師左右兩營原設新城東邊等十三汛兵房及砲臺、煙墩等遭
受六月初六日颶風驟雨後,被刮斷倒塌木料磚瓦,掀飛破碎,隨
風入海,僅存基址,颶風的猛烈可想而知。颱風自形成至消散,
須經過形成期、加強期、成熟期及消散期等四個階段,一般侵襲
臺灣的颱風,大多處於加強期與成熟期㉘。因此,颱風一旦登陸,往
往風雨交加,對臺灣沿海與陸地,都造成嚴重的災害。

四、水旱災害及救濟方式

臺灣地處低緯帶的海上,水汽含蘊較多,雨量較大,其來源
主要為季風雨、熱雷雨及熱帶氣旋雨。因此。遇到颱風、季風、
梅雨、鋒面、低氣壓、雷雨、大氣環流變動等現象,往往造成與

風雨有關的水災，包括因豪雨而形成的洪水，以及暴風雨形成的大雨災，每易造成生命和財產的嚴重損失。

　　據志書記載，乾隆十三年（1748）六月，彰化大雨水㉙。現藏檔案，含有是年彰化水災的記載。是年七月初二、三等日，彰化風雨成災。臺灣府知府、彰化縣知縣、福建水師提督、巡視臺灣御史、福建巡撫、閩浙總督等對彰化水災的報導，俱頗詳盡。據臺灣府知府方邦基稟報，彰化縣於乾隆十三年（1748）七月初二日，風雨交作。初三日，山地洪水連發，附近大肚溪地方，水勢漲湧，深有數尺，沖坍城市民房三百數十間，淹傷民人八口，田園亦被沖淹，受災頗重，諸羅笨港等處，同時遭到大水，民房被沖坍㉚。據福建水師提督張天駿奏稱，七月初三日，水沙連內山發蛟，溪流漲溢，支河疏洩不及，民屋營房，間有沖倒，人口亦有淹溺㉛。彰化知縣查勘後稟報災情指出彰化內山發蛟異漲驟至，鄰近溪河的城市村莊，沖倒民房一千八百餘間，淹斃男婦十八口，水沖沙壓田園九百餘畝，已成偏災。閩浙總督喀爾吉善亦指出，臺灣各縣災情，以彰化縣為較重，尤其是大肚溪等沿溪一帶地方，災情最重㉜。巡視臺灣御史伊靈阿等具摺指出，七月初二日半夜起至初三日酉刻，彰化風雨大作，初三日午時，山水陡漲，大肚、虎尾二溪，同時漲發，宣洩不及，以致沿溪一帶低窪民房，被水沖坍㉝。據署福建布政使永寧詳報，彰化風雨狂驟，逼近溪尾的石東源田園，間有衝坍之處，苦苓腳、德興等莊田園沙壓零星無多，壇廟牆垣、營房等項，亦有損毀。經查勘後得知彰化縣境內被水衝陷沙堆田園共七十九甲有餘，下則田二十甲七厘餘，下則園五十九甲四分縣㉞。因災情嚴重，地方大吏加意撫卹，各村莊倒塌瓦房、草屋一千八百餘間內，除有力之家尚有其他房屋棲止及別業謀生，未予賑卹外，其餘分別瓦屋草房間數大

小，按戶賑卹，共賑過銀四百七十六兩二錢五分。其被淹斃男婦十八人，照例賑給銀兩，合計共銀四百九十餘兩。其沿溪沖坍田園，查明糧額後照例豁免。

久旱不雨而形成的旱災，也是臺灣常見的氣象災害。就氣象學的觀點而言，旱災是一種異常降水造成的災害，由於降雨因素的變化，往往發生乾旱問題，尤以臺灣南部的丘陵地帶，旱災發生的次數較爲頻繁，災情較重。閩浙總督喀爾吉善具摺指出，臺灣、鳳山、諸羅縣，於乾隆十二年（1747）八、九兩月因無雨澤，被旱情形，頗爲嚴重。其中臺灣、鳳山二縣，凡高阜無水源的村莊田園晚稻，俱已黃萎，二縣通計田園三千餘甲，俱已無收。諸羅一縣田園有水源灌漑之處居多，高阜田園零星無幾，不致成災，彰化、淡水二處，陸續得雨，並未受旱㉟。喀爾吉善進一步指出，鳳山、諸羅二縣山泉源遠，田園多有水圳。淡水、彰化二廳縣，泉源較廣，雨量甚大，不致成災。臺灣一縣，地勢高亢，水田甚少，旱地居多，月餘不雨，即有旱象㊱。巡視臺灣兼理學政陝西道監察御史白瀛具摺奏稱，臺灣縣共二十二里，通計田園一萬二千二百餘甲，其中除永康等十二里園多田少，且有陂塘埤溝，足資灌漑外，其仁和等十里田園高低不一，內有黃萎漸枯不能結實者共約一千一百餘甲，除有水園田一萬餘甲可獲秋收外，其餘無水可灌漑的田園二千餘甲禾苗多半萎黃，偏災之象已成㊲。經戶部題准，將臺灣、鳳山二縣被旱田園新舊錢糧暫緩催征，並查有旱災輕重，將極貧戶口照例先行撫卹一月。其中臺灣縣應賑極貧計六戶，大小口二十二人；次貧五十二戶，大小口四百二十六人。鳳山縣應賑極貧計十九戶，大小口七十七人，次貧三十九戶，大小口二百七十二人，二縣合計應賑極貧、次貧共一百十六戶，大小口七百九十七人㊳。

　　乾隆十二年（1747）八、九月，臺灣發生旱災以後不久，於次年七月初二、三等日，又繼以水災，稻穀歉收，同年晚禾又被旱。巡視臺灣兼理學政陝西道監察御史白瀛等具摺指出，臺灣縣之中路，鳳山縣之北路及彰化縣之沿海一帶，地處高旱，水圳稀少。自乾隆十三年（1748）下旬以後連日不雨，又因八月十五、六等日風霾大作，雖廬舍船隻並無損壞，不致成災，而禾苗之正吐花者，間被搖落，地氣乾燥愈甚。臺灣縣田園共計一萬二千餘甲內除依仁等五里向有埤溝陂塘，可資灌溉，禾苗漸次收割，尚屬有秋外，其永康等十七里高阜田園半屬黃萎不能結實者約共一千三百餘甲，統計被災一分以上，偏災已成。鳳山縣官民莊田共有一萬三千餘甲內除下淡水等處俱有埤圳，可以引水灌溉者約一萬二千餘甲均無妨礙外，其高阜處所栽種極遲晚禾無水滋潤者，均屬黃萎，實共六百餘甲，鳳山縣合縣通計雖被災不及一分，但就乾旱之處而言，已成偏災。彰化縣共計十一保，其沿山半線等六保，俱有水源引灌，尚屬有秋。沿海的馬芝遴等五保，額征田園計三千二百餘甲，除開有水道可資灌溉者，不致傷害外，實在被旱晚禾共一千九百餘甲，彰化縣通縣勻算遭受旱災的面積幾及二分。淡水、諸羅、鳳山三處，受到旱災歉收的影響，米價每石自一兩七、八錢至二兩不等，彰化縣更因水旱頻仍，米昂價貴，每石長至二兩二錢有零。郡城食指眾多，北路接濟短少，以致人多米貴，每石亦長至二兩二錢不等㊴。閩浙總督喀爾吉善具摺指出，彰化縣水旱頻仍，民力拮据，理應加意料理，因此，奏請將被災之戶照例先行撫卹一月口糧。福建巡撫潘思榘將賑災情形繕摺奏聞。原摺指出，臺灣、鳳山、彰化三縣，於乾隆十三年（1748）晚禾被旱，經地方官查明被災輕重，分別應賑、應借，照例妥辦，以上三縣遭受旱災各則田園共三千八百六十一甲，官

莊被災各則田共一百四十四甲。應賑極貧、次貧災民共二百五十三戶，計大小口一千五百八十人，照例撫卹一個月口糧⑩。

　　道光二十五年（1745）正月，臺灣發生大地震。同年六月，又因風雨而成災。署福建臺灣鎮總兵官葉長春、按察使銜臺灣道熊一本具摺指出，臺灣地方猝被風雨，臺、鳳、嘉三縣，均有淹斃人民，損失船隻，倒塌房間情事，幸各處農民早稻已收，晚禾尚未栽插，不致成災。葉長春等人在原摺中也將臺灣夏天的氣象作了簡單的描述，他們指出，臺灣於道光二十五年（1845）入夏以來，四月雨多，五月雨少，至六月初六日大雨連宵，田園正資灌溉，突然初七日酉刻颶風大作，猛烈異常，至初十日申刻風勢漸微，而大雨猶未止息，郡城外水深數尺。十二日雨勢稍減後，葉長春、熊一本即督同臺灣府知府仝卜年等查勘南北路災情。葉長春原摺摘敘臺灣各廳縣的災情報告，據臺灣縣知縣胡國榮稟稱：

> 縣城內前被風雨損壞處所，當經查明具報，現查城外廬舍、橋樑倒塌甚多，沿海人民被水漂沒及大小商哨各船遭風擊碎擱淺者，亦復不少，並有呂宋夷船被風衝至二鯤身擱淺損壞，經會同安平水師救起難夷二十六名，妥爲安置，日給口糧，容俟打撈失物，再行詳辦。查看離海漸遠之田疇園圃，幸臺邑尚無早稻，晚稻尚未插秧，不致成災，然各農民春夏二季栽種蔬菜雜糧，陸續收割，以資糊口，現被風雨損耗各民戶口嗷嗷待哺，亟須量爲軫恤。

據署臺灣廳同知噶瑪蘭通判徐廷掄稟稱：

> 該廳所轄鹿耳門港口停泊大小商哨各船約有五十餘號，現在皆被風吹散，不知去向，其淹斃弁兵舵手若干，各容俟大小退落，船歸海口，再行確實查報。現在鹿耳門一帶及國賽港北，俱有漂流淹斃屍身，統計三百數十具，均經雇

夫打撈，分別男婦掩埋。

鹿耳門等沿海漂流屍身三百數十具，災情慘重。據署嘉義縣知縣
王廷幹稟稱：

> 六月初七日夜，狂風大雨，海漲異常，象苓澳內船隻擊碎
> 十有八、九，下湖街店屋全行倒塌，新港莊、洎何寮、蚶
> 何寮、竹笛寮等處，淹斃居民約計二十餘人。當即冒雨馳
> 往該處查明，籌款先將各屍身分別男女掩埋。所有被沖田
> 園、廬舍、廟宇、橋樑、道路，容俟確查，再行稟報。

由引文內容可知嘉義因狂風大雨引起的水患，災情亦頗嚴重。據
代理鳳山縣知縣雲霄同知玉庚稟稱：

> 六月初七日申刻，颶風陡發，大雨傾盆，至初八日，風雖
> 少息，雨尚未止。查看城垣、廟宇、衙署、倉廒、監獄、
> 營房、軍裝、火藥庫等處，均有滲漏倒坍，民間廬舍、橋
> 樑、道路，亦多坍塌，且有壓斃淹斃人口爲數尚屬無多，
> 幸早稻已經收割，晚禾尚未播種，不至成災㊶。

署臺灣鎮總兵官葉長春一方面將災情先行具摺奏聞，一方面咨報
閩浙總督劉韻珂，劉韻珂亦繕摺奏聞，節錄原奏內容如下：

> 臺郡於本年六月初六日起至十二日止，連朝大雨，並發颶
> 風，異常猛烈，城內積水數尺。所屬臺灣、嘉義、鳳山三
> 縣，亦同被風雨，嘉義兼有海潮漲發，以致淹斃居民約有
> 二千餘名。臺灣沿海民人，亦多被水漂沒，鹿耳門一帶，
> 漂流屍身三百數十具，惟鳳山情形較輕，傷斃民人計止數
> 十名，各縣城垣、衙署、監獄、倉廒、營房、庫局、廟宇
> 及民間田園、廬舍、道路、橋樑，均有坍壞，沿海商哨船
> 隻遭風擊碎者，亦復不少。臺灣二鯤身洋面，又有呂宋國
> 夷船一隻擱淺損壞，救護難夷二十六名。此外，鹽食及鹽

> 埕堤岸運鹽船筏，亦皆被水沖壞，鹽多溶失，所幸臺邑向
> 無早稻，嘉邑早禾業經收割，晚禾均未播種，僅止雜糧失
> 收，尚不至於成災。現在淹斃人民均經各縣暨署臺防廳打
> 撈掩埋，並經該鎮道等提用義倉穀一千石，府庫銀三千兩，
> 發交臺灣、嘉義兩縣，分別委員查勘撫卹⑫。

由引文內容可知颶風自六月初六日至六月十二日，歷時七天，風
勢猛烈，嘉義縣災情嚴重，因海水倒灌，淹斃居民二千餘人，臺
灣沿海民人亦多被水漂沒，鹿耳門一帶，漂流屍身三百數十具。
臺灣道府所撥銀米，為數無多，閩浙總督劉韻珂即飭布政使在於
藩庫地丁項下動撥銀三萬兩，委令馬巷通判俞益等護解臺灣。淹
斃民人分別男婦大小撫卹，倒塌民房分別瓦房、草房造具清冊，
照例給予修理各項費用，由檔案資料的記載，可知災情的慘重。

　　刮大風，下鹹雨，是澎湖常見的氣象災害，各種志書典籍多
記載因鹹雨對農作物所造成的傷害。現藏檔案中也有關於澎湖鹹
雨災害的資料。道光三十年（1850）冬，澎湖因雨少風多，收
成歉薄，貧民已有食貴之虞。澎湖廳同知楊承澤公捐銀二千兩，
購買薯絲，運往接濟。咸豐元年（1851）三月初四日起至初六
日止，連日大風刮起海水，遍地飛灑，澎湖當地人稱為鹹雨，以
致雜糧枯萎，早收失望。澎湖共計十三澳，除吉貝等四澳災害稍
輕外，其餘九澳鹹雨災情俱重⑬。臺灣道徐宗幹即會同臺灣鎮總
兵官呂恆安於道庫備貯項下提銀五千兩，以二千兩添買薯絲，委
員解往，餘銀三千兩，作為撫卹之用。因災區較廣，閩浙總督裕
泰又動撥地丁銀二千兩，以撫卹受災貧民。

五、遭風海難及救援撫恤

　　颱風或颶風，是一種熱帶氣旋，氣旋發生後，形成旋渦，其

旋渦中心附近最大風速達到每秒十七點二公尺時，即稱爲輕度颱風。東經一〇五度至一五〇度，北緯五度至三十度之間，包括北太平洋西部及南海大部分地區所發生的熱帶氣旋。探討臺灣的風災，不能僅限於臺灣本島陸地，還應該包括澎湖及臺灣沿海或臺灣海峽。船舶遭遇颱風或颶風而沉沒，以及船上人員的漂失淹斃所造成的災害，可以說是以氣象現象爲直接原因而引起的氣象災害。現存檔案中含有相當多海難資料，值得重視。

遭風海難船舶，不限於清朝商哨船隻，琉球、朝鮮、日本等國船隻，亦常在臺灣海峽遭風遇難。據巡視臺灣監察御史禪濟布、丁士一等具摺指出，雍正二年（1724）閏四月二十七日，有琉球國有底無蓋小船一隻，船上共十六人，遭風飄至澎湖小池角地方，經澎湖協副將陳倫炯解送提督，然後轉送福州琉球館。同年五月初七日，又有琉球國雙桅船一隻在諸羅縣外海遭遇颶風飄泊至八里坌長豆坑地方，船內男二十七名，婦女一口，共二十八人，他們上岸後，船隻即被風浪擊碎飄散無存。巡視臺灣監察御史禪濟布等隨即捐給銀米，加意撫卹。

朝鮮人金白三等三十人，同坐一船，在羅州長刷島載運馬匹，船隻被風打壞，於雍正七年（1729）九月十二日夜間飄到彰化縣境內的三林港大突頭地方，船身擱破沈水入沙，不能移動，折估變價銀十五兩，隨發給金白三等人收領，並派遣兵船將金白三等人護送至廈門㊹。乾隆二十五年（1758），朝鮮難民金延松、金應澤等人遭風飄收臺灣，經臺灣派遣兵船護送至福州省城安插，每人日給鹽菜銀六釐，米一升。此外，每人各給衣服等項銀四兩㊺。

李邦翼是朝鮮全羅道全州府人，同船共八人，因赴外嶼買粟，駕坐李有寶船於嘉慶元年（1796）九月二十日在洋遭風。同年

十月初四日，飄至澎湖洋面觸礁擱淺，經官兵救渡登岸。十月初五日，臺灣道劉大懿將李邦翼等八人委員護送至福州省城，安插館譯，照例以安插之日爲始，每人給米一升，鹽菜銀六釐，各給衣被等項銀兩，並委員伴送進京㊻。

金城，年四十五歲，三里，年二十五歲，官平，年二十歲，都是琉球人，平日釣魚營生。嘉慶十三年（1808）三月初一日，金城等人在琉球絲滿地方開船後，在洋遭風，同年四月十五日，連船漂至臺灣北路洋面，經淡水廳同知翟金護送至臺灣府城，然後委員配船到廈門轉送到福州省城㊼。

道光二十一年（1841）八月二十七日，朝鮮漁船遭風漂至淡水三貂港卯鼻外洋，被颶風擊碎，漁船上有朝鮮漁民共十一人，俱游水靠岸獲救，經臺灣府在存公銀內給予衣被口糧㊽。

除琉球、朝鮮船舶固然常遭風遇難外，日本等國船隻遭遇颶風飄沒的情形，亦不罕見。現藏檔案中含有日本人源吾郎等人的供單。嘉慶十三年（1808）六月二十九日，福建巡撫張師誠繕摺奏聞處理海難船隻經過，原摺摘錄源吾郎等人的供詞。其中源吾郎的供詞內容如下：

> 現年三十八歲，是日本武秀才，姓山下，名源吾郎，在薩州地方領土國王姓松平，名薩摩守牌照運糧米一千八百石到大坂屋補用。於卯年十二月初六日出帆，水手二十三人。十一月，在日洲洋面遭風，船隻打破，駕坐杉板，撈得食米，隨風漂流。辰年三月初十日，漂到四匏鑾地方，遇著日本番人名文助，先曾遭風到彼數年，知該處近在中國地界，伊等即同文助等一共二十四年仍坐杉板駕駛，三月二十九日，至臺灣枋寮地方登岸，即經署鳳山縣知縣程文炘查訊。

引文內卯年，相當於嘉慶十二年（1807），辰年，即戊辰年，相當於嘉慶十三年（1808）。據文助供稱：

> 現年五十一歲，係日本國箱館地方人，戌年十一月，駕自己空船一隻，船上水手八人，要往武差國江戶城元地方裝貨回國，領有箱館牌照，在洋遭風。亥年正月二十八日，漂到臺灣四鲍鑾地方，因船打破，只得上岸，水土不服，病死八人，只剩文助一人在該處燒鹽，與番人換竽子度日，住得數年，知該處近在中國，因無便船，未能回國，於本年三月初十日，適遇源吾郎等遭風漂到，附搭杉板駛至臺灣，一同送至內地，各求送回本國㊾。

引文中戌年，即壬戌年，相當於嘉慶七年（1802），亥年，即癸亥年，相當於嘉慶八年（1803）。據鳳山縣知縣程文炘稟報，四鲍鑾洋面，是臺灣後山生界原住民地界，源吾郎、文助後來到枋寮登岸，隨身所帶長短刀四把，斧四把，剃刀五把。據文助供稱日本人喜帶刀子，長刀掛身，短刀插腰，斧子用來劈柴，剃刀是眾人公用，另有日文書三本，都是日本曲本。源吾郎等人被護送到福州省城後，因福建向無往返日本船隻，福建巡撫張師誠隨後又咨送浙江乍浦，遇有東洋便船，即遣令歸國。

　　呂宋船舶多往返於南海洋面，因此，常常遭風，造成海難，其中間有漂至臺灣海岸者。道光二十五年（1845）六月初六日至十二日，臺灣遭受颶風侵襲，風狂雨驟，沿海大小商哨各船多遭風擊碎，其中含有呂宋船舶，因遭風衝至二鯤身擱淺損傷，經安平水師等救起呂宋人二十六人㊿。由於強烈颱風的侵襲，臺灣海峽或巴士海峽上航行的船隻，多遭風遇難，造成嚴重的氣象災害。

　　福建商船或載運棉布等生活物資赴臺販售，或來臺採購米穀

返回福建販售，接濟民兵糧食，而於臺灣海峽航行頻繁，以致間有商船遭風遇難，造成氣象災害。金三合是福建晉江縣人，是商船的船戶，他曾自置商船，雇募舵水二十四名。嘉慶元年（1796）七月間，在廈門裝載棉布等貨東渡臺灣貿易，附搭客民林自一名，並配載渡海夫陶忠等四名齎送臺灣鎮道夾板一副，隨帶內地各衙門公文。是年七月二十二日，船戶金三合在廈門掛驗出口，八月十一日，放洋，次日夜間，在洋遭風，折壞大篷甲篙，隨風漂流。八月十四日午後，漂至古雷洋面，忽遇盜船，貨物、公文俱被劫掠一空㊿。金瑞吉也是一名商船的船戶，他從臺灣返回廈門途中，也遭風被阻。金瑞吉指出臺灣派出縣丞程姓、武弁章姓，帶領兵役管解劉碧玉等五犯，於嘉慶二十年（1815）六月二十三日配坐新藏隆船隻，同在鹿耳門海口候風。七月十六日，得風，同幫開行者，共有船舶八隻，俱在洋中遭風，船戶金瑞吉等三船收入澎湖，八月初七日，始回到廈門海口㊌。

　　每逢鄉試之期，臺灣府文武諸生，照例由學政錄送內渡赴福州省城入闈考試。但因漂洋過海，往往遭風遇難，船隻翻覆淹斃。例如咸豐二年（1852）壬子科鄉試，就有臺灣縣學廩生石耀德等四名從鹿耳門放洋後遭風溺斃。同治三年（1864），是甲子正科，因太平軍進入漳州，奉文停止鄉試。同治四年（1865）九月，補行甲子鄉試，臺灣府學附生黃炳奎，彰化縣學廩生陳振纓、黃金城、蔡鍾英四名，於是年八月間由鹿港配搭金德勝商船內渡。但因是年入秋以來颶風時作，金德勝商船在洋遭風沈溺，黃炳奎等四名屍身日久探撈未獲。咸豐二年（1852）壬子科石耀德等四名遭風溺斃後，曾經臺灣道徐宗幹奏請撫卹，奉旨議給訓導職銜。附生黃炳奎等四名遭風溺斃後，學政丁曰健亦奏請援照壬子科請卹成案議卹㊝。

臺灣班兵換戍，餉銀領兌，兵船往返，絡繹不絕。但因海洋多風，船隻遭風遇難，造成災害的現象，屢見不鮮。臺灣海峽，既多颱風，又多季風。季風的威力，雖然不及颱風或颶風猛烈，但它的持續性較久，每年十月至第二年三月，東北季風盛吹，因其風向和東北信風的方向相一致，它所構成的合成風速特別強勁。每年五月至九月，西南季風盛吹，其風向和東北信風的風向相反，因此，它所形成的合成風，風力雖然較弱，但對傳統航行船舶，也往往造成海難。陳弘謀在福建巡撫任內曾具摺指出，臺洋風汛，夏秋颱颶時發，倏忽變異，最為難測，冬令北風強烈，船隻多遭飄擱，一歲之中，兵船遭風飄散者，仍十居八、九[54]。據臺灣鎮總兵官王郡疏稱，雍正七年（1729）七月二十六日夜間，臺協水師營平字十四號，配載兵丁十九名出洋後，在笨港口遭風，船波打裂，船中兵丁王輝一名，被浪拖括溺水身故。臺灣水師右營澄字六號趕繒船一隻派撥前往廈門渡載福州城守班兵九十一名，於乾隆元年（1736）十一月二十八日放洋，十一月三十日晚，駛至外洋，將至西嶼頭洋面，突遭颶風，船舵被海浪刮斷，飄至八罩水垵口外衝礁擊碎，淹斃班兵郭世華等三十八名[55]。

臺灣餉銀，照例須赴內地藩庫請領，乾隆十五年（1750）冬及乾隆十六年（1751）春兩季俸餉銀七千四百餘兩，餉錢四百餘串，領兌之後，在廈門配船，由澎湖放洋，其中綏字第三號戰船一隻，因遭風颶風，全船沉沒。官兵六十餘人，無一生還。其平字二號餉船一隻，載餉四鞘，載錢十七桶，差遣臺灣右營把總陳亦管押，於乾隆十六年（1751）正月十一日，在澎湖放洋，是日四更時候，忽遇颶風，不能收入鹿耳門，寄椗破隙汕外。正月十二日，風浪更大，吹斷正椗大椗，副椗齒折，餉船隨風飄流四日三夜，最後飄到廣東惠州府海豐縣港口[56]。

　　乾隆十七年（1752）七月初八日至十一等日，福建沿海，
連日風雨，颶風猛烈，廈門四面環海，爲海船出入要津，因海風
強勁，擊破戰船哨船，飄沒大小商漁船隻，淹斃兵役民人多名，
災情慘重，飄沒臺灣穀船十六隻，沉失官穀二千二百七十餘石。
原任臺灣革職同知兪唐自臺灣渡海回籍，連同子姪家人共十三口，
在洋遭風沉溺。新調水師提標後營遊擊官玉自澎湖渡海前往臺灣
新任，亦在洋遭風沉溺。乾隆十八年（1753）三月十八日，臺
澎洋面因颶風大作，有海壇鎮標左營千總陳益管押班兵八十七名，
跟丁二名，駕船目兵十一名，合計一百零一人，配載永字號哨船
一隻，東渡臺灣換戍，在白水洋遭風飄流至東吉嶼，除兵丁十一
人經鎮標右營配載換班過臺固字六號兵船援救脫險外，其餘介兵
九十人，俱下落不明㊲。

　　據臺灣府知府鍾德稟報，在乾隆十九年（1754）風災案內，
擊壞船隻大小六十二隻，淹斃舵水一百六十六名，共賑卹銀三百
一十五兩，吹倒瓦草房屋二百零五間，壓斃男婦九人，共賑卹銀
七十五兩。船隻內飄失官粟二千七百八十五石。臺灣、諸羅、彰
化三縣受災無力貧民，查明大小男婦共二千七百十七名，照例撫
卹一月口糧，共米三百一十五石一斗五升。福建按察使劉愻遵旨
加意撫綏災民，並繕摺奏聞辦理賑災經過，節錄原摺一段內容如
下：

　　　　臣即備查賑卹定例，分條酌議，詳明督撫二臣，並移行臺
　　　　灣道挖穆齊圖、臺灣府知府鍾德督率各縣確查被災村莊，
　　　　在六、七分以上者，乏食貧民先行撫卹一月口糧；被災較
　　　　重至八、九分之諸羅縣屬地方；俟來春察看情形，分別極
　　　　貧次貧，酌量加賑；被災稍輕之臺、彰各縣，不須加賑者，
　　　　仍酌借口糧，以資接濟；至坍塌瓦房，照例每間給銀五錢；

草房減半；擊沉船隻，大船賑銀三兩，中船二兩，小船一
兩，以資修葺；撈獲屍首，大口給銀一兩，小口五錢，以
爲掩埋之費，其被災田畝；應徵錢糧供粟，均視被災分數
輕重，分別蠲免緩征。凡應撥內地補倉米穀，悉行停運，
以備賑借之用。再賑給口糧，應用本色者，即於常平倉穀
碾給。其僻遠之處，應用折色銀兩，若由藩庫解往，海洋
風信靡定，需賑孔急，恐難懸待。查臺屬原有經徵官莊銀
兩，臣稟明督撫二臣即於所貯官莊銀內墊納備用，統於藩
司存公銀內撥發歸款，仍嚴飭各屬親行查辦，不得假手胥
役，致滋冒濫剋扣，務使災黎各沾實惠，無一失所[58]。

乾隆十九年（1754）九、十兩月先後遭風災，造成臺灣陸地及
沿海的重大災害，除房屋倒塌，壓斃男婦外，也造成大小船隻被
風浪擊碎，淹斃民人。由於海難頻傳，渡海入臺文武大員，多裹
足不前。乾隆五十二年（1787），福康安等渡海赴臺征剿林爽
文時，乾隆皇帝曾頒賜班禪額爾德尼所進右旋白螺，往返臺海時，
都供奉於船中，果然風靜波恬，渡洋平穩。乾隆五十三年（
1788）十一月二十一日，《寄信上諭》指出：

> 上年福康安前赴臺灣，特賞給右旋白螺帶往，是以渡洋迅
> 速，風靜波恬，咸臻穩順。今思閩省總督、將軍、巡撫、
> 提督等每年應輪往臺灣巡查一次，來往重洋，均資靈佑，
> 特將班禪額爾德尼所進右旋白螺發交福康安，於督署潔淨
> 處敬謹供奉，每年督撫、將軍、提督等不拘何員赴臺灣時，
> 即令帶往渡海，俾資護佑，俟差竣內渡，仍繳回督署供奉。
> 至前往巡查大臣，不必因有白螺，冒險輕涉，總視風色順
> 利時，再行放洋，以期平穩，將此諭令知之[59]。

漂洋過海，風強浪大，海難頻仍，因此，欲藉靈物護持，希望順

利吉祥，反映皇帝對文武大員的關心與祝福。但乾隆皇帝並不希望他們因有白螺的佑助，而冒險輕渡，必俟風色順利時放洋渡海，以免遭遇不測。福建省城總督衙門第五層是樓房，高敞潔淨，福康安令人將樓房加以拂拭灑掃後，即將右旋白螺敬謹安龕供奉。右旋白螺雖然不能解除颱風的侵襲，但可使渡海大員免除望洋之驚的心理作用，也是可以肯定的。嘉慶初年，清朝冊封使趙文楷等前往琉球時，亦經閩浙總督玉德奏准將右旋白螺交與趙文楷等供奉船艙，希望往返重洋時，能得靈物護持，而於穩順之中，更臻穩順。

宗教信仰具有生存、整合與認知的社會功能，媽祖崇拜久已成爲福建民間的普遍信仰。由於閩省兵丁民人過洋入臺，屢次遭風淹斃，海難頻傳，乾隆皇帝也認爲或因地方官平日不能虔誠供奉媽祖，以致未邀神佑。因此，令軍機處發下藏香一百炷，交兵部由驛站馳遞福建督撫，令地方大吏於媽祖降生的原籍興化府莆田縣地方及瀕海一帶各媽祖廟，每處十炷，敬謹分供，虔心祈禱，以迓神庥，而靜風濤。閩浙總督魁倫遵旨將藏香每十炷爲一分，共計十分，派員遞送，一分交給興化府知府祥慶親身敬謹齎赴莆田縣屬湄洲媽祖廟供奉，總督魁倫會同陸路提督王彙率同道府親送一分赴福州府南臺海口天后廟供奉，其餘分送福寧府、臺灣府、廈門、金門、海壇、南澳、澎湖等七處，交提鎮道府等親赴瀕海各廟宇敬謹分供，虔誠祈禱，希望從此哨商船隻往來海上，帆檣安穩，免除遭風沉船之虞⑩。乾隆皇帝順應福建民間信仰的習俗，假神道以設教，對穩定渡海人員的信心，確實產生正面的作用，對媽祖信仰的普及化，也產生積極的作用。

六、結　語

　　臺灣位於環太平洋花綵列島的地震帶上，介於琉球弧與呂宋弧的會合點上，在地質基礎上是一個具有地槽與島弧雙重特性的島嶼。同時又恰好位於大陸與大洋之間，四面環海，正處於熱帶海洋氣團與極地大陸變性氣團的交綏地帶上，因此，自然災害是不容易避免的現象。由於自然災害的頻仍發生，對臺灣居民的生命財產，往往造成嚴重的損失。有清一代，臺灣自然災害，較為常見的是地震、颱風、水災、旱災、船舶遭風等自然界異常現象。自然災害有其復發性與重現性，因此，利用原始檔案資料，對清代臺灣自然災害進行歷史考察，以認識其發生原因，形成過程，了解各種自然災害在時空上的變化特性，確實是有意義的。

　　地震的幅度，大小不同，強烈地震帶來的破壞性，是非常驚人的。例如乾隆五十七年（1792）六月二十二日，西曆八月九日，彰化以南包括彰化、嘉義、臺灣、鳳山等縣及府城，於是日未、申時刻，即下午一點至五點，發生強烈地震，地震的時間雖然發生在白晝，人多奔逸，但生命財產，仍然遭受重大損失。據統計，此次地震倒塌民房共二萬五千二百一十六間，倒塌各汛營房共三百六十二間。壓斃男女大小民人共七百零六人，受傷七百四十人。壓斃兵丁六名，受傷四十一人，災情慘重。政府的賑災，頗為迅速，其撫卹銀兩，按照大小口發放，壓斃人口，不分男女，每大口給銀一兩，小口給銀五錢。倒塌瓦房，每間給銀五錢，倒塌草房，每間給銀二錢五分。

　　颱風是臺灣較常發生的氣象災害，因颱風所造成的災情，也是十分慘重。例如康熙六十年（1721）八月十三日臺灣遭受颱風侵襲，其中臺灣、鳳山二縣，災情較重，民房倒塌八千餘間，壓斃及淹斃民人約七百人，戰船大半沈沒，溺斃兵丁二百三十二人。政府除蠲免田賦錢糧外，被風吹倒民房，每戶給銀一兩，壓

斃及溺斃民人每人各給銀二兩，溺斃兵丁每人各給銀五兩。乾隆
四十七年（1782）四月二十二日，臺灣遭受侵襲，其中臺灣一
縣遭風吹損瓦房共九十七間，倒塌草房四十一間，吹損草房九十
四間。淹斃撈獲一百三十四人。政府撫卹時，按照瓦房、草房吹
倒損壞情形各給銀一兩，或七錢、三錢不等。淹斃撈獲人口按照
大小分別給銀一兩或六錢不等。

　　臺灣地處低緯帶的海上，雨量較大，每因暴風雨而形成水災，
例如道光二十五年（1845）六月初六日至十二日，連續七天，
因暴風雨而形成海水倒灌的水災，其中嘉義縣災情較重，淹斃居
民共二千餘人。鹿耳門一帶，漂流屍身，也多達三百數十具，俱
照例撫卹。

　　旱災是一種異常降水造成的一種氣象災害，由於降雨因素的
變化，往往形成久旱不雨的現象，尤以臺灣南部的丘陵地帶，災
情較重。例如乾隆十二年（1747）八、九兩月因無雨澤，旱災
嚴重。其中臺灣、鳳山二縣，凡高阜無水源的田園晚稻，俱已黃
萎，二縣田園通計三千餘甲，顆粒無收，形成偏災，經督撫題准
緩徵錢糧，並撫卹貧民一月口糧。由於水旱頻仍，導致米價的昂
貴，貧民生計維艱。

　　船舶遭遇強風而沉沒，是臺灣、澎湖海面常見的氣象災害。
臺灣班兵換戍，餉銀領兌，內地商船來臺販賣貨物，採購米穀，
重洋往返，絡繹不絕，往往因遭風而造成海難。鄰近國家如琉球、
朝鮮、日本、呂宋等船舶，亦屢遭海難，福建等省均加意撫卹，
捐給銀米，護送返國。福建巡撫陳弘謀曾經具摺指出，臺洋風汛，
夏秋颶颶時發，倏忽變異，最為難測，冬令北風強烈，船隻多遭
飄沒，一歲之中，商哨船隻遭風飄失者，十居八、九。每逢鄉試
之期，臺灣府文武諸生，照例由學政錄送內渡，赴福州省城參加

鄉試，但因八、九月間正逢颱風盛行季節，過洋諸生，每因商船遭風翻覆溺斃，海難頻傳，造成重大的災害。

　　臺灣自然災害，屢見不鮮，海峽兩岸現藏檔案，一方面由於戰亂損失，並不完整，一方面由於檔案數量龐大，整理需時，因此，僅就整理公佈的部分檔案，對清代臺灣自然災害進行歷史考察，只是浮光掠影的描述，片羽鱗爪，缺乏系統。但在今日直接史料日就湮沒之際，即此現藏已公佈的有限檔案資料，已足以反映清代臺灣自然災害的頻仍及其嚴重情形。

【註　釋】

① 《重修臺灣通志》（南投，臺灣省文獻委員會，民國八十三年六月），卷一，大事記，頁153。

② 《重修臺灣省通志土地志自然災害篇》，（臺灣省地區儀器觀器以前之地震災害表），頁36。

③ 《明清史料》（臺北，中央研究院歷史語言研究所，民國六十一年三月），戊編，第五本，頁434。乾隆五十七年八月二十三日，兵部為內閣抄出福建水師提督兼臺灣鎮總兵言哈當阿等奏摺移會。

④ 《明清史料》，戊編，第九本，頁891。嘉慶十二年三月十二日，工部題本。

⑤ 《明清史料》，戊編，第二本，頁194。道光十九年十月，戶部為內閣抄出署理閩浙總督魏元烺奏摺移會。

⑥ 《宮中檔》（臺北，國立故宮博物院），第2731箱，第42包，第7558號。道光二十五年五月十一日，閩浙總督劉韻珂等奏摺。

⑦ 《重修臺灣省通志》，卷一，大事記，頁183。

⑧ 《重修臺灣省通志土地志自然災害篇》，頁37。

⑨ 《淡水廳志》（臺中，臺灣省文獻委員會，民國六十六年二月），

頁338。

⑩　李春雄撰〈淡北大地震，百年前大震撼〉，《聯合報》，民國八十八年十二月二十五日，第三十九版，〈大新聞回頭看〉。

⑪　《宮中檔康熙朝奏摺》，第九輯（臺北，國立故宮博物院，民國六十七年七月），頁506。康熙五十五年正月初九日，閩浙總督覺羅滿保文奏摺。

⑫　《重修臺灣省通志》，卷一，大事記，頁105。

⑬　《康熙朝滿文硃批奏摺全譯》（北京，中國第一歷史檔案館，1996年7月），頁1493。

⑭　《宮中檔雍正朝奏摺》，第三輯（臺北，國立故宮博物院，民國六十七年一月），頁14。雍正二年八月初四日，巡視臺灣監察御史禪濟布等奏摺。

⑮　《重修臺灣省通志》，卷一，大事記，頁112。

⑯　《宮中檔雍正朝奏摺》，第十四輯（民國六十八年二月），頁6。雍正七年閏七月二十四日，署福建總督史貽直奏摺。

⑰　《宮中檔雍正朝奏摺》，第十四輯，頁60。雍正七年閏七月二十九日，巡視臺灣兼理學政監察御史夏之芳等奏摺。

⑱　《宮中檔雍正朝奏摺》，第十四輯，頁301。雍正七年九月初三日，福建廈門水師提督藍廷珍及摺。

⑲　《宮中檔雍正朝奏摺》，第十四輯，頁900。雍正七年十一月十二日，署理福建總督史貽直奏摺。

⑳　《宮中檔雍正朝奏摺》，第二十一輯（民國六十八年七月），頁602。雍正十一年五月二十四日，巡視臺灣兼理學政吏科給事中林天木等奏摺。

㉑　《重修臺灣省通志》，卷一，大事記，頁131。

㉒　《宮中檔乾隆朝奏摺》，第九輯，（民國七十二年一月），頁590。

乾隆十九年九月十八日，福建臺灣鎮總兵官馬大用奏摺。

㉓ 《宮中檔乾隆朝奏摺》，第九輯，頁786。乾隆十九年十月十五日，福州將軍新柱奏摺。

㉔ 《宮中檔乾隆朝奏摺》，第五十四輯，（民國七十五年十月），頁762。乾隆四十八年正月十九日，閩浙總督富勒渾等奏摺。

㉕ 《重修臺灣省通志》，卷一，大事記，頁152。

㉖ 《軍機處檔·月摺包》（臺北，國立故宮博物院），第2744箱，185包，45313號。乾隆五十五年八月十六日，閩浙總督覺羅伍拉納奏摺錄副。

㉗ 《軍機處檔·月摺包》，第2744箱，185包，45314號。乾隆五十五年七月二十二日，臺灣總鎮兵官奎林奏摺錄副。

㉘ 《重修臺灣省通志土地志自然災害篇》，頁68。

㉙ 《重修臺灣省通志》，卷一，大事記，頁127。

㉚ 《軍機處檔·月摺包》，第2772箱，20包，2756號。乾隆十三年十一月二十八日，福建巡撫潘思榘奏摺錄副。

㉛ 《軍機處檔·月摺包》，第2772箱，24包，3642號。乾隆十三年十一月二十八日，福建水師提督張天駿奏摺錄副。

㉜ 《軍機處檔·月摺包》，第2772箱，22包，3283號。乾隆十三年九月初四日，閩浙總督喀爾吉善奏摺錄副。

㉝ 《軍機處檔·月摺包》，第2772箱，22包，3146號。乾隆十三年閏七月十一日，巡視臺灣御史伊靈阿等奏摺錄副。

㉞ 《明清史料》，戊編，第一本，頁90。乾隆十四年四月初五日，福建巡撫潘思榘題本。

㉟ 《軍機處檔·月摺包》，第2772箱，11包，1472號。乾隆十二年十月二十日，閩浙總督喀爾吉善奏摺錄副。

㊱ 《軍機處檔·月摺包》，第2772箱，10包，1333號。乾隆十二年九

月二十四日，閩浙總督喀爾吉善奏摺錄副。

㊲ 《軍機處檔・月摺包》，第2772箱，11包，1474號。乾隆十二年九月二十二日，巡視臺灣兼理學政陝西道監察御史白瀛奏摺錄副。

㊳ 《明清史料》，戊編，第一本，頁86，福建巡撫陳大受題本。

㊴ 《軍機處檔・月摺包》，第2772箱，23包，3453號。乾隆十三年九月十一日，巡視臺灣兼理學政陝西道監察御史白瀛等奏摺錄副。

㊵ 《軍機處檔・月摺包》，第2740箱，28包，4091號。乾隆十四年二月十三日，福建巡撫潘思榘奏摺錄副。

㊶ 《明清史料》，戊編，第二本，頁197。道光二十五年九月初十日，戶部爲內閣抄出署臺灣鎮總兵葉長春等奏移會。

㊷ 《宮中檔》，第2731箱，45包，8094號。道光二十五年八月二十五日，閩浙總督劉韻珂奏摺。

㊸ 《宮中檔》，第2709箱，5包，689號。咸豐元年六月初三日，閩浙總督裕泰奏摺。

㊹ 《宮中檔雍正朝奏摺》，第十五輯（民國六十八年一月），頁367。雍正七年十二月二十四日，福建巡撫劉世明奏摺。

㊺ 《宮中檔乾隆朝奏摺》，第二十四輯（民國七十三年四月），頁523。

㊻ 《宮中檔》，第2706箱，14包，2005號。嘉慶二年二月十三日，福建巡撫姚棻奏摺。

㊼ 《宮中檔》，第2724箱，70包，11370號。嘉慶十三年元月二十九日，福建巡撫張師誠奏摺。

㊽ 《宮中檔》，第2719箱，31包，5342號。道光十二年二月二十七日，福建巡撫劉鴻翱奏摺。

㊾ 《宮中檔》，第2724箱，70包，11370號。嘉慶十三年六月二十九日，福建巡撫張師誠奏摺。

㊿　《明清史料》，戊編，第二本，頁197。

㉛　《宮中檔》，第2706箱，11包，1425號。嘉慶元年十一月初六日，閩浙總督魁倫奏摺。

㉜　《宮中檔》，第2723箱，100包，19637號。嘉慶二十年八月初二十一日，閩浙總督汪志伊奏摺。

㉝　《月摺檔》（臺北，國立故宮博物院），同治五年四月二十八日，丁曰健奏片。

㉞　《宮中檔乾隆朝奏摺》，第五輯（民國七十一年九月），頁289。乾隆十八年五月初八日，福建巡撫陳弘謀等奏摺。

㉟　《明清史料》，戊編，第七本，頁614。乾隆四年七月二十二日，閩浙總督郝玉麟題本。

㊱　《宮中檔乾隆朝奏摺》，第一輯（民國七十一年五月），頁924。乾隆十六年十一月十七日，福建巡撫潘思榘奏摺。

㊲　《宮中檔乾隆朝奏摺》，第五輯，頁94。乾隆十八年四月十三日，福州將軍新柱奏摺。

㊳　《宮中檔乾隆朝奏摺》，第十輯（民國七十二年二月），頁294。乾隆十九年十二月十一日，福建按察使劉慥奏摺。

㊴　《明清史料》，戊編，第二本，頁138。乾隆五十三年十二月二十九日，閩浙總督福康安等奏摺。

㊵　《宮中檔》，第2706箱，11包，1426號。嘉慶元年十一月初六日，閩浙總督魁倫等奏摺。

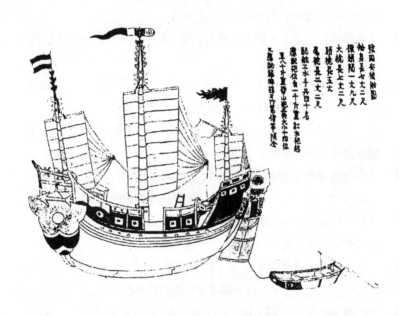

獨圖安楼船圖
船身長七丈二尺
慄頭闊一丈九尺
大桅長七丈二尺
頭桅長五丈
尾桅長二丈二尺
配船工永千六百四十名
應配炮位自一千六百觔起
至八十觔重大小四十位
足應防禦嗎道可惜第頭答

《軍機處檔》海船圖

從史學的觀點談研究中國
邊疆的理論與方法

一、歸納證據，審慎論斷

　　現代史學，一方面要保持我國正史記載嚴謹的優良傳統，一方面要作有系統的分析和敘述。歷史學家充分運用史料，作有系統的排比、分析和敘述，使歷史的記載和客觀的事實，彼此符合，始可稱爲信史。

　　我們傳統的正史，包括紀、志、表、傳，以記載史事供人參考爲職志。本紀是傳統史書中記載帝王大事的專文，以編年爲體，是全書的大綱，始於開國之君，以一帝爲一紀。本紀雖然記載帝王事蹟，但僅書其大事，其餘委曲情節則詳見於志書或列傳。傳統史書的纂修，以志書爲最難，讀史亦以志書爲最難。志書以同類事物爲專篇，敘述其終始演變的痕跡。歷史記載，最主要的是在人物，有人始有歷史。在《史記》一百三十卷中，本紀、世家、列傳共佔一百一十二卷，表和書合計僅佔十八卷，可以說《史記》是以紀傳爲本體，而以八書爲總論，十表爲附錄，亦即以人物爲中心。列傳的意義，就是列事作傳，敘列人臣事蹟，以傳於後世①。太史公特創列傳一體，將每一個歷史人物的事蹟都歸在其本人的名字下面，加以有系統的敘述，年經月緯，層次井然，於是從許多個別歷史人物的記載，可以顯露出某一個時代的社會概況或特徵。

在傳統的正史列傳中，含有豐富的邊疆史資料《史記》、《漢書》有匈奴列傳、西南夷列傳、大宛列傳、西域列傳、朝鮮列傳等。《後漢書》除了南蠻傳、西南夷傳外，又有西羌傳、南匈奴傳、烏桓傳、鮮卑傳等。《隋書》又增北狄傳、突厥傳、鐵勒傳及奚、契丹、室韋等傳。《明史》外國列傳及西域列傳所含邊疆史料，亦極豐富。《清史稿》除土司傳、屬國傳外，其藩部列傳，共計六卷，對邊疆部族的歷史，記載尤詳。

史學家首先必須熟悉史料，史料是供給研究歷史的材料，沒有史料，便沒有史學，史學家常常耗費悠久的歲月於蒐集史料上。蕭一山先生著《清代通史》上卷，早於民國十二年（1923）出版，中卷於民國十四年（1925）出版，下卷遲至民國五十一年（1962）始出版，距上、中兩卷的出版，相隔三十餘年之久，主要原因就是由於新出史料什佰倍於往昔，整理需時，非一手一足之力所能勝任。上、中兩卷的內容，因當時環境所限，只能取材於公私著作，雖然參考書不下六、七百種，但是新出秘籍、清宮檔案、外國資料，均未及引證，所以疏漏之處頗多②。因此，任何一種學術性的著作，必須充分運用基本的史學方法，歸納各種史料。

歸納法是一種科學方法，從觀察個別的事實而得出一致的理論，歸納法就是史學家常用的一種基本方法，史料的整理，史實的排比，都須充分運用歸納法。大致而言，史料有直接史料和間接史料的區別，直接史料亦即原始史料，是與已發生的事實有直接關係的資料，就是第一手的史料；間接史料亦即轉手史料，又稱為第二手史料，原始史料經過編纂後，就降為間接史料。

直接史料與間接史料兩者之間，並沒有絕對的界限，大致而言，檔案、日記、手札及實物等屬於直接史料；官書、傳記、私

人述作、報章等於屬於間接史料。明清時期，史料浩如煙海，間接史料固不待論，即直接史料，可謂汗牛充棟，舉凡內閣大庫明清史料，宮中檔硃批奏摺，軍機處檔冊及月摺包，國史館暨清史館檔案等等，器類繁多，都具有高度的史料價值。其中陝西、甘肅、四川、東三省、新疆、雲南、貴州等省文武大員的奏摺，涉及邊疆問題者頗多，至於奉天、寧古塔、黑龍江、吉林、伊犁等處將軍，熱河、察哈爾、烏魯木齊等處都統，庫車、烏什、葉爾羌、西藏等處辦事大臣，其進呈皇帝的滿、漢文奏摺，對邊疆史的研究，提供了豐富的直接史料。清代國史館的傳包，包括兩大部分：一為國史館纂修的各種列傳稿本；一為國史館纂修列傳時所咨取的各種傳記資料，例如事蹟冊、事實清冊、訃聞、哀啓、行狀、行述、咨文、履歷單、出身清單、奏稿等等，都是直接史料。國史館彙集各種史料纂修列傳稿本後，例傳就降為間接史料。例如《欽定外藩回部王公表傳》、《欽定續纂外藩蒙古回部王公傳》等官書，都是間接史料。

　　史學家固然必須辨別直接史料和間接史料，但更重要的還是史料眞僞的鑑別問題。檔案中有眞也有假，有可靠的文書，也有不可靠的文書，個人往返的信件，也是眞假摻雜，歷史記載是否可信，全憑所用史料價值的高低作決定。直接史料的價值固然高出間接史料，但是治史者貴能旁徵博引，間接史料與直接史料仍有其互相印證，互相發明的作用。史學上的歸納，就是儘量蒐集可能蒐集到的史料，資料愈豐富，歸納就愈周全。史料蒐集齊全後，即可有系統的歸納證據，審愼的得出結論，然後仍不厭其煩的繼續蒐集新史料。蒐集史料的時間，愈長愈好，史料的選擇，愈原始愈好。匯集更多的證據以後，再修正既得的結論，這就是最上乘的史學歸納法③。

二、比較異同，撥雲見日

　　史料龐雜，眞僞莫辨，不經比較，就無從分辨其可信度的高低，比較法就是史學方法中最基本的一種方法，也是史料考證中最常用的方法之一。考證的工作，最要緊的是要有最好的原始史料，以此原始史料互相對比，互相補充，始能把一些錯誤，用互勘互校的方法找出來，而使最近於原始形態的史料復原④。

　　間接史料與直接史料經過比較後，即可發現直接史料的可信度遠在間接史料之上。各種零散的有關證據互相比較後，方能作進一步的歸納綜合。同源史料，雖然是同出一源的史料，但經過比較以後，即可發現同源史料的記載，往往詳略不同，甚至彼此歧異。異源史料因非同出一源，所以較富於啓發性，將異源史料互相比較後，便可從其異同之間發現史事的眞相⑤。明朝史料與朝鮮史料是異源史料，清初纂修《明史》，有關明、清和戰關係，頗多隱諱，將《明實錄》、《朝鮮實錄》與《明史》互相比較後，可以使長久以來被隱諱的史實重見天日，孟森先生編著《清史前紀》，就是異源史料比較下的產物。

　　正史中的紀、志、表、傳，其記載詳略不同，互相牴牾之處，亦所不免。《清史稿》本紀的記載，與志、表、傳的記載，雖然是屬於同源史料，但因纂修人員眾多，並非同出一人之手，其互相歧異之處，到處可見，可藉以稿校稿及以卷校卷的方法，比較其異同。《清史稿·太祖本紀》記載明神宗萬曆十一年（1583），「薩爾虎城主諾米納、嘉木瑚城主噶哈善哈思虎、沾河城主常書率其屬來歸，太祖與之盟，並妻以女。」句中「妻以女」，是本紀記載錯誤，按《清史稿》列傳一：「顯祖宣皇后喜塔臘氏傳」謂宣皇后喜塔臘氏「子三，太祖、舒爾哈齊、雅爾哈齊，女一，

下嫁噶哈善哈斯虎」。又列傳十四「常書傳」謂「太祖以同母女弟妻揚書、噶哈善哈思虎」，可見清太祖是以同母女弟下嫁噶哈善哈思虎，並非「妻以女」。本紀與列傳的記載，彼此歧異，以卷校卷，是一種互勘互校的方法，不僅可以找出其間的歧異，而且可以改正其中的錯誤。《清史稿》「太祖本紀」天命四年（1619）記載明兵四路進討建州，「杜松軍由東路渡運河」，句中「運河」，清史館金兆蕃輯《太祖本紀稿》作「渾河」，以稿校稿後，可以發現彼此的歧異，再查《明史》卷二五九「楊鎬傳」亦作「渾河」，史料的考證工作，比較法是不可或缺的一種基本方法。比較法雖然不同於歸納法，但比較可以幫助歸納，利用轉手史料時，必須先作史料考證工作，然後始能有系統的歸納證據。《清史稿》「太宗本紀」記載崇德元年「1636」十二月十九日己丑，多鐸等進圍朝鮮國都，朝鮮國王李倧遁南漢山城。檢查《朝鮮仁祖實錄》，發現李倧遁南漢山城是在十二月十四日甲申⑥。《朝鮮仁祖實錄》是異源史料，其可信度較高。由此可知正史的本紀、志書、年表、列傳互相比較後，問題便疊見叢出，史料的比較，就是歷史比較研究的初步。

　　一種史料，其作者為同一人，是同出一源的史料；兩種以上的史料，作者不同，而出處相同，也是同源的史料。北亞草原族群的薩滿信仰，其史料較罕見，蒐集不易，要作有系統的敘述，首先必須比較史料，考證史料，歸納證據。十七世紀，當俄國人向東方發展時，首先遇到通古斯人。在通古斯的語言中，「薩滿」（saman）一詞就是指能夠通靈的男女，他們能夠按照自己的意志把靈魂引進自己的體內，並且按照自己的意志來支配他們，以幫助那些受到靈魂困擾的病人，薩滿信仰首先受到俄國人的注意，同時薩滿這一術語也是由俄國人首先引入西方文獻。清德宗光緒

三十四年（1908），俄國滿洲文學教授格勒本茲可夫（1880至1941）從史密德處獲悉有《尼山薩滿傳》（nišan saman i bithe）手稿後，即前往滿洲尋覓。同年，格勒本茲可夫獲得第一種手稿本，是得自齊齊哈爾東北默色爾村滿族能德山青克哩，稱爲齊齊哈爾手稿本。宣統元年（1909），格勒本茲可夫又在璦琿附近，從滿族德新格處獲得第二種手稿本，稱爲璦琿手稿本。民國二年（1913），格勒本茲可夫獲得第三種手稿本，此手稿本原爲教授滿文的滿族德克登額的手稿。以上三種手稿的內容大略相同。

　　民國十九年（1930），凌純聲教授前往松花江、烏蘇里江下游及混同江一帶調查赫哲族的生活習慣，發現赫哲族的社會裡，仍普遍流傳著薩滿的故事⑦。凌純聲教授著《松花江下游的赫哲族》書內收錄了多篇薩滿故事⑧，其中〈一新薩滿〉的故事，與《尼山薩滿傳》的內容頗爲相近，可以利用史學上的比較法，作史料考證。〈一新薩滿〉文內略謂明末清初的時候，松阿里南岸三姓東邊五、六十里祿祿嘎深富戶巴爾道巴彥夫婦樂善好施，祝禱神明，請賜一子。巴爾道巴彥妻盧耶勒氏四十五歲時一胎生下兩個男孩，大兒子取名斯勒福羊古，小兒子取名斯爾胡德福羊古。兄弟自幼學習弓箭刀鎗，到了十五歲，箭法已熟，常帶家人在本屯附近打圍，因野獸漸少，兄弟兩人請求父母准許他們前往正南方百里外的赫連山去打圍，一連商量了幾天，才得到父母的允許。斯勒福羊古兄弟帶領阿哈金、巴哈金等五十名家人同去。一日，從西南方忽然來了一陣大旋風，就在斯勒福羊古兄弟二人馬前馬後旋轉兩三個圈子後仍往西南方去了，兄弟二人卻同時打了一個冷戰，心中立即覺得難過，急忙回到宿營地方，面色如土，病狀沉重，僕人們連夜砍樹，做成兩個抬板，急速收拾，將小主人抬

回家，走了二十多里路後，斯勒福羊古已經氣絕而死。走到東方
發白時，斯爾胡德福羊古也氣絕長逝了。巴哈金急忙騎馬飛奔回
家，稟告老員外，巴爾道巴彥夫婦聞訊，當時就仰面跌倒，昏迷
不省人事，這就是〈一新薩滿〉故事的開端。《尼山薩滿傳》第
三手稿本內容的開始也說從前明朝的時候，有一個羅洛的鄉村，
住了一個名叫巴爾杜巴顏的員外，中年生了一子，養到十五歲時，
有一天帶領奴僕們橫浪山去打圍，途中得病死了。員外夫妻日行
善事，修造寺廟，濟貧助弱。五十歲時又生了一子，因爲是老生
子，所以取名爲色爾古代費揚古。到了十五歲時，色爾古代費揚
古懇求父母准許他出門打圍。員外告以其兄打圍身故的往事，未
予答應。色爾古代費揚古認爲人生在世，死生有命，身爲男子，
不宜一輩子斯守在家裡，堅持要去，父母不得已答應了。色爾古
代費揚古帶著阿哈爾濟及巴哈爾濟等衆奴僕前往橫浪山去打圍，
正在興緻昂然的狩獵時，色爾古代費揚古忽然渾身冰冷，忽然又
發高燒，頭也昏眩。衆奴僕收了圍到布幕裡點火讓色爾古代費揚
古烤火，因發燒出汗太多，身體不支，奴僕們砍伐山木做成轎子，
將小主人抬回家，由阿哈爾濟先行趕回稟告員外，員外夫妻聞愛
子死訊，頭頂上猶如雷鳴，當時即跌倒昏迷⑨。這兩個故事的開
端，最大的不同是：〈一新薩滿〉所述員外的兒子是一對男孩，
同時出外打圍，同時得到同樣的病症而死亡；《尼山薩滿傳》所
述員外的兩個兒子年歲不同，但都在十五歲時打圍身故。其餘故
事情節，並無不同。至於員外的姓名，一作「巴爾道巴彥」，一
作「巴爾杜巴顏」；鄉村或屯子的名字，一作「祿祿」，一作「
羅洛」；打圍的山名，一作「赫連山」，一作「橫浪山」；員外
末子的名字，一作「斯爾胡德福羊古」，一作「色爾古代費揚古」；
兩個奴僕的名字，一作「阿哈金、巴哈巴」，一作「阿哈爾濟、

巴哈爾濟」。不論人名或地名，都很相近，或因方言的差異，或因譯音的不同，即所謂同音異譯，以致略有出入，但就史料內容而言，則是同出一源，經過比較以後，發現〈一新薩滿〉與《尼山薩滿傳》手稿是來源相同的一種史料，都是探討北亞薩滿信仰的珍貴資料，研究北亞薩滿信仰時，首先必須比較〈一新薩滿〉故事與《尼山薩滿傳》手稿本的異同。「巴爾道巴彥」與「巴爾杜巴顏」，以及「斯爾胡德福羊古」與「色爾古代費羊古」，都是同音異譯，經過比較後，可以避免一人兩傳的錯誤。

　　各種官書因纂修時間不同，並非同出一人之手，所據史料雖相同，但其增刪潤飾，常有出入。《清聖祖仁皇帝實錄》與《御製親征平定朔漠方略》，都是探討清初準噶爾歷史的重要官書，但將兩書比較後，發現實錄頗多諱飾，例如《清聖祖仁皇帝實祿》卷一八三載撫遠大將軍費揚古奏疏，略謂：「康熙三十六年四月初九日，臣等至薩奇爾巴爾哈孫地方，厄魯特丹濟拉等，遣齊奇爾寨桑等九人來告曰，閏三月十三日，噶爾丹至阿察阿穆塔台地方，飲藥自盡，丹濟拉、諾顏格隆、丹濟拉之婿拉思綸，攜噶爾丹尸骸，及噶爾丹之女鍾齊海共率三百戶來歸（下略）。」⑩《御製親征平定朔漠方略》卷四三亦載費揚古奏疏云：「康熙三十六年四月初九日，臣等至薩爾巴爾咯孫地方，厄魯特丹濟拉等，遣齊奇爾寨桑等九人來，告曰，我等乃丹濟拉所遣之使，三月十三日，噶爾丹死於阿察阿穆塔台地方，丹濟拉、諾顏格隆，丹濟拉之婿拉思倫，攜噶爾丹尸骸，及噶爾丹之女鍾齊海，共率三百戶，來歸聖上（下略）。」⑪以上兩書對噶爾丹的死亡時間及原因，彼此不同。《御製親征平定朔漠方略》又錄有齊奇爾寨桑供詞云：「噶爾丹於閏三月十三日清晨得病，其晚即死，不知是何症？」噶爾丹究竟是飲藥自盡，或因病而死？其死亡時間是在三

月十三日，或閏三月十三日？檢查滿漢文起居注冊及宮中檔費揚古滿文原摺後，可以確定噶爾丹的死亡原因及日期。漢文本起居注冊記載噶爾丹死訊云：

> 撫遠大將軍領侍衛內大臣伯費揚古等奏，為飛報噶爾丹已死，丹濟喇等投降事。臣等於康熙三十六年四月初九日至塞爾巴爾哈孫地方，有厄魯特丹濟喇等所遣齊奇爾寨桑等九人來稱，我等係厄魯特丹濟喇所遣之使，三月十三日，噶爾丹死於阿察阿木塔台地方（中略）。問齊奇爾寨桑等，噶爾丹所死之故，並丹濟喇為何不即行前來，駐於巴顏恩都爾地方候旨？據云：噶爾丹於三月十三日早得病，至晚即死，不知是甚病症⑫？

由引文可以確定噶爾丹是在三月十三日因病而死，並非飲藥自盡。易言之，使用官書資料，為求審慎，進行史料比較，是不可或缺的工作。

　　史料的比較，是歷史比較研究的初步，進一步還須將歷史現象，放在一起作比較，不同的社會，可以比較，不同的文化，可以比較，可從異中求同，歷史現象的比較，具有重要的意義。我國自古以來，就是一個多民族的國家，邊疆文化各有其特色。《皇清職貢圖》除了畫像外，還有圖說，是研究明清時期少數民族歷史及文化的珍貴資料，各少數民族的習俗，可以比較，就其歲首而言，各地並不相同，例如貴陽大定等處花苗是以六月為歲首，普安州屬爨人是以六月二十四日為歲首，四川會川營所轄通安等處擺夷亦以六月二十四日為大節，定番州八番是以十月望日為歲首，都勻平越紫薑苗及黃平仦苗俱以十一月為歲首，雲南臨安府苦葱蠻則以十二月二十四日為歲首⑬。各邊疆少數民族的宗教信仰，是探討地方性文化特徵的主要內容。《皇清職貢圖》記述各

少數民族的宗教信仰頗為詳細,例如西藏所屬布魯克巴、巴哷喀木、密納克等部都崇佛唪經,然而都皈依紅教。至於四川威茂協所轄瓦寺宣慰司、雜谷、沃日、大金川、小金川等土司,也崇信喇嘛,皈依紅教,其中瓦寺宣慰司崇尚喇嘛尤篤,病則誦經⑭,比較各地民俗信仰,就是歷史現象的比較工作。我國邊疆少數民族自古以來,就有各種不同的文化,經過有系統的比較研究後,可以發現各文化的地方性。《皇清職貢圖》「懷遠縣狑人」圖說云:「狑者,另也,諸蠻之外,另為一種,與猺獞又別,故曰狑人,其貴少賤老,不留髭鬚,亦似苗,但不若苗之頑悍。」⑮圖說中對「狑人」的敘述就是使用比較法,有助於了解其種族的異同。同時代不同的歷史現象,固然可以比較,不同時代的歷史現象也可以比較。歷史現象單獨觀察,往往是靜止的,比較起來觀察,則成為活動的。歷史現象經過比較以後,可以看出其演化與變遷的過程,其意義便顯露出來。

三、綜合成果,集腋成裘

綜合是集腋成裘的一種方法,綜合能力就是史學工作者不可或缺的一種能力。零亂龐雜的史料,歸納在一起以後,必須應用綜合方法,始能賦與新義,提出具有說服力的看法。歷史研究有其前後相承性,史學家必須熟悉以往史學家的研究成果,綜合前人的研究成果,可以作新研究的起點。史學家以前人的研究成果作基礎,濟以博覽,始能推陳出新⑯。

西方歷史工作者最重視歷史研究的前後相承性,後起史學家開始從事研究工作,而完全忽視過去的研究成果,在本質上是不忠實的。在氏族社會裡,日常接觸的人,大都是相同姓氏的人,姓氏與名字是不並舉的⑰。大家見面時,只要稱呼對方的名字,

不冠姓氏。在女眞社會的名字中，以數目命名的習慣，頗爲常見，例如，金代宗室宗道，其本名就叫做八十[18]。有清一代，在滿洲、蒙古的社會中，以數目命名的風氣更加盛行。清代宮中檔奏摺、起居注冊、傳包、傳稿等資料，含有豐富的數目名字，以數目命名的文武官員，不勝枚舉。常見的數目名字，主要是從四十以上的數字命名，最大的數字是九十八，從四十到九十八，其個位數包含〇、一、二、三、四、五、六、七、八、九各數字，都普遍使用，例如杭州步軍校名叫四十八，鑲藍旗蒙古佐領名叫五十六，驍騎校名叫六十，熱河佐領名叫七十，黑龍江佐領名叫八十一，河南防禦名叫九十八等等，這種習俗在漢族的傳統社會裡是很罕見的。在草原族群的社會中何以盛行？單憑官方檔案的記載，實在無從了解其習俗的由來，必須吸取以往學者對這個問題所已達到的觀點，綜合前人的研究成果。民國二十五年，《禹貢半月刊》刊載單化普撰〈陝甘劄餘錄〉一文，略謂「五十九是馬近西的乳名，因在其祖父五十九歲那年誕生，紀念其祖父之意，現在甘肅人叫這樣乳名的還很多。述者曾與筆者說，他的乳名喚做六十，故也有人稱他爲馬六十。」[19]馬近西是回教首領馬化龍的孫子，馬化龍五十九歲時，抱了孫子，所以命名爲五十九。滿洲、蒙古社會的數目名字，其初也多半是乳名，因使用很普遍，後來仍然在各種場合中通用。祖父或父親喜歡以自己的年齡爲新生的嬰兒命名，含有紀念的性質，這和漢族社會命名「念祖」的意義相同，北亞遊牧社會或草原族群通行以數目命名的習俗，就是孝道觀念的具體表現。探討北亞草原社會數目名字的命名習俗，如果忽視前人的解釋，就很難說明歷史意義。史學家以前人的研究成果作基礎，就是一種綜合工作，然後濟以博覽浩瀚的原始資料，始能到達創新的境界。

　　綜合前人的研究成果，可以作新研究的起點，完全不管前人
的研究成果，一切從頭開始，不僅是智慧與力量無謂的浪費，而
且也是忽視了歸納與綜合方法的運用。天命十一年（1626）正
月十四日，清太祖努爾哈齊率諸貝勒大臣統軍征明，是月二十三
日，至寧遠城，屢攻不克，二月初九日，返回瀋陽，同年八月十
一日，努爾哈齊崩殂。努爾哈齊自二十五歲起兵以來，戰無不勝，
攻無不克，惟寧遠一城，竟無功而返。由於明清及朝鮮官私的記
載不同，所以中外史家對努爾哈齊崩殂的原因，提出不同的看法，
異說紛紜，莫衷一是。當寧遠之役，朝鮮譯官韓瑗適在寧遠城，
返國後朝鮮使臣曾報告此役經過，據朝鮮使臣云：

> 我國譯官韓瑗隨使命入朝，適見崇煥，說之，請借於使臣，
> 帶入其鎮，故瑗目見其戰，軍事節制，雖不可知，而軍中
> 甚靜，崇煥與數三幕僚相與閒談而已。及賊報至，崇煥轎
> 到敵樓，又與瑗等論古談文，略無憂色。俄頃放一炮，聲
> 動天地，瑗怕不能舉頭。崇煥笑曰，賊至矣，乃開窗，俄
> 見賊兵，滿野而進，城中了無人聲。是夜，賊入外城，蓋
> 崇煥預空外城，以爲誘入之地矣。賊入外城，因並力攻城，
> 又放火炮，城上一時舉火，明燭天地，矢石俱下。戰方酣，
> 自城中每於堞間，推出木櫃子，甚大且長，半在堞內，半
> 出城外，櫃中實伏甲士，立於櫃上，俯下矢石，如是累次。
> 自城上投枯草油物，及去核綿花，堞堞無數，須臾地炮大
> 發，自城外遍內外，土石俱傷。火光中見胡人俱人馬騰空，
> 亂墮者無數，賊大刾而退。翌朝見賊隊擁聚於大野一邊，
> 狀若一葉。崇煥即送一使備物謝曰：「老將橫行天下久矣，
> 今日見敗於小子，豈其數耶！」奴兒赤先已重傷，及是即
> 俱禮物及名馬回請，請借再戰之期，因懣恚以斃云云[20]。

引文中「奴兒赤」，即「努爾哈齊」的同音異譯。日本學者稻葉君山先生著《清朝全史》據朝鮮使者所述，遂謂努爾哈齊於寧遠之役，身負重傷，其後即因傷瘡而崩殂[21]。我國史學大師蕭一山先生著《清代通史》亦謂「寧遠之役，努兒哈赤以百戰老將，敗於崇煥，且負重傷。」[22]明朝遼東經略高第奏報寧遠之役的經過更加詳細，但於努爾哈齊負傷一事，竟隻字未提，由此可知韓瑗所述努爾哈齊先已重傷等語，實係一種孤證，不足探信。孟森先生著《清史前紀》已指出寧遠之役以後，「事隔數月而太祖死，謂由負傷，更不確。中間太祖尚經數戰，或與明戰，或併吞西虜，不當謂太祖之死，即因寧遠之傷。」[23]當努爾哈齊崩殂後，袁崇煥仍不相信其死訊的眞實性。《明熹宗實錄》記載袁崇煥奏報云：「皆云奴酋恥寧遠之敗，遂蓄慍患疽，死於八月初十日。夫奴屢詐死懈我，今或仍詐，亦不可知。」[24]努爾哈齊果負重傷，高第及袁崇煥既建奇功，何以竟隱匿不報？反而在努爾哈齊死後，仍以爲「詐死懈我」呢？其實早在民國二十二年，日本昭和八年（1933），日本學者園田一龜先生撰《清太祖奴兒哈赤崩殂考》一文已指出「身爲明軍困城主將的袁崇煥，若在此役使敵軍的大將負傷，實在是無上的大功勳。所以如果這是事實的話，寧遠城的一個賓客尚且聽到，主將袁崇煥沒有聽不到的道理。」[25]韓瑗所述努爾哈齊負重傷等語，是一種誤傳，引用孤證下結論，忽略明朝當事人的報告，不能綜合史料，以致以訛傳訛，尤其忽視園田一龜等人的研究成果，不能以前人的研究成果爲基礎，漠視綜合方法的重要性，驟下結論，不是一種客觀的研究態度。

　　一部體大思精的歷史鉅著所以問世，主要是由於作者具有一套超凡的綜合方法。杜維運教授著《史學方法論》一書中指出吉朋（Edward Gibbon, 1737-1794）的《羅馬帝國衰亡史》，是

震驚十八世紀史學界的傑作，但是他在政治上、道德上與宗教上的主要觀點，是來自福祿特爾的；擴展歷史的範圍於歐洲以外，擴展宗教的範圍於基督教以外，此類呼聲，也在吉朋以前倡出；十七、十八世紀的博學者更先他做了極多精湛的專題研究，可是經他一一綜合以後，於是一部體大思精的歷史鉅著，便幡然問世了㉖。由此可知從博覽到通觀，是高度的綜合，史學綜合方法的值得珍貴是不言可喻的。

清高宗乾隆皇帝在位六十年之間，二平準噶爾，一定回部，再掃金川，一靖臺灣，降緬甸、安南各一次，兩次接受廓爾喀之降，合為十全武功。從歷次戰役單獨來看，似乎只是邊境衝突，乾隆皇帝小題大作，窮兵黷武，但綜合起來看，可以發現乾隆皇帝致力於消弭邊患，抵禦外侮，以求一勞永逸，實有其不得已用兵的苦心，探討十全武功問題就必須先做專題研究，然後綜合成書。拙著《清高宗十全武功研究》一書，共計五十餘萬言，就是先作專題研究，將準噶爾、回部、金川、臺灣、緬甸、安南、廓爾喀分別撰寫論文，經過專題研究，然後一一綜合，刪繁就簡，避免重複，並按各戰役發生時間先後排列，貫穿全書，然後撰寫結論，綜論十全武功的得失，如非充分運用綜合方法，此書只能成為普通的論文集，由此看來，綜合方法的重要是不容忽視的。

四、客觀分析，重建信史

分析方法是史學方法中最富關鍵性的一種方法，當史學家應用歸納、比較、綜合等方法的時候，也同時必須應用分析法。把分散各處看起來完全不相關的史料，歸納在一起，而指出其中的關係，非有高度的分析能力不可；把分散的史實貫穿在一起，指出其中的關係，端賴史家的分析能力，分析能力愈高，愈能把分

散的歷史事件整理出清楚的線索㉗，所以歸納史料及歷史事件，都很自然地同時要應用分析方法。史家在考證史料的異同眞僞及比較歷史現象的異同時，必須經過精密的分析，只比較而不分析，則其比較很難顯出其意義。史家應用綜合方法時，必須先作細密的分析，堂皇的綜合，必須奠基於纖細的分析㉘。

　　過去史家歸納朝鮮史料後，認爲清太宗皇太極奪立是「鐵的事實」㉙。但只歸納史料，並未進一步分析皇太極繼承汗位的背景，所以缺乏說服力。探討皇太極繼承汗位的由來，必須應用分析方法。滿洲社會的舊俗，所有嫡子，不拘長幼，都有繼承汗位的權利。在清太祖努爾哈齊所生的十六子之中，有可稱爲嫡子的，只有四位大福晉所生的八子，即元妃佟佳氏哈哈納扎親所生長子褚英、次子代善，繼妃富察氏所生五子莽古爾泰、十子德格類，孝慈皇后葉赫納喇氏所生八子皇太極，大妃烏拉納喇氏所生十二子阿齊格、十四子多爾袞、十五子多鐸。明神宗萬曆四十一年（1613）三月二十六日，因褚英詛咒出征烏拉的汗父，益以諸弟與五大臣的互相構陷，清太祖努爾哈齊遂將褚英圈禁在高牆的屋內。萬曆四十三年（1615）八月二十二日，終於下了最大的決心，將褚英處死。褚英死後，有繼承汗位權利的只剩下七個嫡子，其中代善、皇太極、莽古爾泰是八旗的領旗貝勒，代善領正紅與鑲紅二旗，皇太極領正白旗，莽古爾泰領正藍旗，代善、皇太極、莽古爾泰是七個嫡子內角逐汗位最有力者。大福晉富察氏傾心於代善，每日送飯食，甚至在夜間私訪代善。天命五年（1620）三月二十五日，爲清太祖小妻塔因察所告發。由於富察氏的獲罪，連帶使其子莽古爾泰喪失去了繼承汗位的機會，代善也因此被奪一旗，僅領正紅旗。由於代善的失寵，莽古爾泰地位的低落，使皇太極成爲漁翁得利者，而成爲唯一的汗位繼承者。代善之子岳

託、薩哈廉，莽古爾泰同母弟德格類諸人都是皇太極的心腹，於是在諸貝勒的支持下，皇太極遂繼承了汗位。歷史事件的背景、原因、影響及其發展，都須加以解釋，史家進行歷史解釋時，無一不需經過分析。史家的分析愈精密，其解釋自然愈深入。

中國歷代以來，可以說就是一個多民族的國家，邊疆民族對中國歷史文化的創造與綿延有其直接或間接的貢獻，儒家思想對邊疆文化也具有兼容並包的精神。唐太宗是在胡族尙武精神和儒家傳統優美開明文化混合的條件下所產生的賢君，而大唐帝國的豐功偉業，也是胡族和漢族合作締造的。滿洲以邊疆部族入主中原，一方面接受儒家文化，承襲傳統的政治制度，一方面積極整理邊疆，增進邊疆與中原的政治、經濟及文化等各種關係，加強少數民族對中央的向心力，而具備近代世界各國公認的關於領土主權所包含的基本內容。乾隆皇帝在位期間，揆文奮武，致力於消弭邊患，抵禦外侮，開疆拓宇，對國家民族確實有擴大與凝固的貢獻。史家已指出「如果我們站在中華民族立場，不受狹隘的種族成見所影響，我們就會對盛清的武功感到驕傲和欣喜[30]。」有清一代的最大版圖，至乾隆年間業已完成，嗣後國人所承襲的版圖，大體上就是盛清慘澹經營的成果。歷代以來，當中國內部統一以後，則對外往往有一段武功，消弭邊患，防禦外寇，開疆拓土，就是完成大一統的新局面所應有的努力[31]。清高宗十全武功的背後，的確有其遠大的理想，並非好大喜功窮兵黷武的表現。唐太宗在位期間，文治武功，震爍千古，後世傳為美談。乾隆年間，其武功之盛，實已遠邁漢唐，實不宜存書生之見，徒言偃武修文，視為好大喜功窮兵黷武之舉，以致忽視乾隆年間整理邊疆對後世的貢獻。十全武功的成就，並不限於軍事方面，其政治、經濟、文化等方面的意義，亦不宜忽略。清廷解決邊人內犯及疆

界擾攘等問題後，同時推行多項措施，使邊疆地區，逐漸漢化或
內地化，使中國成爲一個統一而不可分的國家，也就是使邊疆地
區與內地各省成爲打成一片的完整領土，滿、漢、蒙、回、藏以
及其他少數民族都成爲中華民族的成員，各部族之間，日益融和，
終於奠定版圖遼闊多民族統一國家的基礎，清代前期的歷史地位
及先民的貢獻，是應該加以肯定的㉜，後世不當仍存漢人本位的
主觀意識曲解邊疆歷史。

【註　釋】

① 司馬遷著《史記》（臺北，明倫出版社，民國六十一年一月），卷
　　六，伯夷列傳，頁2121。
② 蕭一山撰〈明清史研究的重要及其趨向〉，《中國近代史論叢》，
　　第一輯，第一冊（臺北，正中書局，民國四十八年三月），頁80。
③ 杜維運著《史學方法論》（臺北，華世出版社，民國六十八年二月），頁
　　76。
④ 許倬雲著《歷史學研究》（臺北，臺灣商務印書館，民國五十六年
　　七月），頁74。
⑤ 杜維運著《史學方法論》，頁94。
⑥ 《朝鮮仁祖實錄》，卷三三，仁祖十五年十二月甲申。
⑦ 凌純聲撰〈中國邊疆民族〉，《邊疆文化論集㈠》（臺北，中華文
　　化出版事業委員會，民國四十三年七月），頁13。
⑧ 凌純聲著《松花江下游的赫哲族》（南京，國立中央研究院，民國
　　二十三年）。
⑨ 莊吉發譯著《尼山薩蠻傳》（臺北，文史哲出版社，民國六十六年
　　三月），頁1。
⑩ 《清聖祖仁皇帝實錄》（臺北，華聯出版社，民國五十三年九月），

卷一八三，頁7。康熙三十六年四月甲子。

⑪　《御製親征平定朔漠方略》，卷四三，頁28。康熙三十六年四月甲子。

⑫　《起居注冊》，康熙三十六年四月十五日，據費揚古奏；《宮中檔康熙朝奏摺》（臺北，國立故宮博物院），第九輯，頁35。康熙三十六年四月初九日，費揚古滿文奏摺。

⑬　《皇清職貢圖》（嘉慶十年，內府刊本，國立故宮博物院），卷六至卷八。

⑭　《皇清職貢圖》，卷六，頁18。

⑮　《皇清職貢圖》，卷四，頁59。

⑯　《史學方法論》，頁111。

⑰　傅樂成著《中國通史》（臺北，大中國圖書公司，民國六十八年八月），上冊，頁31。

⑱　《金史》（臺北，鼎文書局，民國六十五年十一月），卷七三，列傳十一，宗道列傳，頁1677。

⑲　單化普撰〈陝甘劫餘錄〉，《禹貢半月刊》，第五卷，第十一期（北平，禹貢學會，民國二十五年八月），頁95。

⑳　李星齡撰〈春坡堂日月錄〉（漢城，韓國奎章閣，孝宗朝刊本），卷二下，第一五冊。

㉑　稻葉君山著，但燾訂《清朝全史》（臺北，臺灣中華書局，民國四十九年九月），頁137。

㉒　蕭一山著《清代通史》（臺北，臺灣商務印書館，民國五十一年九月），㈠，頁101。

㉓　孟森著《清史前紀》（臺北，臺聯國風出版社），頁207。

㉔　《明熹宗實錄》（臺北，中央研究院，民國五十五年九月），卷七六，頁15。天啓六年九月戊戌，據袁崇煥奏報。

㉕ 園田一龜撰〈清太祖奴兒哈赤崩殂考〉，《滿洲學報》，第二期，頁17。

㉖ 《史學方法論》，頁116。

㉗ 《歷史學研究》，頁7。

㉘ 《史學方法論》，頁123。

㉙ 李光濤撰〈清太宗奪位考〉，《明清史論集（下）》（臺北，臺灣商務印書館，民國四十九年一月），頁87。

㉚ 〈中國近代史教學研討論〉，《中國近代史》（臺北，幼獅書店，民國五十六年十月），頁43。

㉛ 錢穆著《國史大綱》（臺北，臺灣商務印書館，民國四十九年十月），上冊，頁87。

㉜ 莊吉發著《清高宗十全武功研究》（臺北，國立故宮博物院，民國七十一年六月），頁497。

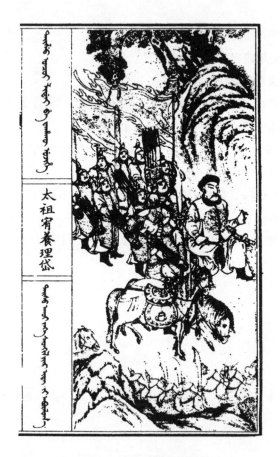

清太祖努爾哈齊畫像

（滿洲實錄）

滿洲族譜的整理概況
及其史料價值

一、前　言

　　有清一代，史料浩翰，除官書檔案外，還有私家著述，滿族家譜就是清代官書檔案以外存世較多的重要文獻。滿族各姓氏爲延續本支的歷史，多修有家譜。十七世紀中葉以來，滿族修譜的風氣，更加盛行。近年以來，中國大陸爲搶救、整理少數民族古籍，開始搜集採訪民族古籍，整理滿族家譜，就是古籍整理的一項重要貢獻，受到學術界的矚目。先後在滿族聚居的遼寧、吉林、黑龍江等地區發現了大量的滿族家譜，有手抄本、木刻本、排印本，除了漢文本外，還有滿文本。家譜的類別及形式，包括家史、族譜、宗譜、家譜、譜書、譜單、統系譜、祖先堂、宗譜錄、譜序、家堂、譜例、世系冊、人丁冊、祭祀要典、圖說等，名目繁多。雖然形式不一，內容詳略不同，但其記載，多不見於官書。家譜中詳載其族源、姓氏、祖居地、遷移經過、編入八旗年代，也記載了世系，在人名旁側多標明封爵、官職；在序文中則記錄了姓氏的變化，及旗地的變遷。家譜中涉及社會面貌的各層面，更加珍貴。在八旗制度中，人丁的身分地位，世職的承襲，都需要以家譜作爲憑證，滿族重視家譜，就是和八旗制度有關，滿族家譜的纂修，充分反映了八旗制度的特色，滿族家譜的大量出現，對滿族歷史或清史的研究，確實提供了相當豐富的參考資料，本

文僅就已整理公佈的滿族家譜進行簡單的介紹。

二、滿族的辦譜活動

　　古代滿族，對於家族的源流世系，主要是靠家薩滿（booi saman）和穆昆達（mukūn da）即族長一代一代口頭傳述，沒有文字記載，滿族以文字立譜，似始自清代初期。清代滿族各個哈拉（hala）即姓氏爲了延續本族的歷史，多修有家譜，他們按著姓氏分別立譜，其後或十年一續修，或二十年再增修，如此「人丁雖盛，族大不患其必分；支派雖繁，序久不患其易失矣。」①一般滿族供奉在祖宗板上的，除了家訓外，最重要的就是家譜。

　　家譜主要在追溯本源，分清世系及支派。滿族家譜的內容，主要是記載各家族的族別、旗屬、原姓氏、原居地、遷徙經過、始祖以來生息繁衍情況、家訓家規、祭祖儀式等等，被認爲是滿族以血緣關係組成家族的青史，是維護血緣關係內部家族統治的紐帶。其實，滿族立譜及修譜，主要是受了漢族傳統文化的影響。彭勃先生著《滿族》一書中有「龍虎年修譜書」等節，略謂「明萬曆二十七年（1599），努爾哈赤正揮師白山黑水統一女眞各部，當努爾哈赤接過萬曆皇帝的賜給的『龍虎將軍』桂冠後，不久，便將額爾德尼找到宮廷，命其用剛剛創制的滿文，記錄重大的事件。額爾德尼是個勤勉，謹愼聰明，記性好的人，從此他便把努爾哈赤一切善政，包括政治措施、軍事行動、宮廷生活一一記載下來。這就是滿族最早的檔子，也是愛新覺羅家族最早的譜書。」②所謂滿族最早的檔子，就是現存的老滿文原檔，但其內容、形式、體例及性質，都不同於家譜，將老滿文原檔作爲愛新覺羅家族最早的譜書，是有待商榷的。滿族修譜，或逢龍虎年續修，或逢蛇鼠年增修，滿族雖有龍處年修譜的習慣，但與明廷賜

給努爾哈齊龍處將軍印，似乎不宜產生聯想。

　　滿族重視立譜的原因，固然是「所以明世系，別支派，定尊卑，正人倫」，但更重要的緣由，是在八旗制度中，人丁的身分地位，官職的承襲，都需要家譜作爲憑證。天聰八年（1634），八旗職官已開始授予世襲佐領及公中佐領敕書，擔任世襲佐領時，必須以敕書說明承襲緣由。十七世紀後期，還需以家譜證明家世③，佐領襲職，按規定須在年底具奏家譜。雍正四年（1726）五月，規定八旗人員獲罪革職後，必須在八旗家譜摺內，將獲罪情由，節取繕入具奏。補授佐領及襲職家譜內，係補授某人之缺，即於某名之下，粘貼黃籤，其陞轉革退情由，箭單內亦應節取繕入。按照定例，八旗襲職事件，凡係世職，缺出以後，方行傳集參領、佐領、驍騎校、領催、族長等取具家譜，其所送家譜，旗下無憑查對，不無遺漏錯誤。因此，副都統博第奏請凡係世職的家譜，俱預行取具保結，遇有襲職事件，查對明晰，一併繕摺具奏。雍正五年（1727），經管理旗務王大臣等議准，「嗣後凡係世職官員，令其預先繕造家譜，存貯都統衙門，其後若有應行增入者，令於歲底具保增入。」④滿族立譜不僅受到各姓氏的重視，同時也受到官方的重視，八旗世襲官員的家譜，必須繕造一份存貯都統衙門，以爲承襲世職的重要憑證。

　　滿族纂修家譜，習稱辦家譜。以吉林九台市胡家鄉小韓村滿族石姓辦家譜的活動爲例，可以瞭解滿族辦家譜的過程。石姓滿族從道光二十一年（1841）正月開始，按照滿文家譜世系表中先後輩序，從石姓高祖起，將前三代九位太爺的影像供奉在西條炕上方的祖宗板上。辦家譜的活動，每隔十二年舉行，多選在龍虎年的正月初進行，以象徵後輩子孫個個生龍活虎。辦家譜的主持人是穆昆達，辦家譜前先由穆昆達召集各大支的族長組成譜會，

研究辦家譜有關事宜。辦家譜是屬於祭祖之列，札立（jari）是
祝神人，主筆人負責在總冊和分冊的譜書上續寫尚未上譜的男孩
和媳婦，鍋頭負責殺豬、擺件子、主灶等。石文炳先生撰〈九台
錫克特里氏族祭紀實〉一文對石姓滿族辦家譜的活動頗為詳盡。
辦家譜的第一項程序，叫做接譜，須由穆昆達帶領各大支的族長
到原供祖的家中將盛放先祖影像的譜匣及盛貯譜書的譜箱抬走。
第二項程序叫做亮譜，當譜匣和譜箱抬到辦譜地點，跪接進屋後，
按事先選好的吉時，取出先祖的影像，背北面南，懸掛於西屋北
牆之上，然後擺供焚香。第三項程序叫做續譜，凡是未上譜的兒
孫及媳婦，均用毛筆續寫在譜書上，活著的人名一律用朱筆書寫，
已亡故者則將原來已上了譜的朱色名字一律用黑色描蓋。辦家譜
的最後一項程序，叫做收譜，選定吉日良辰，將先祖影像和譜書
請回譜匣和譜箱，供奉在西牆上方，撤掉供品，辦家譜的活動也
就結束了⑤。由石姓滿族辦家譜的過程，可以瞭解滿族修譜的慎
重。

三、滿族家譜的整理概況

清代滿族各姓氏都十分重視家譜，所以在滿族各家族中保存
相當多的家譜。清朝政權被推翻後，滿族家譜流失頗多。文革期
間，許多家譜遭受毀壞。文革結束後，受到損毀的家譜重新抄錄，
有的根據回憶、採訪及有關資料重修家譜。近年以來，由於中共
國務院批准了民委「關於搶救、整理少數民族古籍的請示」，因
此，各少數民族開始積極整理民族古籍，不遺餘力，整理家譜就
是古籍整理的一項重要貢獻，受到學術界的矚目。其中遼寧、黑
龍江、吉林、內蒙古所屬境內滿族分佈較集中各滿族自治縣整理
出來的各姓氏家譜，其數量已相當可觀，為了便於說明，可列出

簡單概況表如下：

滿洲族譜收藏及整理概況表

收藏地點	家譜名稱	滿洲姓氏	漢姓	旗　　屬	修　譜　時　間
遼寧岫岩縣	蔡氏族譜	薩嘛喇氏	蔡氏		民國三年(1914)
	汪氏族譜	完顏氏	汪氏		民國三十一年(1942)
	吳氏族譜		吳氏		民國十二年(1923)
	齊氏族譜	喜塔喇氏	齊氏		乾隆十一年(1746)
	楊氏族譜	易穆查氏	楊氏		光緒二十四年(1898)
	白氏族譜	那他拉氏	白氏		
	張氏族譜	治良匡氏	張氏		咸豐九年(1859)
	趙氏族譜	伊爾根覺羅氏	趙氏		民國二十八年(1939)
	洪氏族譜		洪氏	滿洲正藍旗	民國二十四年(1935)
	唐氏族譜	他塔喇氏	唐氏		光緒十三年(1887)
	關氏族譜	瓜爾佳氏	關氏		民國十五年(1926)
	曹氏族譜	索綽羅氏	曹氏		民國十八年(1929)
	白氏族譜		白氏		民國十一年(1922)
	赫氏族譜	赫啥哩氏	赫氏		光緒五年(1879)
	白氏源流族譜		白氏	滿洲正黃旗	民國十年(1921)
遼寧北鎮縣 （大屯鄉）	崔氏家史		崔氏	漢軍鑲黃旗	
	孫氏譜書		孫氏	漢軍正黃旗	宣統元年(1909)
	金氏譜書		金氏		
	車氏譜書		車氏	漢軍正黃旗	民國二十六年(1937)
	劉氏世譜		劉氏	漢軍正黃旗	民國三十一年(1942)
	金氏譜單		金氏		
	高氏譜單		高氏	八旗漢軍	
	車氏譜單		車氏		
	湯氏譜單		湯氏		
	何氏譜單	荷葉氏	何氏	八旗滿洲	
（溝幫子）	巴雅勒氏宗族		巴氏		
	統系譜	巴雅勒氏		滿洲正藍旗	
	陳氏譜單		陳氏		
	劉氏祖先堂		劉氏	八旗漢軍	
	王氏譜單		王氏	八旗漢軍	
	梁氏譜單		梁氏		

	巴氏譜單		巴氏		
（正安鎮）	宋氏譜書		宋氏	漢軍正黃旗	民國十六年(1927)
	佟氏譜單		佟氏	滿洲正白旗	
	李氏譜單		李氏	漢軍鑲白旗	
	陳氏宗譜錄		佟氏		
	高氏族譜		高氏	漢軍鑲白旗	
	陳氏譜單		陳氏		
	關氏家譜		關氏		
	蔣氏家譜		蔣氏		
（正安鄉）	何氏家譜	荷葉氏	何氏	滿洲正白旗	
	蔣氏家譜		蔣氏		
（大市鄉）	陳氏宗譜錄		陳氏		
	王氏譜單		王氏		
	陳氏家譜		陳氏		
（鮑家鄉）	李氏譜書	瓜爾佳氏	李氏	滿洲正黃旗	1984
	宗室奕書宗譜	愛新覺羅氏		滿洲鑲藍旗	道光五年(1825)
	李氏譜單		李氏		
	寧氏譜單		寧氏	漢軍正藍旗	
（閭陽鎮）	高氏家譜		高氏		
	佟氏家譜	佟佳氏	佟氏	八旗滿洲	
	趙氏家譜		趙氏		
	胡氏家譜		胡氏	八旗漢軍	
（五糧鄉）	陳氏譜書		陳氏	漢軍正黃旗	民國三年(1914)
	陳氏譜系序		陳氏		
	蔣氏家譜		蔣氏		
	黃氏家譜		黃氏	漢軍鑲黃旗	民國三十六年(1947)
（汪家墳鄉）	張氏譜書		張氏	漢軍正紅旗	民國十五年(1926)
	董氏譜書		董氏	漢軍正黃旗	
	汪氏譜單		汪氏	漢軍正黃旗	乾隆十五年(1750)
	屈氏譜單		屈氏	蒙古鑲紅旗	
	趙氏譜單		趙氏		
	王氏譜單		王氏	八旗漢軍	
（高力板鄉）	顧氏譜系		顧氏		
	許氏家堂		許氏	八旗漢軍	
	劉氏祖先堂		劉氏		
	張氏譜單		張氏		
	閻氏譜序例		閻氏		
（廖屯鄉）	林氏宗譜		林氏	八旗漢軍	
	陳氏譜單		陳氏	八旗漢軍	

（廣寧鄉）	龐氏譜單		龐氏		
	宋氏譜書		宋氏	漢軍鑲黃旗	民國二十六年(1937)
	崔氏譜單		崔氏	漢軍正藍旗	
	吳氏譜單		吳氏		
	王氏譜單		王氏	漢軍鑲黃旗	
	張氏譜單		張氏	漢軍正黃旗	1960
	陶氏祖先堂		陶氏		
	趙氏譜單		趙氏		
	李氏譜單		李氏	漢軍正紅旗	
	李氏譜單		李氏	漢軍鑲黃旗	
（廣寧鎮）	陀闊洛氏				
	世系冊	陀闊洛氏		八旗滿洲	民國十一年(1922)
（中安鎮）	佟氏家譜	佟佳氏	佟氏		
	陳氏家譜		陳氏		
	吳氏家譜		吳氏	滿洲正白旗	
	陶氏家譜	托克洛氏	陶氏	滿洲正白旗	1955
（羅羅堡鄉）	鄭氏宗譜		鄭氏	漢軍正黃旗	
	崔氏譜摺		崔氏		
	查氏譜單	沙克疸氏	查氏	滿洲正藍旗	
	胡氏古今家譜		胡氏	漢軍正黃旗	咸豐五年(1855)
	李氏譜單		李氏		
	白氏譜單		白氏	漢軍正黃旗	
	佟氏譜單	佟佳氏	佟氏		
	高氏族譜		高氏	八旗漢軍	
	閻氏族譜		閻氏	漢軍正紅旗	
（常興店鎮）	朱氏譜單		朱氏	漢軍正藍旗	
	唐氏譜單		唐氏	八旗漢軍	
	何氏譜單	荷葉氏	何氏	滿洲鑲藍旗	
	金氏譜單		金氏	漢軍正黃旗	
	于氏家譜		于氏	八旗漢軍	
	佟氏家譜	佟佳氏	佟氏	滿洲鑲藍旗	
	趙氏譜單		趙氏		
	李氏譜單		李氏		
（富屯鄉）	曾氏譜單		曾氏	漢軍正藍旗	
	孫氏譜單		孫氏	漢軍正黃旗	
	杜氏譜單		杜氏	漢軍正黃旗	
	路氏譜單		路氏		
	李氏譜單		李氏		
	屈氏譜單		屈氏	漢軍正藍旗	

	譜名	滿洲姓氏	漢姓	旗籍	年代
（曹屯鄉）	顧氏譜單		顧氏	漢軍正藍旗	
	趙氏家譜	愛新覺羅氏	趙氏	滿洲正藍旗	
	朱氏譜單		朱氏		
	潘氏譜單		潘氏	漢軍正白旗	
（窟窿台鄉）	李氏譜單		李氏		
	李氏家譜		李氏		
	張氏譜單		張氏		
	關氏譜單	瓜爾佳氏	關氏	滿洲鑲藍旗	光緒二十年(1904)
（青堆子鄉）	鄭氏譜單		鄭氏	漢軍正紅旗	光緒二十八年(1902)
	陶氏祖先堂		陶氏	漢軍正紅旗	民國十九年(1930)
（趙屯鎮）	康氏家譜		康氏	漢軍正黃旗	
	劉氏家譜		劉氏		
遼寧瀋陽市	佟氏宗譜		佟氏	滿洲正藍旗	同治元年(1862)
	瓜爾佳氏宗譜	瓜爾佳氏		滿洲鑲黃旗	道光二十九年(1949)
	富察氏宗譜	富察氏	富氏	滿洲鑲黃旗	
	納喇氏宗譜	納喇氏		滿洲鑲黃旗	咸豐元年(1851)
	烏札拉氏族譜	烏札拉氏	吳氏	滿洲鑲藍旗	民國十年(1921)
	高氏譜書	果爾勒斯氏	高氏	滿洲正藍旗	民國二十九年(1940)
	趙氏宗譜	依爾根覺羅氏	趙氏		光緒二十一年(1895)
	趙氏宗譜	依力根覺羅氏	趙氏	滿洲正白旗	民國十三年(1924)
	納喇氏宗譜	納喇氏	那氏	滿洲正白旗	咸豐三年(1853)
	納喇氏宗譜	納喇氏	那氏	滿洲正黃旗	光緒三年(1877)
	喜塔臘氏族譜	喜塔臘氏	祝氏	滿洲正白旗	光緒二年(1876)
	薩格達氏族譜	薩格達氏			光緒五年(1879)
遼寧遼陽市	富察氏宗譜	富察氏	富氏	滿洲鑲黃旗	1962
	榆氏族譜	呢嗎察氏	榆氏	滿洲鑲藍旗	民國二十年(1931)
	高氏宗親譜冊		高氏		民國六年(1917)
	張氏宗譜		張氏	漢軍正黃旗	民國十八年(1929)
遼寧新賓縣	覺爾察氏譜書	覺爾察氏	肇氏	滿洲正黃旗	光緒三十年(1904)
	喜塔臘氏譜書	喜塔臘氏	圖氏		光閣二十三年(1897)
	索綽羅氏譜書				
	統宗	索綽羅氏	曹氏	滿洲鑲紅旗	民國十八年(1929)
遼寧鳳城縣	那氏族譜	那拉氏	那氏	滿洲正藍旗	民國二十三年(1934)
	瓜爾佳氏宗譜	瓜爾佳氏	關氏	滿洲正紅旗	民國三十年(1941)
	蔡氏族譜	薩嘛喇氏	蔡氏	滿洲鑲藍旗	民國十三年(1924)

	瓜爾佳氏族譜	瓜爾佳氏	關氏		
遼寧本溪縣	吳氏譜書		吳氏	滿洲鑲白旗	康熙四十二年修
	章佳氏族譜	章佳氏	車氏	滿洲正黃旗	民國十一年(1922)
遼寧開原縣	關氏宗譜	瓜爾佳氏	關氏	滿洲鑲藍旗	民國三十二年(1943)
遼寧蓋縣	關姓譜書	瓜爾佳氏	關氏	滿洲正紅旗	光緒末年
遼寧瓦店市	趙氏譜書	伊爾根覺羅氏	趙氏	滿洲鑲藍旗	民國三十年(1941)
寧古塔	吳氏家譜		吳氏	滿洲鑲白旗	
寧古塔	傅氏家譜				
黑龍江雙城市	趙氏譜單		趙氏	滿洲鑲黃旗	
	白氏譜單		白氏		
	傅氏譜單		傅氏	滿洲正白旗	
	伊氏家譜		伊氏	滿洲正黃旗	
	于氏家譜		于氏	滿洲鑲紅旗	
	吳氏家譜		吳氏	滿洲鑲紅旗	
	傅氏家譜		韓氏	滿洲鑲白旗	
	薩嘛喇氏譜書	薩嘛喇氏	蔡氏		清末民初
	馬佳氏譜書	馬佳氏	馬氏		清末民初
	完顏氏譜書	完顏氏	汪氏		
吉林烏拉	他塔喇氏家譜	他塔喇氏			光緒六年(1880)
	石氏族譜	錫克特里氏	石氏	滿洲正黃旗	道光二十三年(1841)
	趙氏家譜		趙氏	滿洲鑲藍旗	
	胡氏家譜		胡氏	滿洲正紅旗	
	馬氏家譜		馬氏	滿洲正黃旗	
	瓜勒佳氏家譜		關氏		
	石氏家譜	錫克特力氏	石氏	滿洲正黃旗	
	納音關氏家譜	瓜爾佳氏	關氏	滿洲鑲藍旗	
	郎氏家譜	鈕祜祿氏	郎氏		民國三年(1914)
	蒙文關氏家譜	瓜爾佳氏	關氏	滿洲鑲藍旗	
	侯關氏族譜	瓜爾佳氏	關氏	滿洲正黃旗	
	建州關氏族譜	瓜爾佳氏	關氏	滿洲鑲紅旗	
	輝發趙氏譜	覺羅氏	趙氏	滿洲鑲藍旗	
	海寧傅氏譜		傅氏		
	徐氏家譜		徐氏	滿洲鑲白旗	
	馬氏家譜		氏氏	滿洲鑲黃旗	
	楊氏家譜		楊氏		民國初年
	南氏家譜		南氏	滿洲正藍旗	

呼和浩特	趙氏家譜 白氏家譜 傅氏家譜 佟佳氏族譜	伊爾根覺羅氏 佟佳氏	趙氏 白氏 傅氏 佟氏	滿洲正白旗	民國五年(1916)

資料來源：《滿族家譜選編》（遼寧民族出版社，1988年7月）；《北鎮滿族史》（遼瀋書社，1990年6月）；《雙城市滿族錫伯族志》（雙城市，1992年）；《滿族在岫岩》（遼寧人民出版社，1984年）；《吉林滿俗研究》（吉林文史出版社，1991年12月）；《瀋陽滿族誌》（遼寧民族出版社，1991年8月）；《呼和浩特滿族簡史》（內蒙古大學出版社，1992年8月）。

前表所列修譜時間，多指重修或增修年分，滿洲存世的家譜，主要分佈於滿族聚居的自治縣或省市。1895年以來，中共在滿族聚居的縣市先後建立了許多滿族自治縣。新賓原名赫圖阿拉，是滿族的發祥地。天聰八年（1634），改名興京。光緒三年（1877），置興京廳，其廳署從興京老城遷至新賓鎮。宣統元年（1909），升廳爲府。民國二年（1913），改興京府爲興京縣。民國十七年（1928），改興京縣爲新賓縣。1985年6月，成立新賓滿族自治縣。近年內，新賓滿族自治縣整理出來的族譜，主要包括光緒二十三年（1897）修訂的《永陵喜塔臘氏譜書》，光緒三十年（1904）第三次修訂的《福陵覺爾察氏譜書》，民國十八年（1929）續修的《索綽羅氏譜書統宗》等，在各姓氏族譜內含有譜系、序言、滿洲根由、安祖宗方位章程、墳說、後記等資料，對研究新賓滿族歷史提供了珍貴的資料。

岫岩縣隸屬於遼寧省，康熙二十六年（1687），在岫岩設城守尉。乾隆三十七年（1772），置岫岩廳。民國二年（1713），改爲岫岩縣。1985年6月，成立滿族自治縣，全縣共十個鎮，十四鄉，目前整理出來的族譜，主要包括滿族薩嘛喇氏、完顏氏、喜塔喇氏、易穆查氏、那他拉氏、治良匡民、伊爾根覺羅氏、他

塔喇氏、瓜爾佳氏、索綽羅氏、赫舍哩氏等各姓氏族譜，內含世系、祭田規則、先人典型、示規垂訓、祭祀典要、支使章程、祭田沿革等資料，各姓氏譜書的重修，多在清末以後，民國以來重修譜書的風氣，仍極盛行。

北鎮縣位於遼寧省西部，醫巫閭山東麓。康熙三年（1664），設廣寧縣。民國初年，改為北鎮縣。1989年，成立北鎮滿族自治縣，全縣二十五個鄉鎮中已有二十二個鄉鎮改建為滿族鄉鎮。北鎮滿族家譜分佈在全縣各鄉鎮，其中大屯鄉最多，共計十一份；其次是正安鎮十份；廣寧鄉、羅羅堡鄉各九份；常興店鎮八份；溝幫子鄉、汪家鄉、富屯鄉各六份；閭陽鎮、高力板鄉各五份；鮑家鄉、中安鎮、曹屯鄉、窟窿台鄉各四份；大市鄉、五糧鄉、廖屯鄉各三份；青堆子鄉、趙屯鄉各二份；廣寧鎮一份，全縣滿族家譜共計一〇六份⑥，內含家史、譜單、宗族統系譜、祖先堂、宗譜錄、家堂、家乘、世系冊、譜摺等資料。各姓氏家譜中標明旗屬者共六十一份，其中八旗漢軍共四十五份，約佔百分之七十四，所佔比重較大，對探討漢軍問題，提供頗豐富的資料。

鳳城縣位於遼寧東部崇山峻嶺之中，東與寬甸毗鄰，西與岫岩交界，南與東溝相連，北與本溪接壤。清末曾設鳳凰廳與湖南省鳳凰縣重名，於民國三年（1914）改為鳳城縣，隸屬奉天省，九一八事變後，歸安東省。1985年6月，成立鳳城滿族自治縣。全縣共十二個鎮、十三個鄉。目前整理出來的滿族家譜，包括葉赫那拉氏、瓜爾佳氏、薩嘛喇氏等姓家譜，內含世系、譜序、例言、祭祀儀式、祭文、塋圖、物圖、祭祖禮節、孝順範例、墓表等資料。

本溪縣位於遼寧省東部山區，太子河上游，東與桓仁、寬甸二縣毗連，南與鳳城縣為鄰，西與遼陽市接壤，北與新賓縣交界。

光緒二十二年（1906），設本溪縣，因縣署臨近本溪湖而得名。
1949年，本溪縣劃歸遼寧省。1989年9月，成立本溪滿族自治縣。全
縣轄九個鎮、七個鄉。本溪縣吳家收藏的《吳氏譜書》，初修於
康熙四十二年（1703），內含譜序、牌位、捐納監單、哀矜錄、
呈狀、會試硃卷、滿漢文潘氏總論，章佳氏的漢姓，或作車氏，
或作章氏。本溪縣車家收藏的《章佳氏族譜》，於民國十一年（
1922），內含源流、事跡、世系、墓址分佈、上墳規則等資料。

　　瀋陽是遼寧省的省會，轄大東等九個區，遼中、新民兩個縣。
滿族人口在各少數民族中所佔比例較高，所藏滿族家譜包括瓜爾
佳氏、富察氏、納喇氏、烏扎拉氏、果爾勒斯氏、依爾根覺羅氏、
喜塔臘氏等姓氏宗譜，各姓氏都隸滿洲八旗。在《高氏譜書》內
含有祖宗祭祀、規譜禮節、墳址、世系等資料。在滿洲正白旗《
伊爾根覺羅氏宗譜》內含人丁譜冊。

　　雙城市位於黑龍江省西南部，也是滿族聚居的地區。清初，
在北京及近郊聚居的滿族，習稱京旗。清代中葉以後，京旗滿族
陸續移墾雙城堡。雙城市滿族人口，主要分佈於樂群等二十七個
鄉鎮。在市內幸福滿族鄉久前村趙文全家有譜單，中興村進步屯
趙義伍家族在原居地金州的譜單，仍然保存完好。此外還有家譜
多份，例如同心滿族鄉同德村傅振祥家譜單，福利村伊興文家譜；
公正滿族鄉康寧村于殿全家譜，康寧村吳安平家譜；同心滿族鄉
治鄉村韓賡生家譜；糖廠退休工人蔡克永收藏有《薩嘛喇氏譜書》，
這份譜書是清末濱江道尹蔡運升組織人員編纂的，譜書開頭有蔡
運升手寫的自序和袁金鎧等人的手寫序言。青嶺鄉萬民村馬熙春
保存的滿族《馬佳氏譜書》，有趙爾巽、袁金鎧的序文。在農豐
鎮吳家爐馬熙國，希勤鄉裕生村馬成文家中發現相同的《馬佳氏
譜書》各一套⑦。至於吉林、烏拉等地所保存的滿族家譜包括石

氏、關氏、郎氏、趙氏、傅氏、佟氏等姓氏族譜，亦不勝枚舉。在各族譜內含有圖譜、譜表、家訓、墓圖、神譜等資料，均極珍貴。

四、滿族家譜的史料價值

滿族家譜含有各種形式的資料，各有不同的名目，其中裝訂成書本式的家譜，稱為譜書，官宦人家的譜書，往往分函、分卷。可以摺疊放置的家譜，稱為譜摺，又叫做摺子譜，前為序，中為支系及名號，後作尾。圖表式的家譜，稱為譜單，多用一大張紙或布帛書寫，吉林滿族等的習俗，忌用綢緞為質料，因「綢」與「愁」同音，「緞」與「斷」同音，恐有愁苦或斷嗣之意。譜單中間部位空隙較大，專門寫世系表。滿族譜單，有的用滿文書寫，有的用漢文書寫，有的用滿漢文合璧書寫。除譜書、譜摺、譜單以外，還有人丁譜冊、圖表、章程等不同形式的相關資料，都具有很高的史料價值。

滿族家譜資料，可以補充官書記載的不足，例如《清太祖武皇帝實錄》記載說：「彼時有一人名灼沙納，生九子，皆強悍。又一人名加虎，生七子，俱驍勇，常身披重鎧，連躍九牛。二姓恃其強勇，每各處擾害。時覺常剛有才智，其子李敦又英勇，遂率其本族六王，將二姓盡滅之。」⑧在遼寧省新賓滿族自治縣肇姓家中保存的《福陵覺爾察氏譜書》中記載覺爾察氏高祖為索爾火，二世阿喀，三世阿古力呼色，四世訥圖克多隆武，五世加虎。加虎生七子：長葳順，次都吉呼，三額圖，四郎圖，五額書勒勒，六沙克達某奇那，七世那敏⑨。譜書詳載加虎的世系及其所生七子的名字，可補實錄的不足。

《永陵喜塔臘氏譜書》，收藏在遼寧省新賓滿族自治縣圖家，

譜書由喜塔臘氏第十六世熊岳藍翎防守尉依惠於光緒二十三年（1897）纂修。《清太祖武皇帝實錄》記載說：「六王與哈達國汗互相結親，兵勢比肩。自借兵後，六王之勢漸衰。覺常剛第四子塔石嫡夫人，乃阿姑都督長女，姓奚塔喇，名厄墨氣，生三子，長名弩兒哈奇（即太祖），號淑勒貝勒。」⑩「奚塔喇」即「喜塔臘」的同音異譯。《永陵喜塔臘氏譜書》記載說：「考二世祖都理舍之子都理吉，要世祖參察督督，兄弟二人，次阿爾圖。五世祖阿古督督（顯祖宣皇后之父），兄弟二人，次費揚武督督。」⑪阿古督督即阿姑都督，就是努爾哈齊的外祖父，譜書所載，與實錄相合。

　　吉林石家所保存的《石氏家譜》，由管理採珠正黃旗驍騎校來喜所纂修，以滿、漢二體文字書寫。《吉林通志》記載：「順治十四年，烏拉打牲總管邁圖，初設屯長管採捕事務。是年，授六品掌關防職任。」⑯順治十四年（1657）是不是烏拉打牲總管始設時間呢？據《打牲烏拉志全書》記載：「查烏拉原設係順治年間，以前如何設立之處，某大臣幾員？係何品級？因記錄檔案文移等事，俱在嘎善達邁圖家內存儲，至康熙三年，邁圖之子，原任總管希特庫室被回祿，當案焚燒不齊，無憑稽查。」⑬所謂「嘎善達」，是滿文（gašan da）的漢字音譯，意即屯長，邁圖是烏拉打牲總管衙門的初設屯長。康熙三年（1664），因檔案焚燬，所以關於烏拉打牲總管衙門的設置時間，遂無從查考了。據《石氏家譜》世系表所載石氏第一、第二代人物如下：

　　石光偉先生撰〈石氏家譜對清代打牲烏拉總管衙門研究史料的新補充〉一文已指出「從上兩條資料可知，打牲烏拉總管衙門始建於1644年（順治元年），當時的負責人係吉巴庫。」⑭由此可知，《石氏家譜》的記載，可補《吉林通志》等記載的不足。

```
        ┌─ 長子　嘎拉鈎
        │  次子　景吉那
高祖倭力和庫 │      此二位在京都落戶
        │  三子　吉巴庫，順治元年
        └─ 由京都撥給烏拉入庫
```

二代曾祖京都太僕寺總珠軒達諱吉巴庫妻你楚和生一子隆喀奈。

　　由於滿族家譜記載較詳，保存了許多珍貴的傳記資料，因此，可補正史的不足。遼寧岫岩滿族自治縣白家所藏《文秀公子子孫孫圖譜》，重修於民國十六年（1927），根據《正黃旗冊檔》等資料，自康熙二十六年（1687）起，將盛京岫岩滿族白家文秀公以下子孫，逐世記載，詳載人物生平事蹟，以第七世榮安爲例，其生平事蹟如下：

　　榮，字硯堂，督興阿之長子，生於道光四年八月十三日，配趙氏，無子，卒，係傅克錦之胞妹。繼娶白氏，係白德泰之胞妹，生子三：長瑜琳，次瑜琅，三瑜玖；女一，適齊，係齊慶之兒媳。生員一等補稟，國史館謄錄，辛酉科拔貢，甲子科舉人，升京西慕陵禮部員外郎，任滿回京，實授京戶部員外郎，浙江司行走，誥封朝議大夫，派掌江西司印鑰，旋掌貴州司印鑰，計典列一等大婚，禮成，賞加四品銜，監督內倉充飯銀處，差補陝西司郎中，監督張家口稅務。期滿，召見，京察一等，上諭：著一等加一級，記名以道府用，復掌湖廣司印鑰。尊祖父老各遺命，捐田贍族。盛京將軍裕奏稱克承先志，敦睦可風。核其原置田及續置之義田，共二百五十餘畝。每年以租息除公用外，

族中貧乏、婚嫁、死葬助之等因，立案誥授中憲大夫，妻
封恭人。光緒二十一年故，卒年七十二。安葬黃旗溝廟西
山⑮。

圖譜中所載榮安的生平事蹟，就是珍貴的列傳資料，正史體例，
不收微員列傳，家譜中人物簡介，含有頗多微員傳記資料，可補
正史列傳的不足。在圖譜中含有各部移會或奏章，在《文秀公子
子孫孫圖譜》內含有禮部移會，其移會內容略謂：

> 據岫岩城守營駐防滿洲正黃旗人，戶部郎中榮安呈稱，祖
> 父四品封職老各，生平樂善好施，敦睦宗族，慕宋臣范仲
> 淹義莊成法，擬捐置義田，贍養宗族。因力薄，先置田四
> 十餘畝，復歷年樽節用度，積存銀一千兩，欲續置田未就，
> 歿時遺囑：榮安接續添置以成先志。榮安但遵遺命，以前
> 項積存銀兩陸續置買紅冊田二百一十餘畝，合原置田四十
> 餘畝，共二百五十餘畝，作爲合族公中義田，不許擅自典
> 賣。每年所收租息除完納錢米及歲時祭祀外，凡族中貧乏、
> 孤寡、婚嫁及子孫讀書應試一切費用，分別遠近，酌定條
> 規，均由租息內以時資助，呈請注冊立案等情前來。查該
> 員遵其祖父遺命，捐田贍族，克承先志，實屬敦睦可風。
> 核其所捐田畝，銀數已在千兩以上，與建坊之例相符，懇
> 恩佑准將戶部郎中榮安祖父已故四品封職老各在于原籍自
> 行建坊，給與「樂善好施」字樣，以示旌英等因，光緒十
> 九年八月十九日，奉硃批著照所請，禮部知道，欽此，欽
> 遵到部。查定例，凡士民人等捐田贍族，其捐銀至千兩以
> 上者，請旨建坊，給與「樂善好施」字樣等語。道光二十
> 八年，奉准：樂善好施原係有力之戶，均令本家自行建坊，
> 毋庸給與坊銀等因在案。今岫岩城守營駐防戶部郎中榮安

遵其祖父四品封職老各遺命，捐田二百五十餘畝，核其銀
數，係在千兩以上，既據該將軍奏請建坊，業經奉旨允准，
相應行文盛京將軍飭令該員駐防原籍該管官，遵照例案辦
理，暨移會上諭處稽察房禮科浙江道可也⑯。

引文中含有盛京將軍裕祿奏片，是硃批奏摺的夾片，其內容述及
置買紅冊田一節，銀一千兩可買紅冊田二百一十餘畝，平均每畝
價值爲四兩七錢六分餘。紅冊田又稱紅冊地，是雍正四年（
1726）因登記旗人土地用紅簿而得名，紅冊地是旗地中最重要
的一種，此後官民將雍正以前及雍正以後的八旗官員兵丁的土地，
都稱爲紅冊地。盛京《高氏宗親譜冊》，序文記載說「時至大清
盛世康熙初年，天下太平，人民樂業，安居高家嶺子既久，二世
祖有智相繼而終。後兄弟三人，僅有二世祖有仁存焉，稍有資財，
即娶妻室，惟以勤耕爲事。又聞高力堡即大甸子土地豐肥，因而
攜眷前往。當初雖地廣人稀，非旗人不容播種。是以於康熙二十
二年入於瀋陽漢軍鑲白旗第三佐領下，開占紅冊地畝數千頃之多，
即料理家務亦不乏人。」⑰高氏始祖原居雲南，耕讀爲業，明崇
禎十五年（1642），雲南戰亂，乃遷居山東登州府蓬萊縣高家
莊。順治年間，高氏不堪忍受豪強掠奪，二世祖率領祖侄越海到
盛京。《高氏宗親譜親譜冊》的記載，對研究遼寧地區的八旗漢
軍由來，及旗地的變遷，都提供了新的線索。

乾隆年間，關外滿族，由於生計艱難，盛行將旗地典賣他人。
《凌雲堂白氏事宜錄》保留了大量岫岩滿族白氏典買土地的記錄。
從道光二年（1822）起，白氏共買土地達三百多次，所典買的
土地包括領名冊地、紅餘斜地、冊地、餘地、隨缺地等類，典買
土地的面積達一千八百多晌，每晌六畝地價平均三百五十吊，合
計價格總額爲六十餘吊。白民典買土地的記錄，對研究清代旗地

的變化及其價格，具有高度的史料價值。

　　根據一份記載詳細的譜書序文，大致可以了解滿族各姓氏的族源、祖居地、遷移經過，編入八旗年代及族屬等項，例如吉林、烏拉兩地的滿族《納音關氏族譜》序文記載如下：

　　　　瓜爾佳氏原係地名，指地爲名。原祖居安圖地方，以捕獵爲生，後移徙寧古塔、牡丹江一帶名稱「納音」的地方居住。自三世祖始，於後金天聰八年率子歸清，隸入寧古塔滿洲正黃旗。後又於康熙十五年隨同寧古塔將軍移住吉林，改制編旗，歸於吉林滿洲鑲藍旗第二佐領下，世代應差。族中有官至佐領、協領、副都統、將軍者多人，其中七世祖富德，敕封爲世襲一等靖遠威勇侯。自四世祖後，族分五大支，除一支入京已不可考外，餘下四支分別居於吉林城騷達屯、吉林城北通溪屯、吉林城南大藍旗屯、吉林城西南鴉鵲溝屯、吉林城西春登河屯、永吉縣西阿拉街、吉林省蛟河街、吉林省寧安縣街等地。漢姓爲關⑱。

序文中詳述瓜爾佳氏歸入滿洲八旗經過，以及各支遷移分佈地區。呼和浩特市滿族《佟佳氏族譜》序文，對佟佳氏的族源及居住地的遷移，也有詳細的記載，原序略謂：

　　　　本傳，吾佟佳氏乃遠古斡多里部夾谷氏也。祖居長白山五道溝，其後遷移遼東，史稱建州女眞是也。始祖以汗馬勛戚，隸正白旗佛滿洲達牛彔下。後隨龍入關，在京城任世襲佐領，駐西山一帶。今京西天台山下佟姓村莊是也。康熙二十六年，先祖一支奉旨移防遼東鳳凰城石門之佟家窩棚是也。康乾盛世，佟佳氏族大人眾，分居京城、奉天、遼東、綏遠、伊犁等地駐防。佟佳將門之後，多能善戰。吾族向以精忠報國、孝悌立家爲重，素以貧賤不能移、富

貴不能淫、威武不能屈，效死疆場爲榮。先祖業績，族譜難以悉記。乾隆四年，新城工竣，我祖奉旨由遼東經山西右玉隨綏遠將軍移駐綏遠，改隸鑲白蒙古旗，至今近十代矣⑲。

祖居長白山五道溝的佟佳氏，遷移遼東後，先隸舊滿洲正白旗。其駐防鳳凰城守柳條邊門的一支，隸舊滿洲正黃旗。乾隆初年，由遼東移駐綏遠後，改隸鑲白蒙古旗，對研究清初八旗制度的變遷，提供了珍貴的資料。

　　譜書中也記載滿族的姓氏及其變化，以北鎮滿族爲例，瓜爾佳氏的漢姓，或作關氏，或作趙氏，或作常氏；愛新覺羅氏的漢姓，或作趙氏，或作金氏；伊爾根覺羅氏的漢姓作趙氏；佟佳氏的漢姓作佟氏；巴雅勒氏的漢姓，或作巴氏，或作雅氏；托克洛氏的漢姓作陶氏；荷葉氏的漢姓作何氏。李林先生等著《北鎮滿族史》一書指出「北鎮滿族改滿姓爲漢姓的時間大約在清代末年，原因是在乾隆年間，滿族使用漢語的人增多，到清末，滿族人已經普遍使用漢語；另外漢語命名，簡單明瞭，世系清楚，輩份分明，便於使用；滿漢人民在長期共同生活中，在文化方面互相影響。因此，到清末，北鎮滿族人逐漸改用漢姓。巴雅勒氏從第七代（大約在十九世紀中期）使用巴姓，沙克疸氏在五世（大約是十九世紀中期）改姓查。」⑳書中指出北鎮滿族改用漢姓的規律：

　　一以發跡先祖名字的二字爲姓，例如沙克疸氏第五世祖名叫查五達子，其後代改爲查氏。

　　二以滿族姓氏中第一字音譯爲漢姓，例如佟佳氏爲佟氏，陶闊洛氏爲陶氏，荷葉氏爲何氏。

　　三以滿姓滿語字義改爲漢姓，例如愛新覺羅氏，愛新漢譯爲金，愛新覺羅遂改爲金氏。

由於上述原因，北鎮的滿族姓氏中，有同祖不同姓者，例如關、常等姓同祖，金、趙等姓同祖，巴、雅等姓同祖，但都不同姓。

譜書的世系表，是族譜的主體部分，從譜書世系表中，能看到滿族名和漢族名混雜情況的記載。韓啓昆先生撰〈整理錫伯族譜書瑣談〉一文中指出錫伯族大約在十一、二代以上的世系先祖名字，都使用本族名字，而十二、三代以後，都改用漢族名字。從世系表中人名由本族名改爲漢族名的年代，可以看出由原來使用本民族語言向使用漢語的演變痕跡㉑。

岫岩滿族《洪氏族譜》有道光十七年（1837）正白旗舒通安所撰譜書序文，略謂「余母洪氏，係繼富公之次女。其先世居燕京，隸滿洲正藍旗人。原姓氏不傳，因外高祖名洪雅，乃姓洪氏。外高祖母包氏，生子二：長名偏思哈，次名歪思哈，於康熙二十六年撥關左岫岩駐防，居城南十里岔溝外。」㉒岫岩滿族洪氏的由來，是以康熙年間的洪雅本名的第一字爲姓。吉林九台市胡家鄉小韓村所居住的石姓家族，隸佛滿洲正黃旗，其原來姓氏爲「錫克特里氏」，姓氏首字「錫」，切音爲「石」，遂以漢字單姓「石」爲氏㉓。

清世祖福臨是滿文譯音，行文時不必避諱，自清聖祖玄燁起不僅名字使用漢字，且使用漢人排行習慣，輩份分明，滿族重視族譜的輩份排行，充分反映滿族吸收漢族傳統文化的情形，也是漢化的具體表現。至於滿族改用漢姓，雖然因地而異，但開始很早，學者曾根據岫岩滿族自治縣《白氏源流族譜》的記載，推斷白氏冠漢姓的時間是在嘉慶、道光年間。在《岫岩縣志》中，最早出現冠漢姓的白氏族人是從第七世開始，而且白氏在康熙年間第六世以前的人名如崇厄力等均爲滿語的漢字譯音，第七世以後才開始出現規律化的漢字姓名㉔。

　　家譜中的譜單，多在各世系名字旁側標明封爵、官職，或職業，對研究滿族人口的增長，兵丁比例，都提供了很有價值的數據。例如北鎮《車氏譜單》記載其祖先是清代撥旗，遷於山海關外入旗，隸漢軍正黃旗。其三世祖男四人，兵一人；四世祖男十一人，兵二人；五世祖男二十三人，兵二人；六世祖男二十九人，兵一人；七世祖男五十人，兵三人；八世祖五十五人，兵一人。統計三世祖至八世祖，總計男一百七十二人，其中兵僅十人，佔總丁數的百分之五點八，可以說明隨著人口的增長，官兵的比例，顯著下降㉕。《索綽羅氏譜書統宗》詳細的記載了由其在京始祖松吾突以下十三代的世系，據統計，其本支人口男一千二百八十七人，女五百八十三人，合計男女共一千八百七十人，其中任官者十八人，為兵者二十八人。岫岩滿族自治縣白家收藏的《白氏圖譜》，精確地記錄了文秀這支的人口數及一些人的生卒年月，白氏在冊人數共五百餘人，從五世文秀一人至九世增至八十八人，四輩之間，人口成倍增長，這些資料，對研究清代滿族的人口變遷，提供了可靠的數據，頗具價值㉖。

　　滿族家譜中含有頗多祭祀禮儀的資料，有助於了解滿族的民俗信仰。例如《福陵覺爾察氏譜書》標列各方供奉神板香碟神祇名位，「南邊神板之正座，關聖帝君，清封護國明王佛；左邊之座，觀音菩薩；右邊之座，彌勒菩薩；北邊神板之首座天，二座地，三座君，四座親，五座師。」㉗開原《關氏族譜序》記載說「瓜爾佳，漢語繙關字。防禦公在開原南門內建關帝廟，作為家廟。」㉘關聖帝君，在清代封為護國明王佛，瓜爾佳譯作關，又以關帝廟為家廟，反映滿族社會崇拜關帝的普及，提供了很珍貴的民間信仰史料。

五、結　語

隋唐以前，官有簿狀，家有譜系，重視纂修家譜，就是中國
文化的一種特色，滿洲興起以後，受漢族的影響，修譜風氣，逐
漸盛行。乾隆初年，清朝根據原存檔案及名門望族所保存的譜書
編成《八旗滿洲氏族通譜》，對滿族修譜風氣產生了推波助瀾的
作用。滿族家譜的纂修活動，叫做辦家譜，或簡稱辦譜，從滿族
辦譜活動的愼重，可以了解滿族普遍重視家譜，其中最重要的一
個原因，與八旗制度有密切關係，在八旗制度中，人丁的身分地
位，世職的承襲，都需要以家譜作爲憑證。家譜的纂修，必須參
考八旗檔冊，所繕造的家譜，可信度較高，滿族家譜的纂修，充
分反映了八旗制度的特色。

近年以來，大陸所整理出來的滿族家譜，其數量相當可觀，
主要分佈於滿族聚居的地區，包括遼寧岫岩、北鎭、瀋陽、遼陽、
新賓、鳳城、本溪、開原、蓋縣、瓦店、寧古塔等縣市，黑龍江
雙城市及吉林、烏拉、呼和浩特等地，都已經整理了頗多的滿族
家譜，形式繁多，包括譜書、譜單、統系譜、祖先堂、譜錄、世
系冊、譜冊、章程、祭祀典要、祭田規則、祭文、塋圖、墳說、
墓表、物圖、上墳規則、事跡、人丁譜冊、家訓等，名目繁多，
都具有高度的史料價值。

各種形式的滿族家譜資料，記載頗詳，都是重要的傳記資料，
可補實錄等官書的不足。《吉林通志》等書，對打牲烏拉總管衙
門的設置時間，記載不詳，吉林《石氏家譜》記載該衙門開始設
立的時間，並說明打牲烏拉總管衙門檔案焚燬的情形，足補官書
的疏漏。乾隆年間，關外滿族因生計艱難，盛行將旗地典賣他人，
族譜多記載先祖典買土地及開墾荒地的經過，對研究關外地區的

旗地變遷，提供了新的線索。滿族家譜的序文及譜單等，多記載各哈拉的姓氏、族源、祖居地、遷移經過、編入八旗年代及旗屬等項，對研究滿族社會結構、八旗制度、姓氏變化及人口成長等問題，提供了很珍貴的資料。滿族家譜中也含有頗多祭祀的資料，可以探討滿族的祖先崇拜或民間信仰等問題。大致而言，滿族家譜是清代檔案官書以外存世較多的重要文獻。

【註　釋】

① 《瀋陽滿族誌》（瀋陽，遼寧民族出版社，1981年8月），頁57。

② 彭勃著《滿族》（三河，民族出版社，1985年5月），頁117。

③ 李林、湯建中著《北鎮滿族史》（瀋陽，遼瀋書社，1990年6月），頁132。

④ 《八旗通志》，初集（台北，學生書局，民國57年10），卷三七，職官志四，頁24。

⑤ 孫邦主編《吉林滿族》（長春，吉林人民出版社，1991年10月），頁217。

⑥ 《北鎮滿族史》，頁140。

⑦ 《雙城市滿族錫伯族志》（雙城市，1992年），頁119。

⑧ 《清太祖武皇帝實錄》（台北，國立故宮博物院），卷一，頁3。

⑨ 李林主編《滿族家譜選編》（瀋陽，遼寧民族出版社，1988年7月），頁23。

⑩ 《清太祖武皇帝實錄》，卷一，頁5。

⑪ 《滿族家譜選編》，頁41。

⑫ 《吉林通志》（台北，國立故宮博物院，光緒十七年刊本），卷六六，職官志九，頁43。

⑬ 石光偉撰〈石氏家譜對清代打牲烏拉總管衙門研究史料的新補充〉，《長白學圃》，第七期（吉林，吉林師範學院古籍研究所，1991年

　　11月），頁54。

⑭　同注⑬引文，頁55。

⑮　《滿族家譜選編》，頁201。

⑯　《滿族家譜選編》，頁240。

⑰　《滿族家譜選編》，頁156。

⑱　《吉林滿俗研究》，頁93。

⑲　《呼和浩特滿族簡史》，頁286。

⑳　《北鎮滿族史》，頁141。

㉑　韓啓昆撰〈整理錫伯族譜書瑣談〉，《錫伯族史論考》（瀋陽，遼寧民族出版社，1986年8月），頁258。

㉒　張其卓著《滿族在岫岩》（瀋陽，遼寧人民出版社，1984年），頁67。

㉓　孫邦主編《吉林滿族》（長春，吉林人民出版社，1991年10月），頁215。

㉔　《滿族家譜選編》，頁181。

㉕　《北鎮滿族史》，頁141。

㉖　《滿族家譜選編》，頁50。

㉗　《滿族家譜選編》，頁34。

㉘　《滿族家譜選編》，頁272。